高职院校学生情境学习范式研究

白　玲…………著

江西人民出版社
Jiangxi People's Publishing House
全国百佳出版社

前言

学习型社会作为对现代社会特征的描述已成共识。构建学习型社会最关键的是培养公民学习力，塑造学习型公民。然而，学校在培养学生终身学习力和可迁移学习技能方面存在短板，主要表现为对真实工作情境、生活情境的疏离、割裂，培养高素质技术技能型人才的高职教育尤为如此。高职院校由于脱离真实的工作情境导致学生学习低效、学习技能令人担忧，毕业生素质不仅无法适应新经济时代企业对技术技能型人才的要求，也不适应现代智能化企业的真实工作场景的变化。其根源在于高职院校学生现有的学习范式违背职业教育规律。要改变这一现状，提高高职院校学生的学习技能，培养其核心能力、终身学习力，必须从现有的脱离真实工作情境的学科本位、学校本位的学习范式转向一种新的学习范式——情境学习范式。情境学习范式以情境学习理论为基础，突出学习者的主体地位，强调学习活动与人类社会的具体实践相联通，注重在真实的情境中，通过类似人类真实实践的方式来学习，同时把知识获得、技能锻炼与身份建构等统合在一起，对学生情境分析能力、情境学习能力、问题解决能力等学习技能的形成具有重要的促进作用。

目前，国际职业教育领域也普遍强调真实工作情境的学习。情境学习因其所具有的情境性、实践性和社会性等特征与高职教育的本体性特征高度契合，成为国际职业教育领域的研究热点。情境学习理论也成为当前国际职业教育研究的主流学术领域和主流理论。情境学习实践如现代学徒制在很多国家受到热拥，其主要原因在于情境学习打破了原有高职教育课程的学问化、学科化，改变了学校本位职业教育与真实情境疏离、割裂的状况，此外，现代学习技术的发展恰好为情境式学习的开展、学习情境的创设提供了支撑条件。而情境学习范式不仅集聚情境学习理论与实践的优势，还充分挖掘情境式学习背后的哲学认识论，并发展出与情境学习理论相适应的相关情境学习模式。它不仅能揭示传统的学校本位、学科本位、课堂本位学习范式的短板，更能弥补高职学生现有学习范式的不足，成为促进高职学生学习的有力杠杆，提升高职人才培养质量的有效方式，帮助高职院校培养满足现代企业所需的高素质技术技能型人才。因此，对高职院校学生情境学习范式进行系统研究，具有重要的理论意义和实践价值。

本书以范式理论和情境学习理论为指导，运用问卷调查法、访谈法、田野考察法等量化研究和质性研究方法，系统地研究高职院校学生情境学习范式这一关键问题。除绪论部分和结语外，围绕理论构建与阐释和实践考察与应用两大部分共七方面内容开展研究。

第一部分以高职院校学生情境学习范式的理论构建与阐释为核心主题，具体包括高职院校学生情境学习范式构建的必要性、理论基础、情境学习范式基本结构的构建、情境学习范式基本内涵的阐释四方面内容。高职院校学生经历了行为主义学习范式、认知主义学习范式和行动学习范式的历时演变，对学习范式的转换提出了诉求；进入后工业社会后，高职院校学生学习范式内学习观、学习理论、学习模式之间互不适应，出现了共时冲突；而情境学习与高职教育本体性特征的高度契合恰好为高职学生学习范式的转换提供了方向。范式理论、情境学习理论等为高职院校学生情境学习范式的构建提供了理论基础。本书根据托马斯·库恩的范式理论的基本结构，构建高职院校学生情境学习范式的基本结构，该范式由起顶层指引作用的哲学层、起中间衔接作用的社会学层和起底层支撑作用的人工操作层三个层面构成，具有丰富的内涵：在哲学层上秉持主客一体的情境学习观，兼有主客互动的实践知识观；在社会学层上以情境学习理论为理论基础，以为开展情境学习实践提供指导框架的认知灵活性理论为基础理论；在人工操作层上主要表现为工作整合型学习模式、改良的行动导向学习模式等，具体体现在学习目标、学习主体、学习环境、学习活动、学习方法、学习能力和学习评价与反馈等7大方面、19个具项上。

第二部分以高职院校学生情境学习范式的实践考察与应用为核心主题，具体包括高职院校学生情境学习范式的认同度分析、情境学习情况的现状分析、情境学习范式的应用三方面内容。为检验本书构建的情境学习范式是否得到了高职教育共同体的认同，探查高职院校学生情境学习的情况，第二部分以理论部分构建的高职院校学生情境学习范式人工操作层的 7 大方面、19 个具项为测量框架，编制"高职院校学生情境学习范式调查问卷"和"高职院校学生情境学习情况调查问卷"，进而以全国 300 名高职教育研究者、300 名高职专业课教师、100 名企业指导教师和 2000 名高职学生为样本，调查不同主体对情境学习范式的认同度，以及不同年级、专业、学校层次、学校类型高职学生情境学习状况的特征差异。此外，为促使更适合高职学生学习的情境学习范式尽快落地生根，成为高职院校主流的学习范式，本书将基于实证研究的结果，针对当前高职学生学习存在的问题，从多个角度出发，给出情境学习范式应用的关键策略。

总而言之，本书尝试通过构建高职院校学生情境学习范式的理论模型、开发测量工具、分析情境学习范式的认同度、考察高职学生情境学习的现实状况、探索情境学习范式的应用策略等，以期帮助人们认识当前高职学生学习的实然情况，把握高职学生学习的基本规律，帮助高职学生科学学习、高效学习，为高职教师开展教学改革、高职院校变革人才培养模式、国家进一步加强产教融合、工学结合办学理念等提供实证依据，为今后的相关研究提供有益借鉴。最重要的是，情境化的革命就发生在今天，人类的学习从原始社会的情境化学习，经过近现代学校教育的去情境化学习，未来将会充分利用现代信息技术，改变当前学校抽象化、去境脉化的学习，走向再情境化学习。未来高职院校学生的学习将顺应这一趋势，从脱离真实工作情境的学校本位、学科本位的学习范式走向情境学习范式。

目录 / Contents

第四章 高职院校学生情境学习范式阐释——基本内涵

第五章 高职院校学生情境学习范式的认同度分析

第六章 高职院校学生情境学习状况分析

第七章　高职院校学生情境学习范式的应用策略

绪论

一、研究缘起

学习是人类生存与发展的基础，无论对个人成长还是社会进步，都具有决定性意义与价值，对学生而言尤为如此。进入 21 世纪后，学习的革命不再是静悄悄地发生着，而是闹哄哄地爆发着，波及了各个领域，影响了各类群体。这场"学习的革命"将彻底改变几个世纪以来人们已习以为常的、传统的教育观念，创造出一种崭新的学习理念。人们对学习的理解也发生了根本性变化，教学研究的重点已从如何教转向如何学。学生不再被看成是接受知识的容器，而是学习的建构者和知识的生成者。[①]美国学者 Barr 和 Tagg 将这一转变描述为，从"传授范式"向"学习范式"的转变，首次提出了"学习范式"这一概念[②]。学习范式改变了过去人们对学习的单一维度的认识，强调从学习的哲学认识论、学习理念、学习理论、学习的实操模式等多维度全面理解和认识学习，推动了关于学习研究与实践的发展。

作为直接连接学校教育和工作岗位的职业教育更感受到了新时期学习理念的转变和学习内涵的丰富。伴随着学习范式研究的兴起，有研究者将职业学校学生的学习范式概括为行为学习范式、认知学习范式、行动学习范式等。[③]在时间的考验和实践的检验中，这几种学习范式的弊端开始逐渐显现。培养

---

① ［美］约翰·D·布兰思福特等 . 人是如何学习的：大脑、心理、经验及学校（扩展版）［M］. 程可拉等，译 . 上海：华东师范大学出版社，2013：封底 .

② 卢晓中 . 高等教育新论［M］. 北京：高等教育出版社，2016：192.

③ 姜大源 . 职业教育的学习范式论［J］. 中国职业技术教育，2007（7）：1.

高素质技术技能型人才的高职院校深刻感受到了行为学习范式和认知学习范式对高职学生学习带来的危害，也开始了对职教领域热拥的行动学习范式的冷思考。

放眼世界，早在 20 世纪 80 年代末，西方学者就呼吁（如布朗、柯林斯和杜盖德），要让学生的学习置身于真实的活动中。[①] 学生在学校情境中与在日常生活或工作情境中的学习具有不同的认知和学习特征，得到了大量案例研究的佐证，引发了人们对真实情境下的学习的重视。[②]21 世纪，国际学习科学的研究与发展都集中关注真实情境下的认知与学习。[③] 我国华东师范大学高文教授总结的学习科学对于知识的建构性、社会性、情境性、复杂性和默会性的判断也得到了国内外学者的普遍认同。[④] 在真实的情境中提出问题、理解问题并解决问题的能力，已是世界各国教育关注的焦点。[⑤] 因此，随着学习技术的发展，情境学习理论再度引起了国内外研究者们的高度关注和重视。这一理论与职业教育的目标定位，即培养在真实情境中善于分析问题、解决问题的技术技能型人才非常契合，故而很快成了国际职业教育研究的热点。情境学习范式以情境学习理论为基础，能够充分挖掘情境式学习背后的哲学认识论，并发展出与情境学习理论相适应的相关情境学习模式，这不仅能揭示传统的学校本位、学科本位、课堂本位的学习范式的短板，更能弥补高职院校学生行为学习范式、认知学习范式、行动学习范式等现有学习范式的不足，为高职院校培养高素质技术技能型人才服务，满足现代企业对高职教育的要求。情境学习范式所具有的特点、优势和价值对高职学生、高职教育来说是不言而喻的，针对目前高职院校学生存在的低效学习、浅层学习、假性学习等问题，对情境学习范式展开系统而全面的研究已尤为必要和迫切。

---

① 赵健.学习共同体的创建 [M].上海：上海教育出版社，2008：54.
② Resnick，L.B.Learning in School and Out [J].Education Researcher，1987（16）：13–20.
③ [美] 戴维·H·乔纳森，苏珊·M·兰德.学习环境的理论基础（第二版）[M].徐世猛等，译.上海：华东师范大学出版社，2015：总序 5.
④ [美] 戴维·H·乔纳森，苏珊·M·兰德.学习环境的理论基础（第二版）[M].徐世猛等，译.上海：华东师范大学出版社，2015：总序 4.
⑤ 赵健.学习共同体的创建 [M].上海：上海教育出版社，2008：93.

（一）高职院校学生现有学习范式存在低效问题

目前，高职院校主要包括两种层次，一种是专科层次的高职院校；一种是从 2014 年开始转型做现代职业教育的 600 多所地方本科院校。这两种层次的高职院校学生的学习都存在较大问题，其根源在于现有的学习范式违背了职业教育"做中学"的规律。两者的问题表现虽略有不同，但都导致了学生普遍低效的学习。

专科层次高职院校学生的来源有两种，一种是从中职对口升学的学生，一种是从普通高中升入的没有达到本科学校录取线的学生。这两种学生有着两种不同的学习范式，但这两种学习范式都存在低效问题。

第一种学生受原先中职学校学习范式的影响，是一种行为主义的学习范式。中职学校学生专业学习的首要内容是按照工作任务、岗位任务分解成的操作性内容，旨在训练学生胜任工作岗位的能力，这种学习基本上是训练主义的。[①] 但随着职业流动性和岗位变动性的增加，一个人一生所从事的工作岗位越来越多，基于训练主义学习习得的单一技能不但无法支撑学生一生的发展，更无法满足工作岗位的要求，无法应对社会的变化。学生的行为主义学习范式在这样的背景下变得无比低效。

第二种学生受原先高中阶段认知主义学习范式的影响，在高职院校的学习中仍旧坚持书本本位、知识本位、概念本位。同时，由于很多高职院校的办学有着本科压缩性的诟病，坚持三段式的培养模式，以学科、课堂、教师为主，而高职院校学生又因基础比较差，无法做到将众多思想进行联系，在理解的基础上，批判地学习新思想和事实，并将它们融入原有的认知结构中，更无法将已有知识迁移到新情境中。高职学生的学习成了一种机械式的浅层学习，其目的就是避免在考试中失败。即使是校企结合、产学结合下的学习，也是一种表层的结合、假性的学习。高职院校的教学模式和学生自身的学习习惯等使得学生原有的学习范式变得更加低效，这种低效直接影响了学生从学校到工作的平稳、顺利、高效过渡。

2014 年，教育部原副部长鲁昕提出，为调整中国教育结构，加强现代职业教育建设，1999 年大学扩招后"专升本"的 600 多所地方本科院校逐步转

---

① 徐国庆. 职业教育课程、教学与教师 [M]. 上海：上海教育出版社，2016：38.

型做现代职业教育。在培养模式上，这些高校要淡化学科，强化专业，从知识型人才培养转向高技能职业人才培养。按国家对高等学校的定位，原有的这些地方本科高校属教学型高校，人才培养目标为应用型高级专门人才，但很多高校在实施中却更倾向于学术型教育，人才培养体系多按学科范畴设计，忽视应用能力和实践能力的培养。学生的学习是"以教材为中心、以课堂为中心、以教师为中心"的学科学习范式。国家和地方教育行政部门在下发的相关文件中多次提出的"推行基于问题、基于项目的学习方法""加强产教融合、工学结合、校企合作"等政策到了学校层面都很难推行，结果造成学生既不具备理论研究和技术创新的能力，又缺乏职业岗位需要的实际操作本领，学习未产生理想的成效，毕业生在就业市场上不受欢迎。[①]

这 600 多所地方本科院校转型做职业教育，面临的最大问题是，原本适用于学习按学术逻辑、学科逻辑安排的系统性、逻辑性较强的学科课程的学科本位的学习范式无法适应学校的人才培养定位，无法使学生通过学习成为一名高素质的技术技能型人才。要想解决这一现有学习范式存在的低效甚至无效问题，这些学校的师生就要积极转变学习理念，改变学习方式，转换学习范式。

（二）高职毕业生的素质无法满足企业对人才的要求

国际职教专家福斯特曾说过，受训者在劳动力市场中的就业机会和就业后的发展前景，是职业教育发展的关键因素。[②]高职毕业生是否满足劳动力市场对人才的要求，高职院校能否使学生具备可持续发展能力，这些不仅关涉高职院校的改革与发展，更关系着每一位高职学生的生存与发展。

随着现代科学技术的发展，人力获得了极大解放，原先需要具备简单技能的岗位逐渐由机器所替代，多数岗位要求具有判断力的复合型人才。同时，在"互联网 +"等新经济大发展、"中国制造 2025"国家战略以及我国产业转型升级的大背景下，需求方企业不仅对一线技术技能型人才的素质提出了更新更高的要求，要求技术技能人才不断提升学习与创新技能、数字化素养技能、

① 曲殿彬，赵玉石.地方本科高校转型发展的问题与应对［J］.中国高等教育，2014（12）：25-29.
② 王小梅.中国高等职业教育研究精品文选［M］.北京：科学出版社，2010：13.

职业与生活技能、工匠精神等综合素质，还希望招到"招之即来、来即能干、干即干好"的员工，而供给方高职院校按照传统方式培养出的毕业生越来越无法胜任复杂的工作岗位，无法适应企业的快速发展，无法满足企业的现代化要求。其主要表现有以下三点：

第一，高职院校输送到企业的人才技能单一，潜力不足，工作场所学习能力较弱，综合能力不强，无法适应企业的快速变化。随着经济社会的快速发展和信息技术的剧烈变革，职业的流动和变换大大增加。从企业的角度出发，它们更欢迎具有终生学习能力的高职毕业生。一项调查研究显示，很多企业要求员工具有良好的再学习能力，期望他们能够适应企业多方面的岗位需求，在企业中进一步学习、成长，很快适应非本专业岗位的工作，具备"一专多能"的能力。[①] 对高职院校学生来说，职业活动中工作任务的不确定性越来越大，职业活动和专业活动之间的界限逐渐模糊，学习内容的确定性急剧下降。[②] 同时，随着生产组织方式由原来的流水线变成了生产岛，培养从事单一任务的工人这一泰勒主义（Taylorism）和福特主义（Fordism）的教育模式已无法适应当前扁平化组织型企业对高技能、弹性、富有合作精神的工人的需求，高职院校学生单纯习得某一项技能不仅使其无法满足复合型工作岗位的要求，更无法获得综合竞争力和后续的学习基础，无法应对社会急剧式的变化。

第二，高职毕业生岗位适应期较长，职业适应力不足，实践能力较弱，无法在工作情境中及时发现问题、解决问题。尤其是本科层次的高职院校，因一直没有摆脱按学科逻辑体系进行教学的模式，学生的学习以课堂、书本、学校为中心，动脑多于动手，参与实践的机会较少，在学校期间虽掌握了丰富的专业理论知识，但缺乏真刀真枪的实干经验，实践能力较弱，也缺乏与人合作的精神，导致其在毕业时就业难，就业后无法上岗就开展工作，需要较长的时间适应岗位，适应工作环境。同时，由于学生在校接受的多是灌输式的专业理论指导，教师缺乏对学生问题意识的培养，使其到工作岗位上，不易发现现实中存在的问题；遇到问题时，手忙脚乱，不能冷静地分析问题，更不擅长解决实际问题。也就是说，高职学生在学校经过三到四年（技术应

---

① 梁光第，卓伟等.关于现代企业对高职生素质需求状况的调查报告 [J].文教资料，2011（2）：229–231.

② 徐国庆.职业教育课程、教学与教师 [M].上海：上海教育出版社，2016：45.

用型本科）的学习，成了一名合格的"毕业生"但并非一名合格的"职业人"，这与企业对人才岗位适应能力强、专业上手快、实践能力强等要求存在较大的差距，这一差距在一定程度上会对企业的效益造成影响，使得企业对其评价不高。

第三，高职院校输送的毕业生职业道德感不强，缺乏职业信念。由于高职院校培养学生的场域与真实的工作场域相脱离，学生无法感知真实的工作场景，甚至对专业所对口的工作缺乏深入了解，更无法受到实践共同体的熏陶和感染，因此，体会不到职业道德感，更谈不上职业信念。爱岗、敬业、奉献等对高职学生来讲，是一种模糊的理念、一种抽象的要求。然而，当前用人单位看重的不再是学生的分数，而是职业道德修养、职业忠诚度、责任心、敬业精神等职业素质和隐性能力。在一项大型调查中，很多企业都谈到的高职毕业生存在的不足有：职业道德修养欠缺，责任心不强，协作意识淡薄等。[①]

高职毕业生无法满足企业对人才要求的上述表现严重影响了高职学生的就业机会和未来的发展前景，主要问题出现在高职院校的培养环节和高职学生的学习中。要改变这一现状，必须遵循职业教育的规律和职教学生的学习规律，重新审视高职学生的学习，寻求利于提高学生学习效果的学习范式。

（三）学习技术的发展为情境式学习提供了支撑条件

在当今这个技术创新和工具进步的时代，信息技术取得了长足发展，产生了许多新的社会思维模式，带来了生产方式和学习方式的变化。[②]云技术与互联网思维、大数据与用户思维、物联网与跨界思维、生命信息与生态思维，这些思维模式与技术连接，造就了创新时代的新的教育和学习模式。[③]2012年，世界上最大也是最权威的教育技术机构NMC发表年度报告主题演讲时，将移动学习、游戏学习、混合学习、可视化学习和社会化网络学习称为人类典型的5种学习方式。

信息技术的变革推动了学习技术的发展，丰富了人们的学习载体，转变

① 李小娟.高职学生素质能力评价研究［J］.教育研究，2013（5）：96-103.
② 教育部职业技术教育中心研究所.中国职业教育2030研究报告——发展目标、主要问题、重点任务及推进策略［J］.中国职业技术教育，2016（25）：11-23.
③ 魏忠.教育正悄悄发生一场怎样的革命［M］.上海：华东师范大学出版社，2016：3.

了人们的学习理念。新兴的线上线下相结合的学习使过去难以实现的"以学习者为信条"的理想成为现实，消解了传统学习的专断性、接受性、他律性，赋予学习以"自主性"、"协商性"[①]。佐藤学提出的三种立场的转换成为可能，即从立足于教科书、黑板、笔记本的"座学"向自主探究式学习活动转换；从彼此隔绝的独白式学习向以人际交往为基础的合作式学习转换；从谋求知识和技能"习得""积蓄"的占有式学习向旨在培养学生问题解决能力的反思式学习转换。[②]

对于高职教育来说，学习技术发展带来的最大好处是学习情境创设的便利与在工作情境中学习的可能性的增加。高职教育主要培养技术技能型人才，真实的（逼近真实的）工作场景、先进的技术设备、工作人员之间形成的合作共同体对高职学生的学习来说至关重要。人类学里的情境学习理论在20世纪末兴起时，就得到了学者们的广泛关注，但该理论在盛行一时之后就沉寂了下去，没有在实践中得到推行，其最大的原因是当时缺乏支撑情境学习的条件。如今，学习技术的发展，使得各种情境的创设不再是难题，为情境学习的开展扫除了条件障碍。著名的未来学家托夫勒在他的第一本畅销书《未来的冲击》中写道，在未来信息社会中，杜威的着重"做"的学习会成为主流……今后的学习是真实场景、真实任务、基于建构、基于常识和时空高度感知的移动性学习。[③]托夫勒真实场景学习的预言在技术的支持下已成了现实，情境学习将很快在高职院校中广泛开展起来。学习技术的发展和学习载体的丰富将为高职学生学习范式的转型，即转向情境学习范式提供有力支撑。

（四）情境学习范式能促进高职学生核心能力的形成

核心能力又称为关键能力。德国职教界认为职业学校学生核心能力的培养主要包括专业能力、方法能力和社会能力；英国职教界认为其包括交流能力、合作能力、学习能力、信息技术运用能力和问题解决能力五个方面；美国则

① 郝德永.学习者信条与学习范式的重建［J］.教育研究，2008（12）：56-62.
② 佐藤学.学习的快乐——走向对话［M］.北京：教育科学出版社，2004：20.
③ 魏忠.教育正悄悄发生一场怎样的革命［M］.上海：华东师范大学出版社，2016：228.

提出其包括技术、学习、思考、交流和人际交往能力五个方面。[①] 我国对高职学生核心能力研究的学者也提出了诸多相似的能力。虽然各国对核心能力的理解不同，但对其本质有共识，即核心能力是指从事任何职业都必不可少的一种可迁移能力。当职业（岗位）发生变化时，这种能力不会因专业或职业变化而改变，所以也被称为"跨职业能力""跨专业能力""可携带能力"。

高职教育的职能是将学生培养成为满足社会需要的高素质技术技能人才。因此，对高职学生的培养不同于中职学生，不仅要培养其较强的就业能力，使其毕业后能顺利、高效地实现从学校到工作的过渡，还要培养其核心能力，使其工作后具有继续学习的基础、转岗换岗的能力和持续提升自我的能力。高职院校学生的学习与普通高校学生的学习也不同，不强调学术逻辑、学科逻辑，而是强调在"情境"中学，体会知识意义；在"工作"中学，体验任务逻辑；在"团队"中学，体味视阈融合；在"反思"中学，体悟理实整合。[②]

高职院校学生的学习在很大程度上受制于学习者当时的情境。学习的情境性被一些学者视为当代学习理论研究的主要观点之一，如雷斯尼克就认为学习高度地受到情境调节[③]。1990 年布鲁纳（Bruner,J.）在其著作《意义的行动》中也指出："如果说认知革命发生在 1956 年的话，那么情境化的革命就发生在今天"[④]。情境学习范式正是在这场革命中诞生的，主要基于情境学习理论。从对学习的论述来看，该理论具有更强的整合特性，对以往的理论具有更大的包容性和扩充性。有人认为，情境学习理论可以作为最佳的整合框架，将认知理论，甚至行为主义理论整合进来。[⑤]

以美国学者的主张为代表的情境学习范式，强调学习是在真实情境中发生的，学习过程必须有主客体的互动，通过创设真实实践环境，实现在情境中的真实行动；通过参与实践共同体，实现从功能性学习情境中的边缘性参与到活动系统的核心成员。情境学习理论成为职业教育基于工作过程的学习

① 林坚."卓越技师"教育理念下高职学生核心能力培养［J］.教育与职业，2016（22）：109-111.
② 王亚南,林克松.技术知识建构视阈下职业院校学生学习范式的转向[J].职业技术教育,2015(13)：15-19.
③ 郑太年.学校学习的反思与重构——知识意义的视角［M］.上海：上海教育出版社，2006：136.
④ Bruner, J.Acts of meaning［M］.Harvard University Press,1990：105-106.
⑤ Greeno, J.G.& the Middle School Mathematics Through Applications Projects Group. The situativity of knowing, learning, and research. American Psychologist, 1998, 53（1）：5-26.

从而获得专业能力、方法能力和社会能力，进而从职业新手走向职业专家的理论基础。[①] 基于情境学习理论的情境学习范式与高职院校学生的学习高度契合，可以使高职学生在学习过程中培养情境分析能力、问题解决能力、信息处理能力、工作场所学习能力和交往能力等，不仅可以提高高职学生的就业能力，更重要的是，可以促进高职学生核心能力的形成。因此，情境学习范式将成为促使高职学生实现高效学习的主流学习范式。

学习化社会的要求、信息技术的发展、本科层次高职院校学生面临着的学习范式危机、专科层次高职院校学生原有学习范式存在的低效问题、高职院校违背职教"做中学"的规律等导致高职毕业生无法满足现代企业对人才的要求，使高职教育感到了前所未有的挑战，高职院校学生的学习受到了巨大冲击。不论职业教育如何应对这些挑战、作出何种变革，都需通过学生的学习转化成教育的成果输送到社会中。没有学生的学，学校的教育则是空中楼阁；没有学生的学，教师的教则无从谈起。当普通学校中不断出现有关学生学习问题的新闻时，职业学校作为人们眼中的"末等学校""三流学校"面对学生层出不穷的学习问题，更是一言难尽，但当前对此所做的研究却少之甚少。在当今这个学习方式、学习目的、学习场所、学习内容都已发生重大改变的时代，作为学习弱势群体的职业学校学生又应如何学习呢？传统的基于行为主义的技能训练学习、基于认知主义的重理论知识的学习是否还能适应当今时代学习的要求？这一时代背景和这些问题使本书聚焦于高职院校学生的学习。但学习不仅仅是一种状态抑或一个动作，为什么学习、学习什么、如何学习等一系列有关学习的问题，以及目前存在的诸多学习模式等都有丰富的学习理论作为支撑，学习理论之下又都有着浓厚的哲学根基，它们都是学习范式的研究对象，统摄于学习范式的范畴之内。鉴于情境学习与高职院校学生学习的高度契合，本书将以"情境学习范式"作为研究的核心，以此展开对高职学生学习的研究，以期通过对高职院校学生情境学习范式的研究，解决目前高职学生学习中存在的低效问题，帮助学生高效学习、科学学习，提高学生的学习力，促进学生的可持续发展。

[①] 姜大源. 职业教育的学习范式论［J］. 中国职业技术教育，2007（7）：1.

二、研究旨意

（一）研究目的

学习是人类发展的永恒主题，学生学习是各级各类学校教育的落脚点，也是学生提高学习力，增强竞争力，获得可持续发展的重要途径。高职院校学生的学习事关我国高素质技术技能型人才的培养质量，决定我国经济发展所需人才的供给质量。本书借鉴范式理论，对高职院校学生的情境学习范式进行研究，以期达到以下两方面目的。

1. 理论层面

（1）借鉴范式理论，构建高职院校学生情境学习范式的基本结构；

（2）根据高职教育的特点、高职学生的学习规律，从范式结构的三个层面入手，阐明高职院校学生情境学习范式的丰富内涵，挖掘情境学习范式背后的哲学认识论基础，分析社会学层面情境学习范式存在的理论基础，说明情境学习范式在人工操作层面的表现，列举属于该范式的相关情境学习模式，给出属于该范式的实践范例。

2. 实践层面

（1）通过访谈和问卷调查，考察高职教育领域相关人员对本书在理论上构建的高职院校学生情境学习范式的认同度；

（2）通过一线走访和问卷调查，了解当前高职院校学生学习中存在的问题和情境学习的具体情况，进而寻找实然的高职学生情境学习情况与应然的情境学习范式对情境学习的要求之间的差距；

（3）根据相关理论，提出应用高职院校学生情境学习范式的条件和原则，并从多种角度出发为高职院校学生转向情境学习范式提出促进策略。

（二）研究意义

在国家构建现代职业教育体系，大力发展高等职业教育时，要让高职教育开花结果，则需要通过高职院校学生的有效学习来实现。对高职院校学生情境学习范式进行研究具有重要的理论意义和实践意义。

1.理论意义

第一，将国际上已然兴起的范式理论研究成果引入我国高职院校学生学习领域，并对其进行较为全面、深入的再认识和再概念化，不仅可以丰富范式理论的应用范围，还可以丰富我国职业教育理论体系，为以后研究职业教育学生学习问题提供前期的理论研究积淀；

第二，在充分分析高职院校学生学习特殊性的基础上，将心理学、人类学中较为成熟的情境学习理论应用到高职教育中，通过对高职院校学生学习进行研究，可以填补高职教育学习理论的空白，有助于把握、总结、归纳高职院校学生学习的基本规律；

第三，研究高职院校学生的学习必将对高职院校学生学习的内容，即制约高职院校学生学习的知识进行分析，了解知识的本质、来源、构成等，这将进一步丰富职业教育的知识理论。

2.实践意义

第一，本书将国际上职业教育领域的研究热点——情境学习作为研究重点，研究结论将有助于改善国内职业学校工学结合的疏离现状，深化产教融合，促进我国职教改革，促使我国广大职业院校严格遵循职业教育办学规律；

第二，本书提出的应用高职院校学生情境学习范式的条件、原则以及从多种角度出发提出的促进高职院校学生转向情境学习范式的策略将有利于促进我国高职院校变革学校本位的人才培养模式，尝试新的更符合高职教育规律的办学模式；

第三，本书根据高职教育的特点、高职学生的学习规律，所阐明的高职院校学生情境学习范式的丰富内涵，挖掘的情境学习范式背后的哲学认识论基础，说明的情境学习范式在人工操作层面的表现，列举的情境学习范式的实践范例将改变高职教育相关人员，尤其是高职一线教师的原有高职教育观、教学观和学习观。同时，本书对当前高职学生学习情况的调查结果，可为高职院校教师开展教学改革提供实证依据；

第四，本书着眼于当前学习目标、学习方式、学习场所、学习内容等都发生着巨变的时代背景，结合高职院校学生学习的特点，研究高职院校学生的情境学习范式，将有助于解决高职院校学生厌学问题，改变当前高职院校学生低效学习、无效学习的现状，帮助高职学生科学学习、高效学习，提高高职院校学生的学习信心、学习能力和就业能力，促进高职院校学生终身学习力的形成。

三、研究综述

近年来对学习的研究已超出了心理学的传统范畴，扩展到了更为宽广的领域。这一方面是基于脑与身体的生理研究发展，另一方面是基于社会科学的发展，尤其是社会学与社会心理学之间"灰色地带"的研究拓展。另外，学习研究还较以前更为广泛和直接地被纳入国家经济体系的战略之中，例如，基于经济增长和竞争力培养的目标，学习研究被用于测量和加强成人学习、工作场所学习和终身学习。① 学习研究的诸多进展已使研究人员走出实验室，去关注学习发生的真实情境。学校中的学习与工作场所中的学习一起进入了研究者的视野。②

在这一宏观背景下，本部分将围绕本书的主题"高职院校学生情境学习范式"，将相关文献分三个主题进行梳理。第一个主题是关于本书的核心研究对象"学习范式"；第二个则缩小范围，突出重点，紧紧围绕高职院校学生学习范式的研究进行梳理；最后，放眼国际视野，利用 Citespace5.0.R4.SE 可视化软件探测国际职业教育主流理论与研究热点，通过对关键节点文献进行追踪和解读，发现构成国际职业教育研究的主流理论之一即 Situated Learning Theory（情境学习理论）和第一大热门研究主题 workplace learning（工作场所学习）与本书密切相关，前者是本书的重要理论基础，后者属于本书的范畴。因此，在此基础上对关于职业教育中情境学习的研究进行梳理。

（一）关于学习范式的研究

通过超星图书馆、中国知网（www.cnki.net）、维普中文科技期刊网以及 Springer 外文电子期刊全文数据库等对关于学习范式的文献资料进行检索和搜

---

① ［丹麦］克努兹·伊列雷斯.我们如何学习：全视角学习理论［M］.孙玫璐，译.北京：教育科学出版社，2014：6.
② J·莱夫，E·温格.情景学习：合法的边缘性参与［M］.王文静，译.上海：华东师范大学出版社，2004：总序5.

集,发现关于学习范式的研究并不多,以下分国内和国外做简单的梳理和分析。

1. 国内关于学习范式的研究

国内关于学习范式的研究,可以按不同的参照标准做不同的分类。

按学习范式的主体可以分为教师学习范式的研究和学生学习范式的研究。与学生学习范式的研究相比,关于教师学习范式的研究较少,有代表性的、比较系统的研究为:贾巍的著作《学习观视野下的教师网络学习范式研究》,该著作分别以主客二分的学习观和主客一体的互动生成学习观为基础,论述了教师网络学习范式的两种不同形态[①];周成海的博士论文虽以教师教育范式为标题,但突出教师的主体性,侧重教师的学习范式,以客观主义和主观主义作为学习范式连续统的两端,分别论述两种学习范式的理论基础和结构特征[②];何菊玲也是如此,虽以《教师教育范式研究》为题,但文内突出教师的学习范式,并从知识观的视角出发,分析了工具理性教师学习范式的不足和交往理性教师学习范式的优势,在此基础上,指出交往理性教师学习范式应当成为主流范式[③];杜海平从哲学层面、社会学层面和人工层面辩证地分析了外促和内生两种教师专业学习范式。[④] 关于学生学习范式的研究则比较多,但总的来说,正如郝德永在《学习者信条与学习范式的重建》一文中所言,研究者们都呼吁要破除基于教育者信条的学习范式,重建学习概念,将学习定位为"学习者的活动",建立基于学习者信条的学习范式。[⑤]

按学习范式所依据的学习理论可分为行为主义范式、认知主义范式和建构主义与情境范式的研究,总的研究趋势是走向情境学习范式。例如:北师大心理学院的姚梅林教授以心理学为基础,从学习的实质出发,分析了学习的内容、方式以及教育应用等,提出了从认知到情境的学习范式的变革[⑥];贾义敏和詹春青在《情境学习:一种新的学习范式》一文中指出,情境学习作

① 贾巍.学习观视野下的教师网络学习范式研究[M].北京:中国社会科学出版社,2016:105-146.
② 周成海.客观主义-主观主义连续统观点下的教师教育范式:理论基础与结构特征[D].长春:东北师范大学博士学位论文,2007.
③ 何菊玲.教师教育范式研究[M].北京:教育科学出版社,2009.
④ 杜海平.外促与内生:教师专业学习范式的辩证[J].教育研究,2012(9):139-145.
⑤ 郝德永.学习者信条与学习范式的重建[J].教育研究,2008(12):56-61.
⑥ 姚梅林.从认知到情境:学习范式的变革[J].教育研究,2003(2):60-64.

为一种新型的学习范式，是学习科学研究中的重要内容之一。[①]

按学习范式的认识论基础可分为主客观二元分离论范式、主客观一体范式和多元转换论范式的研究。很多学者认为基于行为主义和认知主义的学习范式强调获得表征的认知，这种认知理论的哲学思想是一种主观/客观的二元论；而基于建构主义和情境学习的学习范式则强调参与实践，这种理论的哲学思想更多的是多元论或转换论。[②] 而当前的学习范式应是强调包容性、整合性的多元转换的学习范式。

按学习范式所依靠的方式、媒介，分为传统教育中学习范式和网络教育中学习范式的研究，重在突出网络教育中学习范式的特点，如刑方在其硕士论文《网络教育中学习范式的转型》中指出，随着现代信息技术的快速发展，网络教育冲击着传统教育和学习模式，应树立一种建立在知识与信息基础上的网络学习观，并从学习的观念、内容、环境和方式等方面，对网络教育中的学习范式进行了系统的分析与阐述。[③]

此外，还有研究者在以上研究的基础上，探讨学习范式下学生事务的管理，如侯志军在《学习范式下高校学生事务管理的转型变革》一文中探讨了从"教师为中心"的教学范式到"以学生为中心"的学习范式，中国高校学生事务管理要更加注重基于证据、因材施教和整体育人的建构要求。[④]

2. 国外关于学习范式的研究

国外关于学习范式的研究比较多，始于美国加州巴拿马大学的 Robert B.Barr 和 John Tagg，这两位学者首先提出了"学习范式"这一概念。[⑤]1995 年，巴尔和塔戈提出本科教学的新范式——学习范式。[⑥]学习范式的兴起不仅形成了以学生为中心、以学习为中心的高等教育变革的基调[⑦]，而且从 1995 年开始，对学习范式的研究就形成为一股势力，研究范围逐渐扩大，涉及的领域有心

① 贾义敏，詹春青.情境学习：一种新的学习范式 [J].开放教育研究，2011（5）：29-39.

② 姚梅林.从认知到情境：学习范式的变革 [J].教育研究，2003（2）：60-64.

③ 刑方.网络教育中学习范式的转型 [D].长春：东北师范大学硕士学位论文，2004.

④ 侯志军.学习范式下高校学生事务管理的转型变革 [J].江苏高教，2014（3）：118-122.

⑤ Frank A. Fear, Diane M. Doberneck.Meaning Making and "The Learning Paradigm"：A Provocative Idea in Practice [J].Innovative Higher Education, 2003, 27（3）：151-168.

⑥ Robert B. Barr & John Tagg. From Teaching to Learning——A New Paradigm for Undergraduate Education [J].Change, 1995（6）.

⑦ 吴立保.学习范式下的教师发展：理论模式与组织建设 [J].教育研究，2017（4）：103-111.

理学、生理学、技术学以及教育学，对学习范式研究的观点也比较分散。由于本书对学习范式的研究是从教育学角度开展的，所以以下文献的梳理主要侧重于与本书联系较为紧密的关于学习范式的文献。通过整理相关文献，可从以下具有代表性的几个方面进行综述：

在学习范式提出之后，首先对学习范式进行研究的是心理学这一学科。心理学界提出了一种快速连接学习范式，并通过"标准范例"的实验，论证说明了该范式是一种最佳路径范式（the Optimum Path Paradigm, OPP）。[①] 之后，学习范式的研究扩展到了生物学领域，重点研究学习范式的行为和生物学问题。[②] 就一种学习范式的优劣，研究者们不仅从生物学、生理学上寻求证据，还将其与传统测验进行结合，企图用测验的方式检测学习范式的好坏。有学者专门撰文 *Reconciling a Tradition of Testing with a New Learning Paradigm*[③]，对此进行详细论述。

随着建构主义影响力的增强，很多学者提出了建构主义学习范式，并将此范式应用到教师培养中，希望借此促进教师教育的发展。[④]

随着信息技术的进步，围绕建构主义学习范式，结合日益普及的移动网络，很多研究者基于建构主义的理念，对学习范式做了较为细致、深入的研究。如有的学者专门探讨了智能环境下教学范式和学习范式的演变，认为从 20 世纪中期以来建构主义对教育学的影响最大，是电子学习的重要基础，并将继续帮助学生获得更高的理解、应用、分析和评价的认知能力[⑤]；有的学者提出了参与式学习范式（the participatory learning paradigm，PLP），通过"学习者对信息来源的可信度"的实验研究，论证参与式学习范式的优点[⑥]；有的学者详

---

① Samir I.Sayegh.A Fast Connectionist Learning Paradigm.［M］.Berlin：Springer Netherlands，1995.

② Timothy J.Teyler，William M.Baum，Michael M.Patterson.Behavioral and biological issues in the learning paradigm［J］.Physiological Psychology March 1995，3（1）：65 - 72.

③ Carole J. Gallagher.Reconciling a Tradition of Testing with a New Learning Paradigm［J］.Educational Psychology Review，2003，15（1）：83 - 99.

④ Olga Smolyaninova.The Strategy of Implementing e-Portfolio in Training Elementary Teachers within the Constructive Learning Paradigm［A］.Advanced Information Technology in Education［C］. The series Advances in Intelligent and Soft Computing，2012：339-344.

⑤ Lakhmi C. Jain，Raymond A. Tedman，Debra K. Tedman.Evolution of Teaching and Learning Paradigms in Intelligent Environment.［M］.Berlin：Springer Berlin Heidelberg，2007：1-6.

⑥ Ronald R.Yager.Extending the participatory learning paradigm to include source credibility［J］.Fuzzy Optimization and Decision Making，2007，6，（2）：85 - 97.

细研究了主动学习范式下概念漂移的学习曲线[①]；有的学者就自主学习范式使用实证研究的方法对 178 名中学生和 280 名大学生进行了调查，以此来研究自主学习范式与学生情感、行为、认知调节形式以及成绩的关系。[②]

由此可以看出，国内外学习范式的研究都深受相关学习理论和哲学思潮的影响，建构主义为学习范式的研究提供了重要理论基础。但不同的是，国外关于学习范式的研究不仅范围广，涉及领域多，而且研究都比较细致、深入，实证研究和理论研究兼具，更侧重实证研究；而国内关于学习范式的研究则比较少，多数属于理论思辨。国外研究为本书的开展提供了国际视野，而国内有关学习范式的研究在奠定了一定基础的同时，也提供了很大的研究空间。

（二）关于高职院校学生学习范式的研究

目前尚未有专门研究高职院校学生学习范式的文献，关于职业学校学生学习范式的研究也极少。学者姜大源在《中国职业技术教育》这一期刊的卷首语中，从经典、改革和创新三个角度出发，提纲挈领地提出了职业教育的几种学习范式，并在文末指出，学习呈现一种复合而多面的结构，吸收了经典学习理论之精髓而形成的行动学习和情境学习是整体学习的基础，经典、改革和创新的学习范式都指向能力的获得，应该且可能成为职业教育的学习范式。[③] 这是关于职业教育学习范式的最早研究。之后，为厘清职业教育中范式和模式的区别，姜大源又撰《职业教育：模式与范式辨》一文，从局部与整体、形式与实质、方法与思维、组分与系统的角度，解读了模式与范式的关系，并指出，在职业教育的发展进程中，基于模式层面的改革成果已经相当丰富，当进入改革的攻坚阶段时，基于范式层面的改革诉求业已摆上议事日程。[④] 除此之外，还有两个相关的研究，一个是杜旭林和温济川基于行动的

① Bartosz Kurlej, Michal Wozniak.Learning Curve in Concept Drift While Using Active Learning Paradigm[A]. Chapter Adaptive and Intelligent Systems [C].The series Lecture Notes in Computer Science2011, 6943 : 98–106.

② Adar Ben-Eliyahu, Lisa Linnenbrink-Garcia.Integrating the regulation of affect, behavior, and cognition into self-regulated learning paradigms among secondary and post-secondary students [J].Metacognition and Learning, 2015, 10 (1): 15 – 42.

③ 姜大源.职业教育的学习范式论 [J].中国职业技术教育，2007 (7)：1.

④ 姜大源.职业教育：模式与范式辨 [J].中国职业技术教育，2008 (31)：1.

职业教育学习范式研究，指出职业教育的学习是建立在行动之上，主要以获得过程性知识为认知目标的活动[①]；一个是董辅华基于情境认知学习理论的研究，他运用库恩的范式理论，指出职业教育理论经历了行为主义、认知主义、建构主义等学习理论范式之后，目前发展为情境学习理论的新范式。[②]

虽然关于职业学校学生学习范式的研究很稀少，但这个研究之门毕竟已打开，且业内有名学者姜大源高瞻远瞩地对此做了开路性指导，并对这一方面的未来研究寄予了很大期望。

（三）关于职业教育中情境学习的研究

国际上职业教育的研究状况如何，当代国际职业教育的研究热点是什么，国际职业教育的主流理论有哪些等国际职业教育的研究背景是做研究需要考虑的，本书是否符合国际职业教育的研究主流，能否对国际职业教育的整体研究有所贡献也是做研究需要思量的。因此，本部分将利用 Citespace5.0.R4.SE 可视化软件探测国际职业教育主流理论与研究热点，通过对关键节点文献进行追踪和解读，在此基础上对"职业教育中情境学习"的研究做出综述。

Citespace 是由国际著名信息可视化专家郭超美教授用 Jave 语言开发的一种基于引文分析理论的工具与技术，借助此技术研究者能够了解到最重要的研究主题及其科学文献，找到其中最为关键的有效信息，弄清相关研究过去与现在的发展历程，识别最活跃的研究前沿和发展趋势。[③]

本部分利用 Citespace 软件探测国际职业教育主流理论与研究热点所使用的数据库是 SSCI。该数据库是公认的世界范围内社会科学领域最权威的文献数据库，库中数据具有很高的参考价值，能够确保本书的可信度。在 SSCI2017 年收录的教育类核心期刊中，主要发表职业教育类相关文献的期刊有以下四本：*Career Development Quarterly*、*Vocations and Learning*、*International Journal for*

① 杜旭林，温济川.职业教育的学习范式论——基于行动的建构 [J].高等职业技术教育（天津职业大学学报），2010（1）：37–40.
② 董辅华.职业情境视阈中的职教学习理论范式及新发展 [J].黑龙江高教研究，2013（6）：150–152.
③ 李杰，陈超美.CiteSpace：科技文本挖掘及可视化 [M].北京：首都经济贸易大学出版社，2016：1.

Educational and Vocational Guidance、*Studies in Continuing Education*。[①] 本书将检索时间设定为 2000—2017 年，检索这四本期刊在 Web of Science 数据库中收录的文献。经数据清洗处理后，获得用于分析的文献数据 841 条，有效引文 24547 条（检索日期为 2017 年 8 月 3 日）。利用获得的文献数据做国际职业教育主流学术领域与主流理论和国际职业教育研究热点两方面的分析。

1. 国际职业教育主流学术领域与主流理论——情境学习理论占据第一

利用 Citespace 软件（版本为 5.0.R4.SE），导入数据，选择 "Time Slicing" 为 "2000—2017"，时间间隔为 "1"；词语来源设定为 "Title" "Abstract" "Author Keywords（DE）" "Keywords Plus（ID）"；词语类型选择 "Burst Terms"；节点类型选择 "Cited Reference"；选择标准为 "Top 30"；算法为 "Pathfinder"；得到节点 642 个，连线 1380 条。生成的知识聚类图谱，见图 0-1。

从图 0-1 可以看出，国际职业教育研究有三个明显的聚类：（1）聚类 A 由 208 篇文章组成，其中最突出的文章是 1991 年 Lave J. 和 1998 年 Wenger E. 的文章，其内容是关于情境学习理论的；根据 "cluster explorer" 探测出的前沿术语，可以看出，聚类 A 是关于 "workplace learning（工作场所学习）" 的研究；（2）聚类 B 由 187 篇文章构成，其中突出的有 1997 年 Holland J.L. 和 2002 年 Cooker E.P. 的文章等，从内容上来看，这些关键文章都是关于职业指导类的理论；（3）聚类 C 的面积较小，仅由 34 篇文章组成，但从图 0-1 中仍可看出明显的聚类趋势，从探测出的前沿术语可以看出，聚类 C 主要是关于 "vocational psychology（职业心理学）" 的实证研究。这三个知识群也是当代国际职业教育前沿研究的三个主流学术领域。

[①] 肖凤翔, 陈潇. 国际职业教育主流理论与研究热点的可视化分析[J]. 中国职业技术教育, 2014(30): 21-27.

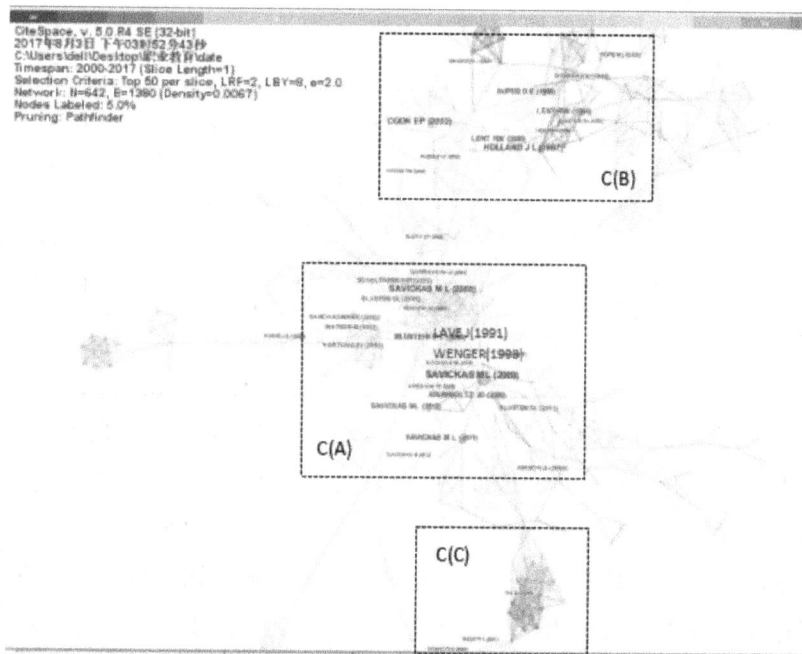

图 0-1　国际职业教育研究文献共被引聚类图谱（2000—2017 年）

根据 CiteSpace5.0.R4.SE 运算结果，遴选出国际职业教育研究中被引频次排名前八位的高被引文章作为关键节点文献，见表 0-1。通过对这些文献进行追踪和分析，可看出这八篇文献主导形成的理论构成了国际职业教育研究的主流理论，从其具体内容来看，至少可分为三大理论。

表 0-1　国家职业教育研究的关键节点文献

序号	作者	篇名	年份	频次
1	Lave J.	Situated Learning:Legitimate Peripheral Participation 《情境学习：合法的边缘性参与》	1991	79
2	Wenger E.	Communities of Practice:Learning,Meaning and Identity 《实践共同体：学习、意义和身份》	1998	68
3	Holland J.L.	Making Vocational Choices:A Theory of Vocational Personalities and Work Environment 《做职业选择：职业人格和工作环境的理论》	1997	61
4	Lent R.W.	Toward a Unifying Social Cognitive Theory of Career and Academic Interest, Choice, and Performance 《职业与学术兴趣、选择和绩效相结合的社会认知理论探索》	1994	54
5	Savickas M.L.	Careers Choice and Development 《生涯选择与发展》	1996	36

序号	作者	篇名	年份	频次
6	Savickas M.L.	The Theory and Practice of Career Construction 《生涯建构的理论与实践》	2005	35
7	Parsons F.	Choosing a Vocation 《选择职业》	1999	31
8	Gottfredson L.S.	Circumscription an Compromise:A Developmental Theory of Occupational Aspirations 《界限妥协：职业抱负发展理论》	1981	29

　　第一大理论为情境学习理论（Situated Learning Theory）。该理论由美国著名社会人类学家 Jean Lave 和 Etienne Wenger 提出，挑战了对传统学习的理解，认为传统的学校学习是一种抽象的、孤立的、去情境化的学习，学生获得的知识是呆滞知识，很难迁移到现实的相关情境中，强调知识与情境之间动态的相互作用。莱夫等人认为，学习是情境性活动，提出了"学习是实践共同体中合法的边缘性参与"这一著名论述。[①] 其中，最为关键的两个核心概念是合法的边缘性参与（legitimate peripheral participation）和实践共同体（communities of practice）。1991 年，莱夫在当代职业教育研究被引频次最高的一书（见表0-1）《情境学习：合法的边缘性参与》中指出，"合法的边缘性参与"是一种分析学习的观点，一种理解学习的方式，或者说，合法的边缘性参与就是学习。[②] 1998年，温格出版了《实践共同体：学习、意义和身份》，对实践共同体作了深入的探讨，他认为"一个实践共同体包括了一系列个体共享的、相互明确的实践和信念以及对长时间追求共同利益的理解"。[③] 职业教育最主要的特点是与实践工作紧密相关、以实用知识和技能为主要内容，因此只有在真实的工作情境中才能更好地开展职业教育活动，职业学校学生只有在真实的情境中学习才能获得便于迁移的知识和技能。情境学习理论构成了职业教育与理论的重要知识基础。这一理念与本书的选题不谋而合，该理论也成了本书最重要的理论基础之一。

---

① 　J·莱夫，E·温格.情境学习：合法的边缘性参与［M］.王文静，译.上海：华东师范大学出版社，2004：译者序 3.

② 　J·莱夫，E·温格.情境学习：合法的边缘性参与［M］.王文静，译.上海：华东师范大学出版社，2004：译者序 3.

③ 　J·莱夫，E·温格.情境学习：合法的边缘性参与［M］.王文静，译.上海：华东师范大学出版社，2004：译者序 4

第二大理论为职业兴趣理论（Vocational Preference Theory），又叫职业选择理论，体现为聚类图谱中的聚类 B。该理论由 John Holland 于 1959 提出，其基本假设是人们选择职业的偏爱在某种意义上是个人人格类型的含蓄表达。[①]1997年，John Holland 在《做职业选择：职业人格与工作环境的理论》一书中指出，一个人的行为表现是由他的人格与他所处的环境交互作用决定的，并将人的职业人格划分为现实型（Realistic）、研究型（Investigative）、艺术型（Artistic）、社会型（Social）、企业型（Enterprising）和常规型（Conventional）六种类型。

第三大理论为职业抱负理论（Occupational Aspirations Theory）。美国 Linda S.Gottfredson 教授从性别类型、社会声望和工作领域三个维度对职业抱负的发展进行研究，提出了职业抱负发展的范围限定和妥协理论。[②]Linda S.Gottfredson 将个人职业抱负的发展分为四个阶段，认为职业抱负的发展过程始于童年时期，并强调童年时期的职业启蒙和辅导。Linda S.Gottfredson 的职业抱负发展理论联合了心理学与社会学，把职业发展和选择的心理因素与非心理因素相结合，对各个阶段的学校职业辅导工作具有一定的指导意义。

2. 国际职业教育研究热点——工作场所学习的研究突显

利用 Citespace 软件（版本为 5.0.R4.SE），导入数据，时间分割（Time Slicing）设置为"2000—2017"，时间间隔为"1"；词语来源设定为"Title""Abstract""Author Keywords（DE）""Keywords Plus（ID）"；词语类型选择"Burst Terms"；节点类型选择"Keywords"；选择标准为"Top 13"；算法为"Pathfinder"；得到节点 341 个，连线 1116 条，生成关键词共现聚类知识图谱。在图谱可视化对话框中，选择 Time Zone，得出关键词时区图谱，见图 0-2。这个从左到右、自下而上的知识演进图反映了国际职业教育研究的重要节点及其节点之间的共现关系，结合 2000—2017 年国际职业教育研究热点高频关键词统计表（表 0-2）可以较为精确地发现国际职业教育的研究热点和演进过程。

---

① Holland J.L. A Theory of Vocational Choice［J］. Journal of Counseling Psychology，1959（6）.
② Gottfredson LS. Circumscription an Compromise：A Developmental Theory of Occupational Aspirations. Journal of Counseling Psychology，1981（28）.

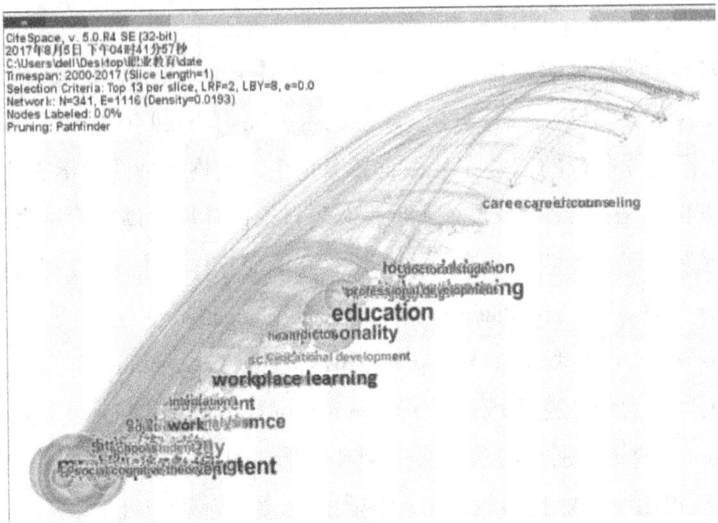

图 0-2　国际职业教育研究关键词时区图谱（2000—2017 年）

从关键词时区图谱和高频关键词统计列表中可以看出，work（0.16）、workplace learning（0.14）、workplace（0.10）的频次和中介性都很高，说明有关"工作场所学习"的研究是国际职业教育研究中的第一大热点主题。除上述列举的三个关键词外，与工作场所学习有关的热门主题还有 2001 年涌现的 identity（身份）、2002 年涌现的 performance（行为表现）、2008 年涌现的 apprenticeship（学徒制）、2011 年涌现的 knowledge（知识）。由此可看出，在情境学习理论的启发下，工作场所学习一直是近年国际职业教育研究的热点主题，这与近些年国际上诸多发达国家现代学徒制在职业教育中的兴起密切相关。可以预见的是，以情境学习理论作为支撑，学校学习与真实的工作情境学习相结合将是未来职业教育研究发展的主要方向。

表 0-2　国际职业教育研究热点高频关键词统计（2000—2017 年）

序号	频次	中介性	关键词	时间	序号	频次	中介性	关键词	时间
1	73	0.16	work	2000	16	21	0.09	psychology	2001
2	64	0.11	student	2000	17	21	0.02	scale	2000
3	58	0.14	workplace learning	2000	18	20	0.00	personality	2007
4	56	0.02	education	2008	19	19	0.02	behavior	2001
5	54	0.06	career development	2000	20	19	0.02	performance	2002
6	48	0.10	choice	2000	21	17	0.04	women	2001

序号	频次	中介性	关键词	时间	序号	频次	中介性	关键词	时间
7	46	0.09	perspective	2000	22	17	0.01	decision making	2000
8	43	0.10	workplace	2000	23	16	0.03	expectation	2002
9	39	0.04	career	2000	24	15	0.04	knowledge	2011
10	36	0.07	identity	2001	25	14	0.01	apprenticeship	2008
11	34	0.06	self efficacy	2001	26	13	0.02	adolescent	2003
12	32	0.02	model	2008	27	12	0.04	high school student	2000
13	27	0.07	college student	2000	28	12	0.00	motivation	2008
14	27	0.13	gender	2000	29	12	0.01	exploration	2002
15	22	0.01	indecision	2001	30	11	0.00	vocational education	2014

运用可视化软件 Citespace 对 SSCI 收录的四种在国际上具有权威性和代表性的职业教育类期刊文章进行分析，绘制的国际职业教育研究知识图谱反映了国际职业教育主流学术领域与主流理论和国际职业教育研究热点。国际职业教育研究热点聚焦在了工作场所学习上，其理论来源正是知识图谱中所反映出的国际职业教育主流学术领域与主流理论中的第一大聚类——Lave 和 Wenger 的情境学习理论。这不仅说明了本书"高职院校学生情境学习范式"符合国际职业教育研究的主流，还为本书的深入开展奠定了坚实的基础。

3. 国内关于职业教育中情境学习的研究

从上文对国际职业教育研究主流理论与研究热点的分析可知，随着 Lave 和 Wenger 情境学习观的阐发，从 20 世纪末开始，关于情境学习的研究就进入了职业教育研究者们的视野，并加速发展着。近些年更是以非正式学习、现代学徒制等相关研究在国际职业教育研究中占据重要领地。但回望国内，职业教育中关于情境学习的研究不仅起步较晚，而且数量较少，近五年内才得到职业教育研究者的较大关注。

国内最早对职业教育中情境学习进行研究始于 2008 年。张爱芹在《职业技术教育》上发文，提出人类学领域中的情境学习理论对职业教育具有重要的启示意义，提倡将其迁移至职业教育领域中，并从知识观、学习观和教学观出发分析职业教育应该建构情境。① 徐涵则从职业教育的人才培养模式——工学结合的角度出发，论述情境学习与工学结合的关系。她认为情境学习理论的基本观点为构建工学结合的人才培养模式提供了心理学支持，职业学校在培养学生时应让学生在真实或模拟的工作中学习，在与师傅、同伴相互作用完成任务的过程中，逐步从新手成长为专家。② 这之后，关于职业教育中情境学习的研究陷入了沉寂，直到 2012 年有关职业教育情境学习的研究才再度出现，但开始走向中观、微观的研究，而不是大而宏观地论述职业教育需要情境学习。王争在将情境学习理论与职业教育教学工作的过程进行对比后，阐明该理论比较适合应用于我国职业教育中的教学工作，进而又从明确职业教育培养目标、创设真实的实践情境、转变课堂上师生角色等几方面论述情境学习理论在职业教育教学工作中的有效实施策略。③ 覃国蓉和何涛基于情境学习理论，不仅设计了包含工作任务、工作过程、企业开发环境模拟等的"虚拟项目法"，在实训中营造与企业工作一致的教学环境，还将该设计应用到高职院校实践中，获得了理想的教学效果。④ 郑娟新认为职业教育项目课程模式在知识的内在结构上是实现理论知识与实践知识整合的必然选择，因此在学习的外呈方式上，情境学习应该是职业教育项目课程教学的取向。⑤ 董辅华通过理论分析，说明职业教育理论经历了行为主义、认知主义、建构主义等学习理论范式之后，目前发展为情境学习理论的新范式。⑥ 该研究为情境学习理论在职业教育中的应用奠定了一定的理论基础，但在其分析过程中特别强调认知的作用，偏重心理学取向，未突出职业教育的特性。董志霞基于情境学习理论的视角，对高职院校校内实践教学情境进行了变革，提议在场景方面，

---

① 张爱芹 . 情境学习理论的人类学视角及其对职业教育的启示 [J] . 职业技术教育，2008（7）：16-18.

② 徐涵 . 情境学习与工学结合 [J] . 职教论坛，2008（10）：1.

③ 王争 . "情境学习"理论及其对职业教育教学工作的启示 [J] . 邢台职业技术学院学报，2012（6）：32-34.

④ 覃国蓉，何涛 . 基于情境学习理论的高职"虚拟项目法"的设计与实践 [J] . 职业技术教育，2012（2）：44-46.

⑤ 郑娟新 . 情境学习：职业教育项目课程教学的取向 [J] . 职教论坛，2013（27）：67-69.

⑥ 董辅华 . 职业情境视域中的职教学习理论范式及新发展 [J] . 黑龙江高教研究，2013（6）：150-152.

从"实习场"转变为"工作场"。[①]

国外关于职业教育中情境学习的研究是职业教育主流研究主题，也是研究热点，得到了诸多学者的广泛关注，研究水平也较高，而国内的相关研究才刚刚起步，研究水平较低。职业教育中情境学习的研究在国内虽然发展比较缓慢，但在这样的国际背景下，将会有很好的发展前景。

（四）对已有研究的评价

从以上对相关文献的梳理可看出，关于学习范式的研究，国外很多学科领域如心理学、学习科学、生理学、教育学、信息技术领域等都有很深入的研究，且既有理论思辨的研究，又有实验实证的研究；关于情境学习的研究，国外从 20 世纪 90 年代就掀起了研究的热潮，在人类学、心理学领域尤为如此，国内对情境学习的研究始于江苏省特级教师李吉林在中小学开展的情境教学法实验。但这种情境性源自中国古代文论的"意境说"，注重根据教育目标而优化学习环境，突出儿童情境学习中的"真、美、情、思"[②]，与国际情境学习对"情境"的解释有所不同。国内相关研究呈现出以下几方面的不足，但也孕育着一丝新希望。

1.关于学生学习模式的研究量多质低，而关于学习范式的研究正在兴起。由于学习模式更具有操作性，无须很强的理论支撑，因此不同学者可以根据不同的学习内容、学习主体，灵活多样地研究各种不同学习模式，导致学习模式的研究几近泛滥，量多但质低。根据国外的经验，当对学习模式研究达到一定程度后，会转向更深层次的、更具深度的对学习范式的研究。国内已有一部分学者看到了仅停留在对学习模式的研究上的弊端，进而转向了对学习范式的研究。

2.关于职业学校学生学习的研究很多，而关于职业学校学生学习范式的研究却很少。很多学者看到了职业学校学生学习的特殊性，对职业学校学生学习的特点、目标、内容、方式方法、环境等各个方面进行了大量的研究，但多数研究是片面性的，缺少系统性的研究。在职业教育领域，大多数研究

---

① 董志霞.论高职院校校内实践教学情境的变革——基于情境学习理论的视角［J］.职业教育研究，2016（9）：65-68.

② 李吉林.中国式儿童情境学习范式的建构［J］.教育研究，2017（3）：91-102.

还停留在职业学校学生学习的表层问题上，对学生学习范式进行深挖的研究很少。

3. 关于高职院校学生学习的研究较多，而关于其学习范式的研究却为空白。如果将关于职业学校学生学习的研究分成中职和高职两类，可明显地发现关于高职院校学生学习的研究比较多。但不足的是，在仅有的几篇对职业学校学生学习范式进行研究的文献中，并没有专门对高职院校学生学习范式进行研究，只是较为宏观地对职业教育的学习范式进行了简单的概述。

4. 基于情境学习理论的研究在职业教育中正处于上升趋势。近几年关于职业教育中学习的研究所借鉴的理论出现了一个明显的转向，即从借鉴德国的行动学习理论转向借鉴美国主导的情境认知学习理论。这和情境认知学习理论中三种具有代表性的教育隐喻有关，即认知学徒制、实习场和实践共同体。① 这三个隐喻所具有的内涵正好和职业教育中热议的现代学徒制和极力推行的顶岗实习契合。更重要的是，它所倡导的理念符合职业教育对人才培养的要求，利用 Citespace 可视化分析软件得出的结论，即关于职业教育中情境学习的研究是国际职业教育研究的主流领域和研究热点，也证实了这一点。职业学校学生的学习与真实的工作情境学习相结合将是未来职业教育研究发展的主要方向。因此，基于情境学习理论的研究在职业教育中正处于上升趋势。但国内对此进行的专门、系统的研究还尚未出现。

目前我国关于职业学校学生学习范式研究的稀缺为本书提供了较大的探索空间，而国内外关于学习范式、职业教育学习的研究将为本书开阔视野，奠定基础。因此，本书将借着基于情境学习理论的研究在职业教育中正处于上升趋势的这股学术东风，站在前人对学习模式、高职院校学生学习等的大量研究的基础上，借鉴范式理论，以情境学习理论为支撑，以国际职业教育中情境学习的研究为参考，以高职院校为边界，以高职院校学生的学习为背景，对高职院校学生情境学习范式进行研究。

---

① 贾义敏，詹春青 . 情境学习：一种新的学习范式［J］. 开放教育研究，2011（5）：29-39.

四、研究论域

所谓论域，是指"在一定文句和一定对话中所论及的所有事物"①。为避免研究中部分术语的多重指向或所指不明而产生理解偏差，也为了在研究中便于分析，保证逻辑的一致性，本书将通过核心概念的界定和研究边界的划定对研究论域予以说明。

（一）核心概念的界定

概念能反映客观事物一般的、本质的特征，是进行判断和推理的基本要素，也是一事物区别于它事物的本质属性、特征的概括和抽象。本书有以下几个核心概念：

1. 高职院校

高职院校的全称是高等职业院校，是在完成高中（包括普通高中和中等职业学校）教育的基础上实施职业教育的高等学校。招生对象是普通高中毕业生和具有与高中同等学力的人员，基本学制为三年或者四年。高等职业院校的定位是在中等教育的基础上培养出一批具有大学知识，而又有一定专业技术和技能的人才，因此其在对学生进行文化知识教育的同时，还要实施职业知识与技能教育。

根据教育部相关规定，从20世纪末起，非师范、非医学、非公安类的专科层次全日制普通高等学校逐渐规范校名，统一后缀为"职业技术学院"或"职业学院"，而师范、医学、公安类的专科层次全日制普通高等学校校名则统一后缀为"高等专科学校"，并以高等职业教育为主要内容，在大学录取顺序中为统招第四批、普通专升本招生，也是"三校生"②单考单招的录取院校。近两年很多高等职业学校也开始从普通高中毕业生中提前单独招生。此外，2014年，600多所地方本科院校转型做职业教育，这些转型高校被称为技术应用型本科高校，进行本科层次的职业教育。

在本书中，高职院校包括后缀为"职业技术学院"或"职业学院"和"高

---

① 冯契.哲学大辞典·逻辑学卷［M］上海：上海辞书出版社，1998：199.
② 三校生指职业高中、中等专业学校、技工学校的学生。

等专科学校"的专科层次全日制普通高等学校以及 600 多所转型的地方本科高校两大类。

2. 学习

本书从以下两方面来理解学习：

第一，从学习的外延来看，"学习"泛指有机体的学习，包括了动物和人类的学习，本书的研究对象是人类学习。从人类学习的主体来看，学习又可以分为群体主体和个体主体的学习。群体学习也是组织学习，目前管理学和教育学领域热议的学习型组织的构建就属于组织学习研究主题之一；个体学习是从学习者个体成长的角度来探讨个体知识建构、技能培养和素养提升的话题，关注的是个体的成长和发展问题。本书中的学习主要是指在群体主体学习背景下的个体主体学习。

第二，从学习的内涵来看，学习是指学习者主体在与环境的相互作用中，经过内化而获得经验并外化为行为表现的活动。所谓"主体"即是参加学习活动的主体。所谓"环境"，即是学习的客体，既有使学习者获得直接经验的各种社会生产和生活实践，也包括可以使学习者从前人或他人那里获得间接经验的各种媒体。所谓"内化"就是指学习者在环境客体作用于自身的学习过程中，通过感知—理解—巩固等循环往复的过程，将外部世界的活动及其内在规律，转化为个体的体验、感受或认识。所谓"获得经验"是指个体或群体参加各种学习活动得到的以内隐形态反映的体验、感知和知识。所谓"外化"则是主体将个体自身的体验、感受或认识，通过各种外显行为作用于客体的过程。所谓"活动"，反映了学习既是一种认识活动，又是一种实践活动。[①]

总之，学习活动应包括学习主体、学习客体和学习活动的结果三个基本要素，即学习就是主体与环境相互作用，经过内化而获得经验并外化为持久的行为变化的活动。这就是本书对学习的界定。

3. 高职院校学生学习

由于高职院校的定位是在完全中等教育的基础上培养出一批既具有大学知识，又具有一定专业技术和技能的人才，在对学生进行文化知识教育的同时，实施职业知识与职业技能教育。因此，本书中的高职院校学生学习主要是指

---

① 袁菲.学习是怎样一件事［M］.上海：上海社会科学院出版社，2012：5.

高职院校学生个体以及群体在专业理论课、专业实践课以及认识、跟岗、顶岗实习等学习活动中引起的动作技能和心智技能的比较持久的变化。

4.范式

对于范式,《辞海》将范与式分开来对待,范:①模子,如钱范,也指用模子浇筑;②指榜样,如示范。式:①样式,格式;②仪式;③榜样、模范;④自然科学中表现规律的一组符号。总结起来,范式一词就是模范、规范、范例。

一般人们都是将范式作为一般意义的概念来理解使用的,真正将范式作为一种理论和分析方法进行使用的是美国著名科学哲学家托马斯·库恩。他赋予了范式新的内涵,将范式从一般意义的概念上升到一种分析框架。[①]1962年,库恩完成了一部划时代的巨著——《科学革命的结构》,在该著作中,他提出了范式理论,对其概念、内涵与结构进行了系统阐述。至此,范式的概念与分析方法被广泛应用于科学哲学、自然科学、社会科学等领域,范式研究引起了广泛的关注和重视。

但是库恩并没有对范式进行明确定义,在其《科学革命的结构》的论述中,关于范式的定义多达21种。1970年,英国学者玛格丽特·玛斯特曼(Masterman,1970)对库恩使用的21种范式概念做了系统考察,将其概括为三个层面:哲学层面(形而上学范式或元范式)、社会学层面和人工操作层面。这三个层面的总结被认为是对范式结构的较为经典的概括性表述(如图0-3,详细解释见第二章——"理论基础"部分)。

根据库恩使用的范式概念,以及玛格丽特·玛斯特曼对范式结构的较为经典的三个层面的概括性表述,本书对范式的理解是:范式就是一个群体(科学共同体)在一定历史时期内所坚持的主流观念(信念、理念等)并在其指引下的理论取向与实践模式(行为模式、操作方法等)。简而言之,范式就是一个团队看待世界的一种方式,不同的范式会导致不同的理论与实践。信念、理论、操作模式三个层面是范式的基本结构。

---

① [美]托马斯·库恩.科学革命的结构(第四版)[M].金吾伦,胡新和,译.北京:北京大学出版社,2003:26-27.

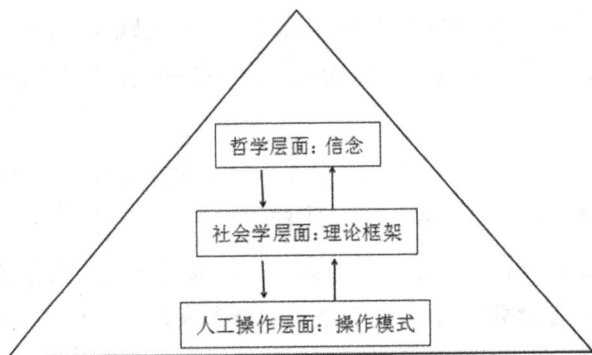

图 0-3　范式的基本结构图

5.学习范式

与范式结构相同，学习范式同样也包括哲学层面、社会学层面和人工操作层面三个层面。哲学层面是指学习共同体的基本信念，即师生持有的学习观和知识观；社会学层面是指学习共同体在其学习观和知识观的基本信念指引下所形成和坚持的理论取向等；人工操作层面是指学生学习的实践操作层面，具体表现为学生学习模式，包括：学习目标、学习动机、学习内容、学习方法、学习场所等。在上文对范式界定的基础上，本书将学习范式界定为师生群体在一定历史时期内所坚持的学习观、知识观，并在其指引下坚持的学习理论取向与在实际中采用的学习模式（如图 0-4）。

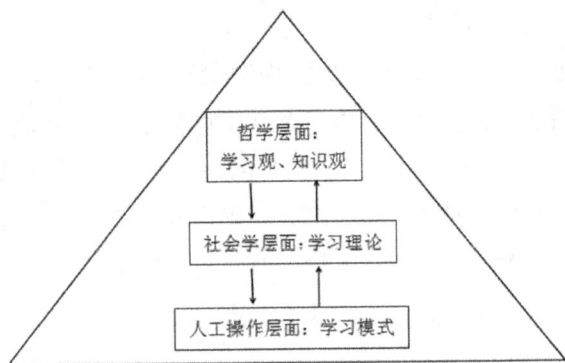

图 0-4　学习范式的基本结构图①

①　根据玛格丽特·玛斯特曼对库恩使用的 21 种范式概念系统考察后概括的范式的基本结构，即三个层面，后来研究者们在此基础上建构的学习范式的基本结构也包括哲学层面、社会学层面和人工操作层面，只是具体所指因研究对象的不同略有不同。——见贾巍.学习观视野下的教师网络学习范式研究［M］.北京：中国社会科学出版社，2016：52.

6.高职院校学生学习范式

根据上文对高职院校、学习、高职院校学生学习、范式、学习范式等概念的界定，本书中高职院校学生学习范式是指包括专科层次和本科层次的高等职业学校的师生群体在一定历史时期内所持有的学习观、知识观，并在其指引下坚持的学习理论取向与在实际中采用的学习模式。

7.高职院校学生情境学习范式

本书中高职院校学生情境学习范式同样遵循托马斯·库恩的范式的基本结构，与目前学者们对学习范式基本结构的划分一致，包括哲学层面、社会学层面和人工操作层面。哲学层面表现为高职教育共同体坚持的学习观和知识观；社会学层面表现为高职教育共同体坚持的理论取向和指导实践的理论框架；人工操作层面表现为实践中高职学生使用的学习模式。具体内涵是指包括专科层次和本科层次的高等职业学校的师生群体在一定历史时期内所持有的主客一体的情境学习观和主客互动的实践知识观，并在其指引下坚持的情境学习理论取向，与在实际中采用的与上述学习观、知识观以及情境学习理论相对应的情境学习模式，如现代学徒制下的学习模式、工作整合型的学习模式、改良的行动导向学习模式以及实践性团队学习模式等。

（二）研究边界的划定

为明确研究范围，在上述核心概念界定的基础上，试图就几个关键点再明确本书中高职院校学生情境学习范式的研究边界。

第一个是"高职院校"，全称为"高等职业院校"。正如在概念界定中所述，它是实施职业教育的高等学校。在此，进一步明确，在本书中，高职院校的界限从类型上讲，是指实施学历型职业教育的全日制学校，非学历型职业教育如职业培训，非全日制学校如夜校、电大不属于本书的研究范围；从层次上讲，包括高职专科学校和从2014年转型的地方本科高校两个层次。

第二个是"情境"。本书虽然借鉴人类学里的情境学习理论，但"情境"所指并非完全是人类学中的实践情境、社会情境，主要包括学生学习所涉及的三大情境，即具有交换价值的学校情境、旨在成事的具有实用价值的实习中的工作情境以及现代信息技术支撑下的互联网模拟情境，但这三大情境的旨归是高职学生以后要最终走向的、旨在成人的、实现其终极价值的生活情境。

其中，真实的工作情境是本书的重点所指，这种学习情境具有真实性、复杂性、生活性、主体性等特点。

第三个是"学习"。虽然在概念界定中已对"学习"和"高职院校学生学习"进行了界定，但在此须进一步明确，本书中学习所指的内容虽然包括专业理论课、专业实践课以及认识、跟岗、顶岗实习等高职教育所要求实现的所有培养目标中包含的内容，但侧重于对专业实践课和实习的分析；本书中学习所指的结果不仅包括动作技能和心智技能的比较持久的变化，还包括学生缄默知识的获得；本书中学习所指的方式包括课堂学习、实习场所学习和实践中的学习；本书中学习所指的主体指向高职学生个体和学生群体。

五、研究设计

（一）研究方法

研究方法为人们提供了在某一学科领域内分析问题的视角、工具和分析框架。任何学科都有自己独特的研究方法。

从文献综述中已得知，国外对学习范式进行的研究多数是采用观察、实验等实证研究法，而国内的研究多数是基于文献资料法的经验研究。本书根据研究目标和研究内容，在遵循理论与实践相结合、质性研究与量化研究相统一以及学习科学所倡导的基于设计的研究的方法论原则的基础上，将具体使用以下几种研究方法：

1. 文献资料法

任何一项研究都离不开对文献的研究。本书中，对文献资料法的使用贯穿始终，成为一种基础性的研究方法。通过学校图书馆、超星电子图书馆、中国期刊网，优秀硕士、博士论文库以及百度等资源，收集查阅大量文献资料，对其进行概括总结并作出分析评价，从而了解目前高职院校学生学习的总体情况，找到情境学习理论作为理论基础，将学习范式作为切入点。同时大量查阅其他相关学科资料，找到适合本书的最主要的范式理论，以及其他一些学习理论，为后续研究作铺垫和提供理论支撑。

2. 调查研究法

本书使用的调查研究法是指在教育理论指导下，通过运用调查问卷和访谈提纲搜集有关高职院校学生情境学习范式的资料，从而对该问题作出科学的分析。问卷调查法将是本书的主要研究方法，旨在为研究提供坚实的实证支撑和现实依据。访谈法将是本书的辅助研究方法，旨在探查实践中问卷调查法无法触及的深层次问题。

本书选择东部广东、浙江、江苏、山东、辽宁，中部山西、江西、安徽，西部广西、贵州、四川、青海、宁夏等符合本书调查要求的具有代表性的 2000① 名高职院校学生、300 名高职院校专业课教师（包括专业理论课和专业实践课）、100 名与高职院校长期合作的企业指导教师作为问卷调查的对象，通过分析学生自己、高职院校教师、企业指导教师对学生学习状况的描述，了解现实中高职院校学生的情境学习情况与理论上构建的情境学习范式要求的情境学习之间的差距。同时，选取全国高职教育研究者 300 名，考察他们对情境学习范式的认同度。

相应地，从调查对象中，选择 20 名从事高职教育研究的研究者、10 名高职院校专业课教师（包括专业理论课和专业实践课）、5 名与高职院校长期合作的企业指导教师进行访谈，以期深层次了解他们对高职学生学习的认识，从教师角度考察影响学生学习范式的因素，同时考察他们对情境学习范式的认可情况。

3. 田野考察法

高职院校学生的学习是一项情境性极强的活动，对该问题的研究离不开田野考察法的运用。本书运用田野考察法旨在解决两方面的问题：第一，通过一个月的参与式观察，了解高职院校学生的"原生态"学习状况，尤其是专业实践课的学习，把握该群体学习的特殊性；二是通过对高职院校学生学习实践境脉的"在场式"的参与及领悟，全景式地了解高职院校学生学习的情境特征，更好地把握对高职院校学生情境学习范式的研究。

---

① 祖德曼（Sudman，1976）提出，对于特定地区或特殊的研究（例如专题研究或学位论文），200-500 人的样本即具有代表性。

（二）研究思路

本书沿着"提出问题→建立分析框架→分析问题→解决问题→总结与展望"这条思路展开。具体思路如图0-5所示。

首先，通过对当代社会变革以及信息技术发展对教育带来的影响进行分析，抛出终身学习理念的兴起和国内外职业教育改革发展对高职院校学生学习提出了挑战这一问题，进而通过文献资料的整理和分析，发现高职院校学生学习存在的问题，分析高职院校学生现有学习范式存在的弊端，论证对高职院校学生情境学习范式进行研究的重要性和迫切性，从而为研究奠定问题基础。

其次，开始本书的理论构建与阐释部分。在理论构建之前，先分析构建高职院校学生情境学习范式的必要性和理论基础；然后借鉴库恩的范式理论来构建高职院校学生情境学习范式的基本结构，在此基础上，绘制该范式的结构图层，分析结构要素关系、决定因素等；最后，详细阐释本书构建的情境学习范式的"情境"之意，并分别诠释该学习范式在形而上学层、社会学层和人工操作层三个层面的含义，尝试为整个研究建立一个清晰稳定的分析框架。

再次，进入本书的实践考察与应用部分。依据所建立的分析框架，使用问卷调查法、访谈法和田野考察法等研究方法，先从高职院校学生、高职院校专业课教师、企业指导教师以及从事高职教育研究的研究者等不同视角对高职院校学生情境学习范式的认可度进行分析，再从师生双主体视角，了解高职院校学生情境学习的现状，找到现实中情境学习状况与理论构建的情境学习范式之间的差距。

从次，针对当前高职学生学习存在的问题、原因及现实条件，对高职院校学生情境学习范式的应用进行探索。从人才培养模式、学习环境、教师、学生、教学以及学习评价等多个角度出发，提出应用情境学习范式的关键策略，解决现实中存在的问题，促使更适合高职学生学习的情境学习范式成为高职院校的主流学习范式。

最后，对整个研究进行总结，指出研究的不足之处，并结合社会背景、学习科学的研究状况、国内外职业教育的发展趋势以及高职教育的特点，展望高职院校学生学习的未来趋势，以及高职院校学生情境学习范式未来的研究和实践。

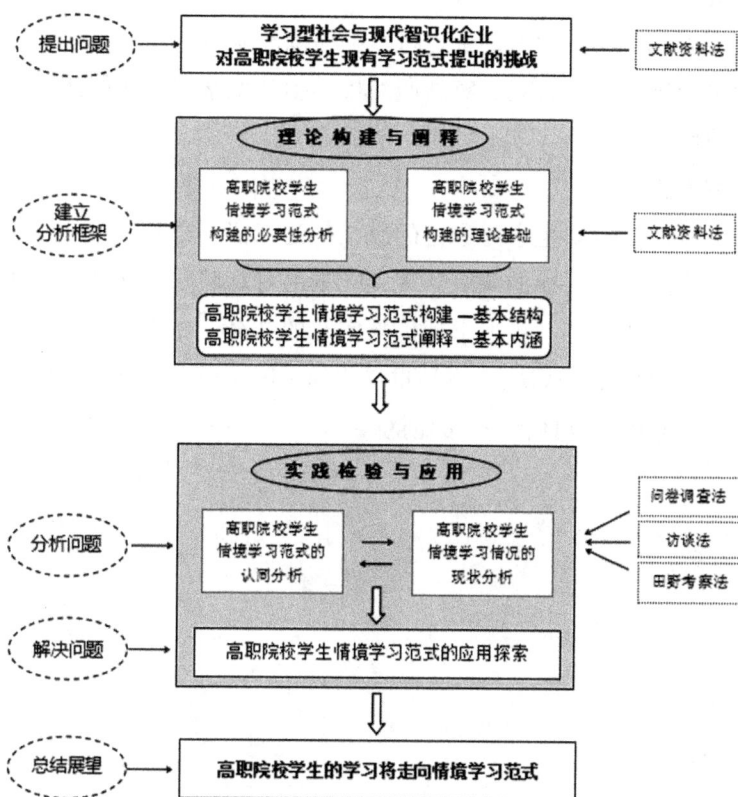

图 0-5　研究思路图

（三）研究创新

1. 研究视角新

关于高职教育学生学习的研究很多，但都是对学习方式、模式、过程、环境等具体层面的研究。本书借鉴库恩的范式理论，借鉴玛格丽特·玛斯特曼对范式理论三个层面的概述，对高职院校学生的学习范式进行研究，视角比较新。

2. 研究内容新

本书重点对高职院校学生情境学习范式进行研究，不仅研究学习目标、学习环境、学习活动、学习方法等有关学习操作层面的内容，还进一步挖掘这种学习操作层面背后坚持的学习理论，深挖学习理论背后隐藏的哲学意蕴。

此外，在分析影响学生学习范式的因素时，考虑到教师对高职院校学生学习的认识会影响到学生的学习，于是将教师对高职院校学生学习的认识囊括进来，同时分析师生的学习观。对高职院校学生情境学习范式如此系统、全面的研究应属创新。

3. 研究方法新

以往对高职院校学生学习进行的研究都是停留于经验的总结或是理论层面的探讨，缺乏来自一线的调查和观察。本书对高职院校学生情境学习范式的研究，既注重理论性，更追求理论与实践的结合；在研究方法上既有注重质性的田野考察法和访谈法，也有注重量化的全国大样本的问卷调查法。因此，从研究方法上来讲，也具有一定的创新。

第一章　高职院校学生情境学习范式构建的必要性

自 20 世纪 80 年代开始，中华大地上创办了第一所高职院校——天津职业大学，我国就有了高职院校之名和之实，这对我国高等教育和职业教育的发展都具有划时代的意义。从高职院校的创办起，其参与主体—学生学习的目标是什么、学习什么样的内容、怎样开展学习等一系列问题就随之而来。但因当时国内外既无前期的研究开路，也无现实样例可参照，只能借鉴、改造普通学校的做法，摸着石头过河。因此，在高职院校发展的初始阶段，高职院校学生学习这一主要活动与其他类型和层次学校学生的学习并无二致，同样也受到了当时心理学界、认知科学、盛行的学习理论等的影响，经历了行为主义学习范式、认知主义学习范式，在学习范式间的历时演变中，逐渐发现了不同学习范式的优劣，认识到了高职院校学生学习范式的特殊性，对转换高职院校学生学习范式提出了诉求。

随着经济社会的快速发展，信息技术的迭代革新，我们已走过工业社会，从信息社会向智能社会迈进，这些变化为高职学生的学习带来了巨大的冲击。职业教育研究者们和一线教师、管理者也逐步认识到了高职学生学习的特殊性与复杂性，但由于缺乏对高职学生学习的深层次认识，又因学习观、知识观的不同，对各种学习理论的认识不一，在实践中形成了诸多学习模式，这就导致当前高职学生学习范式内部出现了冲突，而如何解决这种冲突，未来应该转向何种学习范式成了高职院校求解的首要之题。

高职院校学生学习范式的转换既已成态势，但应转向何种学习范式，这种学习范式是否存在，是否需要构建新的学习范式，构建新的学习范式的条件是否已具备等一系列问题的解答都需要回归到高职教育上。高职教育的本体性特征不仅决定了高职学生学习的目标、学习的内容、学习的方式、学习的环境等学习诸要素，也决定了何种学习理论适用于高职学生的学习，应该持有怎样的学习观、知识观。对高职教育本体性特征的分析，可从微观、中观、宏观层面透视出高职学生对情境学习的需求，明确构建新范式的方向，充分显现构建高职院校学生情境学习范式的必要性。

一、高职院校学生学习范式间历时演变的诉求

不论学习在人类学家、心理学家、教育学家眼中关注的焦点多么不同，对学习有多少种不同的解释，高职教育作为一种教育类型，其学生的学习在受到认知科学、实验科学等先进技术影响的同时，也遵循着教育心理学的普遍规律，并在此基础上进行了改革和创新。因此，在20世纪轮番登场、广泛盛行的行为主义、认知主义、人本主义、建构主义学习理论相继传入中国后，学习即强化、学习即获得、学习即建构等不同的学习隐喻深刻地影响着高职院校学生的学习范式，使其随着不同学习理论的盛衰经历了学习范式间的历时演变。

（一）行为主义学习范式——高职学生学习的机械化

在20世纪上半叶，行为主义"刺激－反应"学习理论假设在心理学界占据主导地位。[①]该理论用环境中发生的事件来解释学习过程，其基本原则就是"效果律"，基本模式是辨别性刺激（前提）、反应（行为）和强化刺激（后果）三项相倚关系模式：$SD \rightarrow R \rightarrow SR$，即当出现辨别性刺激时，就会产生反应，随之伴随强化刺激。这样在日后出现辨别性刺激时，反应再次出现的可能性就会增加，进行塑造就可以建立复杂的行为，它包含了三项相倚关系链，通过逐渐强化向理想的行为靠近。个体对现有情境作出的反应取决于以前行为得到的强化，得到强化的反应将会重复出现。以此为基础，行为主义者提出了行为主义学习理论。

该学习理论很快被广泛应用于学习领域。其最大的用途是在掌握性学习、程序教学方面。为了加强反应，练习是必不可少的。复杂的技能通过渐进式

① J·莱夫，E·温格.情境学习：合法的边缘性参与［M］.王文静，译.上海：华东师范大学出版社，2004：总序1.

的、小步伐接近的方式，最终可以建立理想的行为。据此，教学应该有明确的、可以测量的教学目标，按照小步骤进行，并予以一定的强化。① 一时间"学习是反应的强化"这一学习隐喻也在学习领域广泛盛行。

在20世纪后半叶，从顶层"学习是反应的强化"的学习观，到中层"注重刺激－反应联结"的行为主义学习理论，再到底层程序化学习、掌握性学习的学习模式已获得了一贯的认可，构成了稳定的行为主义学习范式，并在我国学习研究领域、学习实践一线广泛应用。普通学校学生的学习普遍遵从这一范式，高职院校正值创立阶段，也深受这一范式的影响。又因当时我国处于国民经济恢复和迅速发展时期，技术工人严重短缺，国外成熟的流水线生产模式已在学校教育中改造成了"人才流水线生产模式"。为满足经济社会的需求，高职院校学生的学习目标定位于培养学生的技能，学习的模式首先对流水线生产模式中的工序进行切割，然后采取程序学习的方式，对部分技能进行强化训练，以此提高高职学生的技能水平。情况正如徐国庆教授所言，"30年前的职业教育基本上属于训练主义，工人（学生）只需通过反复训练就能使技能达到娴熟程度"②，学生的学习基本上是基于行为主义的。

但渐渐地，人们开始注意到这一学习范式对教育产生的不良后果。行为主义学习范式的中层衔接支柱——行为主义学习理论，其基础行为主义心理学最大的缺陷已暴露，即以动物行为研究建模的行为主义"刺激－反应"假设混淆了动物行为与人类行为的本质区别，抹杀了人类行为的本质性特征，使人的心理过程成为不可知的"黑箱"。③ 这导致行为主义学习范式在应用中把注意力集中在学生的行为上，使得学习沦落为重复强化的行为，忽略了行为主体对问题的理解。④

行为主义学习范式给高职院校学生带来的最大弊病就是训练了学生的技能，忽略了学生能力的培养，同时对学生专业知识、职业道德的重视不够，导致高职学生学习的机械化。虽然培养出来的学生基本满足了当时社会对技

① ［美］戴尔·H·申克.学习理论:教育的视角（第六版）［M］.何一希等,译.南京:江苏教育出版社,2012：109.
② 徐国庆.职业教育课程、教学与教师［M］.上海：上海教育出版社,2016：39.
③ 张奇.学习理论［M］.汉口：湖北教育出版社,1999：103-104.
④ J·莱夫,E·温格.情境学习:合法的边缘性参与［M］.王文静,译.上海：华东师范大学出版社,2004：总序2.

术工人的需求，但在进入企业，走上工作岗位，成为正式工人以后，大都技术水平较低，缺乏独立的作业能力，更不具备换岗转岗的综合能力。但也因行为主义学习范式强调学习中的强化、反应，易于塑造新行为，对简单新技能的学习更快，此种范式在职业培训中受到更大的拥戴。

随着社会经济的发展，人民生活水平有了极大提高，对接受高等教育抱有热切的期望，为提高高等教育的入学率，国家大力发展高职教育，在数量和质量上都对高职院校提出了要求。高职院校也加强了对自身人才培养质量的重视，通过行为塑造、技能训练培养出来的学生已逐渐无法适应新的工作岗位，无法满足社会对高职院校人才培养的需求，学习的机械化也导致学生失去了学习兴趣，这都撼动了行为主义学习范式在高职院校学生学习中的地位。教育学、心理学领域对行为主义学习范式的理论基础——行为主义学习理论的质疑和批判声越来越高，也使得高职院校重新思考、重新考察适合高职院校学生的学习范式。虽然借鉴普通学校学生的学习范式——行为主义学习范式遭遇了失败，但这一教训并没有阻止高职院校继续向普通学校借鉴、迁移甚至照搬相关学习范式。

（二）认知主义学习范式——高职学生学习的狭窄化

从 20 世纪 50 年代末、60 年代初开始，行为主义学习理论在许多观点上受到了挑战。同时，以计算机建模为基础的认知心理学的崛起，使科学家有可能对人的心理功能进行研究，并提出了认知的信息加工理论。[①] 该理论认为，人的认知过程就是人脑对信息加工的过程，人处于清醒的状态下，就会不断处理来自外部环境的刺激信息。整个信息加工系统是指能够接受、存储、处理和传递信息的系统，由记忆装置、加工器、效应器和接收装置组成。[②] 信息加工的原则如下："人类是信息的加工者；心理是一个信息加工系统；认知是一系列心理加工过程；学习就是获得心理表征"。[③] 表征（representation）就被

① J·莱夫，E·温格.情境学习：合法的边缘性参与［M］.王文静，译.上海：华东师范大学出版社，2004：总序 2.

② 陈理宣.知识教育论［M］.北京：人民出版社，2011：138.

③ Mayer, R.M. Learners as information processors：legacies and limitations of education psychology's second metaphor.Education Psychologist，1996，（31）：54.

作为认知理论的中心概念，认知活动是由这些表征符号操作组成的，就是由计算（computation）组成的。相应地，学习就是"获得"这些符号。①

在"学习是知识的获得"这一学习观下，以认知的信息加工理论作为基础，与奥苏贝尔的有意义接受学习模式和布鲁纳的发现学习模式一同构成了认知主义学习范式，关注学习者主动参与信息接收和加工的过程，指向学习者行为模式和认知结构的形成。虽然在该理论提出之后，就有研究者陆续发现了它的弊端和问题所在，但由于该范式重视发挥学生自我建构、同化和发现的主体作用，重视系统知识的传授，特别强调学生对特定领域事实、概念和原理的掌握，把学习视为信息加工的认知能力的培养，在 20 世纪末、21 世纪初席卷我国的各级各类学校，受到教师们的普遍拥护，成为学生主要的学习范式。当该范式被迁移到高职院校时，产生了一定程度的扭曲，导致高职院校学生的学习虽不再进行过度的技能训练，但过于注重知识的传递与获得。高职院校学生学习的内容成了普通本科高校学生学习内容的"压缩饼干"，理论课程与实践课程比例严重失调，公共基础课、专业基础课以及专业理论课占据了百分之八十的学习时间，学习方式也是以教师课堂讲授为主。似乎认为这样的安排才能提高学生的认知水平，增强学生的认知能力。哪知这种重知识轻能力，重认知技能轻操作技能的学习范式使高职学生的学习过于狭窄，与高职教育本身的特点相违背，导致高职院校学生从学校到工作的过渡时间过长，也曾一度造成学生毕业就失业的社会现象。普通高等学校的学生也受到了该种学习范式弊病的毒害。

虽然认知主义学习范式所依托的学习的信息加工理论和认知理论关注到了行为主义学习理论忽视的"心理过程"这一"暗箱"，但显然，"学习是心理表征""学习是知识获得"的隐喻有将人的学习孤立化、简单化的嫌疑。②研究者们开始从更广阔的视角去分析知识的获得和人的心理发展机制，重新思考学校教育情境中的学习问题。在学校教育场景的学习中，正是由于单纯信息加工层级的学习占据主导地位，学生与应用知识的情境相割裂，造成了

---

① ［美］戴维·H·乔纳森，苏珊·M·兰德.学习环境的理论基础（第二版）［M］.徐世猛等，译.上海：华东师范大学出版社，2015：32.

② J·莱夫，E·温格.情境学习：合法的边缘性参与［M］.王文静，译.上海：华东师范大学出版社，2004：总序 11.

学习的异化。^①改变注重信息输入 – 储存 – 提取的信息加工观，就是要还原人的复杂性和学习活动的复杂性。人的自主性和有意识的特点使学习者不同于进行信息处理的计算机。

　　因此，在 20 世纪七八十年代后期，奈瑟和西蒙都对认知心理学的信息加工模型进行了反思，主张以生态学的方法取代信息加工的方法，强调研究自然情境中的认知，关注周遭环境对于智能的影响。90 年代后，认知的信息加工观点就受到了情境认知理论的严重挑战。^②

　　但这一事实被我国研究者和一线的教师所接受已到了 21 世纪初。在世纪之交时，认知主义学习范式已在我国中小学、高校中深埋了种子，导致 21 世纪前十年我国各级各类学校学生的学习都被该学习范式严重影响。其中，遭到最大影响的当属高职院校。因为该学习范式与高职院校培养高素质技术技能型人才的目标定位相去甚远，完全不符合高职院校学生学习的目标。这给了高职院校一个严重的警告，高职院校放弃了照搬普通学校学生学习范式的做法，开始探索符合自身教育特点和学生学习规律的学习范式。

（三）行动学习范式——高职学生学习的浅层化

　　前两种学习观都忽略了知识应用的情境和主体情境，最终导致学校成为一个缺乏生机的流水线工厂。^③高职院校学生的学习主要是技能的学习，技能的学习属于操作的学习，但不能仅靠训练获得，必须有真实性的任务驱动，还要有适合各种不同技能训练的环境、条件、工具、手段。我国高职院校在吸取行为主义学习范式和认知主义学习范式优长，避免其不足的基础上，开始探索符合自身特点的学习范式。首先引起其注意的是职业教育最为发达的国家——德国的行动学习范式。该学习范式既有自洽的学习观和学习理论做指导，在实践中也有较为成熟的学习模式。它所依据的学习理论是学习的认知理论和建构主义学习理论的发展，即行动理论，也称行动调节理论。该理论并未像前面论述的几个学习理论那样，在国际上脍炙人口，影响力大，波

---

① 郑太年.学校学习的反思与重构——知识意义的视角［M］.上海：上海教育出版社，2006：59.
② J·莱夫，E·温格.情境学习：合法的边缘性参与［M］.王文静，译.上海：华东师范大学出版社，2004：总序 3.
③ 郑太年.学校学习的反思与重构——知识意义的视角［M］.上海：上海教育出版社，2006：140..

及范围广，但对作为特殊类型的职业教育来讲，却具有较强的适用性，因此在德国职业教育领域得到了广泛的应用。

行动学习范式是教育学的一种新范式，它依据的理论是行动理论（行动调节理论）。所谓"行动"，指的是"为某种目的而活动"①。其教育学的意义在于，是"目标指向、内部结构明确且产生具体结果的活动"②。该理论把学习看成是学习者对自我行动调节的过程，指向目标定向和过程组织的动态行动能力的获取。③它特别强调学习主体在与周遭环境的作用中发展自身认知结构。因此，持有"学习是知识的建构"这样的学习观。行动学习范式应用到我国高职教育中，始终围绕学生职业能力的培养，以基于职业工作过程的行动为指向，将学生作为学习过程的中心，将教师看作组织者与协助者，遵循"资讯、计划、决策、实施、检查、评价"这一完整的"行动"过程序列（见图1-1），这一序列也是行动学习范式下已被成熟应用的经典学习模式。行动学习范式强调在学习过程中，将教师主导的教转变为学生主体的学，在师生互动中，学生通过自己"独立地获取信息、实施计划、评估计划"，锻炼职业技能，掌握专业知识，从而建构自我经验和知识体系。④该种学习范式在高职院校一经应用，就得到了热拥，基于同样学习观、学习理论下的各种学习模式开始在高职院校学生的学习中衍生出来，如基于问题的学习模式（PBL）、全程问题导向学习模式、项目式学习模式、项目驱动学习模式、任务驱动学习模式、基于行动的学习模式、基于工作的学习模式等。尽管各种学习模式侧重点略有不同，但基本上还是遵照上述"行动"过程序列，是经典学习模式的翻版或变体。

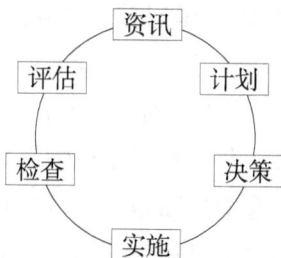

图1-1　"行动"过程序列图

---

① 商务印书馆辞书研究中心.古今汉语词典［A］.北京：商务印书馆，2000：20.
② Aebli, H. Grundlagr des Lehrens［M］.Verlag.Klett-Cotta, 1987：182.
③ 姜大源.职业教育的学习范式论［J］.中国职业技术教育，2007（7）：1.
④ 姜大源.职业教育学研究新论［M］.北京：教育科学出版社，2007：21.

　　行动学习范式是我国职业教育领域研究成果的提炼，能鲜明地表征高职教育不同于其他类型教育的特点，彰显高职学生学习的应有特征，其范式的形成历程也普适了学科理论产生和发展的基本规律，目前在职业教育领域中仍占有一席之地。但进入知识型社会，强调知识的情境性、复杂性和默会性的新知识观正在成为运用新范式的主要动因。相应地，学习的社会协商本质、参与本质也逐渐清晰地显现出来。[①] 行动学习范式的诸多不足也开始暴露，如行动学习范式下"学习是知识的建构"的学习观受到了质疑，学生通过学习不仅仅要进行知识的建构，还要进行意义的建构，否则学生的学习就是浅层化的学习；行动学习范式强调的行动不是映衬在整个社会参与背景下的，是部分的参与和行动，学生因此无法在断续的行动中培养出持续的学习能力，也就无法形成终身学习力等。

　　行动学习范式下暴露出的学生学习中存在的问题虽没有像行为主义学习范式和认知主义学习范式那样严重，没有对高职院校学生的学习形成巨大的冲击，也未对高职教育的人才培养造成极大的损害，但都属于浅层学习（surface learning），即学生为了避免在考试中失败，被动地接受学习内容，把知识作为孤立的信息来接受和记忆。高职教育的研究者们已觉察到该种范式的不适，开始重新认识高职院校学生的学习，扩大视野试图寻找抑或是构建更符合当前高职学生学习的范式。这是高职院校学生学习范式间历时演变到今日，对职业教育研究者们提出的无法回避的诉求。

二、高职院校学生学习范式内共时冲突的求解

　　如前文核心概念中所界定的学习范式，与范式结构相同，包括哲学层面、社会学层面和人工操作层面。哲学层面是指学习共同体的基本信念，即师生持有的学习观和知识观；社会学层面是指学习共同体在其学习观和知识观的基本信念指引下所形成和坚持的理论取向等；人工操作层面是指学生学习的实践操作层面，具体表现为学生学习模式，包括：学习目标、学习动机、学习内容、学习方法、学习场景等。本书将学习范式界定为师生群体在一定历

---

① 　J·莱夫，E·温格.情境学习：合法的边缘性参与［M］.王文静，译.上海：华东师范大学出版社，2004：总序 11.

史时期内所坚持的学习观、知识观，并在其指引下坚持的学习理论取向与在实践中采用的学习模式。依据这一概念，如若学习范式中的任何一个层面与其他两个层面不相适应，也就是说学习范式内的三个层面之间出现了冲突，就表明该范式面临危机。处于最顶层哲学层面的学习观、知识观的改变和中间社会学层面学习理论的崩溃是危机产生的一个强信号。危机的意义就在于，它指出更换工具的时代已经到来了。[①] 新理论是对危机的一个直接回答。[②] 在从根基上撼动了原有学习范式地位的同时，新理论的出现也为现有学习范式内共时冲突的求解指明了方向。

（一）后工业社会对原有学习观的挑战

1.学习观的本质与定位

学习观是人们对学习的根本看法、信念、基本观点，这一根本看法和基本观点意味着是从全局的、整体的、综合的视角出发，对学习的价值问题、取向问题、方法论问题等基本问题的总看法。[③] 因而学习观主要由为什么学习、学习什么、如何学习这三个基本要素构成。用斯法德的话讲，学习观还经常用简洁、直观、易理解的学习隐喻进行表达。

学习观是对学习理论的综合和形而上的认识，是关于学习的元认知，解决关于学习的认识论问题，来源于哲学认识论。从哲学层面来界定学习观，是以哲学的思维方式和抽象高度来探讨学习，是对学习的哲学观照和本体论思考。学习是认识主体与认识对象之间的一种认识活动，这种活动集中体现在主体对客体的关系认识上，这种认识深刻地影响着人们关于学习的理解和基本信念即学习观。

2.学习观与知识观的关系

学习观主要包括为什么学习、学习什么、如何学习三个基本要素。第一个要素是关于学习的价值与意义的问题。第二个要素是从学习的内容角度认

---

① 托马斯·库恩.科学革命的结构（第四版）[M].金吾伦等，译.北京：北京大学出版社，2003：65.

② 托马斯·库恩.科学革命的结构（第四版）[M].金吾伦等，译.北京：北京大学出版社，2003：63.

③ 贾巍.学习观视野下的教师网络学习范式研究[M].北京：中国社会科学出版社，2016：66.

识学习，即什么样的知识是有效的，应该学习什么知识。第三个要素是从学习方式的视角认识学习。此外，从哲学的角度看，学习可置于认识论的大标题下进行讨论。①

知识观是人们对知识本质、来源、类型、属性与价值等问题的基本看法。②从知识观与学习观的界定来看，知识观是对学习观中"学习什么"这一重要因素的认识。因此知识观包含于学习观，是学习观的重要组成部分；人们的知识观不同，学习观也会大相径庭，知识观制约着学习观。

之所以考察知识观与学习观之间的关系，是因为作为一种特殊类型的高职院校，其学生学习的内容与普通学校大不相同。从知识的本质属性来看，高职学生学习的知识不仅具有客观性、主观性、主体性、过程性、意义性等普遍特征，还具有内在生成性等特征；从知识的来源来看，高职学生学习的知识不仅来自书面知识，更重要的是"知行合一"的实践性知识；从知识的表达方式来看，高职学生学习的知识不仅有显性知识，还有大量的隐性知识、缄默知识；等等。由此可看出高职院校学生学习的知识非同寻常，这会影响高职院校学生的学习观。

3.后工业社会中学习观、知识观的改变

人们的学习观和知识观并不是一成不变的，会随着人类认识的深化、社会的发展、研究的深入发生很大的变化，从斯法德（A.Sfard）根据学生以何种方式学习区分的两个学习隐喻：获得隐喻（acquirement metaphor，简称 am）和参与隐喻（participation metaphor，简称 pm）③就可窥一斑而知全豹。从学习理论的发展也可看出，随着实验条件的进步，各大心理学流派的盛衰对人类学习观产生的影响。当人类经历了以自然资源为核心资源的农业社会，从以生产资料为核心资源的工业社会走进以技术和智力资本为核心资源的后工业社会，人们的学习观和知识观也有了很大的改变。

关于学习的价值与意义问题。进入后工业社会后，人们对为什么而学习似乎已有了明确的取向。尤其是在近二十年，学习的价值愈加凸显，人们学

---

① ［美］戴尔·H·申克.学习理论：教育的视角（第六版）［M］.何一希等,译.南京：江苏教育出版社,2012：4.

② 陈洪澜.知识分类与知识资源认识论［M］.北京：人民出版社,2008：47.

③ 郑太年.学习：为人的发展［M］.上海：上海教育出版社,2008：50.

习不仅仅是为了获得认知的发展；更是为了得到精神陶冶，发展积极的情感、态度和价值观；同时，促进自身智慧的生成与发展。发展学习者的智慧成了21 世纪学习以及人才培养和发展的迫切要求。

关于学习什么的问题，也就是前文说的知识观，在进入后工业社会后也发生了巨大的改变。因为，一方面，知识以几何级数增加，"知识爆炸"成为当今时代的写照，原有的学习什么的知识观面临新时代的挑战；另一方面，随着科学技术的飞速发展，人们在利用科学技术改造自然的同时造成了对自己的奴役，带来了科学知识对人文知识、本土知识的殖民。因而，学习科学知识、掌握技术还是不是学习的全部内容？人文知识、本土知识与经验值不值得学习？关于人的生命意义与价值的知识是否有价值？即使是在高职院校，单一的科学与技术知识的学习和掌握显然已经不能适应新的发展需要了。知识观的改变冲击着人们原有的学习观，要求我们重新思考学习什么这一重要问题。

关于如何学习，即学习的方式因人类技术手段的进步受到了更大的冲击。进入后工业社会，以网络技术为核心的现代信息技术带来了信息源的多元化，信息由不对称逐渐走向了对称，教师不再是唯一的信息源，学习不再是简单的授受活动，开始从已经很高效的"输入 – 练习 – 内化 – 输出"模式转向另一种更高效的"理解范式 – 应用范式 – 识别范式 – 输出范式"[1]，旨在促进学习者信息分析、评判等高阶思维与能力的发展。互动生成式学习成为后工业社会主要的学习方式。

上述三个维度是学习观的综合体现，其核心是知识观。从后工业社会对学习观中这三个维度的冲击，可以看出其对原有学习观、知识观的挑战。不管是行为主义学习范式下"学习是反应的强化"的学习观，还是认知主义学习范式下"学习是获得心理表征"的学习观，抑或是与高职院校学生学习很契合的行动学习范式下的"学习是知识的建构"的学习观，在正式步入后工业社会的今天都无法适应时代的步伐，无法与人们对学习的认识相适应。

---

① ［美］芭芭拉·奥克利 . 学习之道［M］. 教育无边界字幕组,译 . 北京:机械工业出版社,2017:封底 .

（二）信息时代中各种学习理论的争锋

国际上的信息时代在 20 世纪 90 年代已进入实质性阶段。同一时期，教育领域和心理学领域见证了学习理论历史上发生的最本质、最革命性的变化。使这场革命更具实质性的是构成学习理论基础的本体论、认识论与现象学发生的转变。正如研究学习的资深学者高文教授所言，"当代学习的情境观、社会文化观的认识论基础与行为主义、认知主义不同。我们已经进入一个学习理论的新时代"。[①] 现在盛行的学习理论，除了我们熟知的 20 世纪 90 年代出现的建构主义学习理论、情境学习理论外，还有为适应信息时代学习而催生的一些学习理论，目前在学习研究领域，各种学习理论已形成了争锋之势。下面主要介绍一下信息时代中具有代表性的两种理论。

1. 分布式认知理论

分布式认知是于 20 世纪 90 年代中后期，由赫钦斯（Hutchins E.L.）在批判传统认知，即认知是个体级别上的信息加工过程的基础上提出来的。该理论认为认知的本质是分布式的，认知现象不仅包括个人头脑中所发生的认知活动，还涉及人与人、人与网络信息技术工具之间通过交互实现某一活动的过程，认知分布于媒介、环境中，分布于个体间，分布于由多个个体、工具、环境组成的较复杂的系统中。[②] 分布式认知是理解学习的新理念，它突破了原来将学习作为一种个体的认知活动的观念，强调学习的社会性和情境性，特别是在各种信息技术的支持下，分布于不同地区的人们能够在保持他们各自时空位置不变的条件下进行充分的交互学习和共同学习。当前，网络学习共同体、基于网络的合作学习、基于资源的学习等概念都是分布式学习的体现。

2. 资源生成进化理论

随着 Web 2.0、Web 3.0、Web x.0 等网络技术的发展，学习者既是学习资源的接受者也是生产者和传播者，资源的建设和生产不再是生产商的事情，学习者参与资源建设已成为现实，学习者成为资源建设新的智慧来源。一方面，利用网络技术可以实现师生之间、生生之间的资源共享；另一方面，学

① ［美］戴·H·乔纳森，苏珊·M·兰德.学习环境的理论基础（第二版）［M］.徐世猛等，译.上海：华东师范大学出版社，2015：6.

② Hutchins E.L., Klausen T..Distributed cognition in an airline cockpit.［M］.New York：Cambridge University Press，1996：15–34.

生在学习的过程中、在互动的过程中也产生新的资源，采取网络信息技术手段，可以实现对这些生成性资源的分类、整理、聚合、再现，从而逐步改变单纯依靠专家、教师的传统单一模式，提高资源的生产质量和效益。

虽然在 20 世纪 90 年代，对于教育者和教学设计者来说，心理学和教育领域中建构主义及其相关理论的兴起象征着一种范式转换，从传统的传授式学习观点到更加社会的、对话的和建构的学习观点。与传统的传授式学习观点相比，这些现代学习理论所依据的本体论和认识论基础在本质上截然不同。由建构主义和情境学习引领的学习心理学革命使 20 世纪 90 年代出现的各种学习理论找到了汇合点。[①] 然而，各种学习理论在短暂的交汇之后，在信息时代"互联网＋"的席卷下，产生了诸多学习理论。总的来看，新时代学习理论的研究者相信学习不是传输的过程，而是有意识的、积极的、自觉的、建构的实践。

各种学习理论的争锋给学习带来了三个基本的转变。首先，学习是意义建构的过程；第二，强调学习是一个社会对话过程；第三个基本变化与意义建构的地点有关。当代学习理论认为，学习不仅仅产生于脑，还需要具体的实践共同体，因为我们关于世界的信念和知识会受到共同体及其信念和价值观的影响。知识和认知活动分布于个体和共同体存在的文化和历史之中，并由他们使用的工具所调解。[②]

（三）高职院校对诸多学习模式的盲从

高职院校对于后工业社会对原有学习观形成的挑战和信息时代中各种学习理论的争锋并不敏感，也无暇顾及，根本没有认识到学生学习范式的根基已开始撼动，而是埋头钻研自身领域的研究和探索。随着国家对职业教育的重视，以及 2006 年开始的国家示范性高职院校建设计划和骨干高职院校建设计划的实施、2014 年印发的《教育部关于开展现代学徒制试点工作的意见》、2016 年国务院印发的《高等职业院校适应社会需求能力评估暂行办法》等相

① ［美］戴维·H·乔纳森，苏珊·M·兰德.学习环境的理论基础（第二版）［M］.徐世猛等，译.上海：华东师范大学出版社，2015：5.
② ［美］戴维·H·乔纳森，苏珊·M·兰德.学习环境的理论基础（第二版）［M］.徐世猛等，译.上海：华东师范大学出版社，2015：7-8.

关举措的进行和落实，高职教育的发展迎来了春天，高职院校在办学模式、人才培养模式等方面进行了大刀阔斧的改革，但缺乏对适应高职教育学习观、学习理论的深入认识，对高职院校学生的学习范式更缺乏关注。只是因学校办学模式和人才培养模式的改变，学生的学习模式也随之发生了变化，产生了很多看似适应人才培养模式的学习模式。

我国高职院校最为经典的人才培养模式是借鉴德国"双元制"改造而成的工学结合、校企合作模式。在这一人才培养模式的指导下，高职院校纷纷变 20 世纪 90 年代前以教师为中心的教学模式为以学生为中心的工学结合和校企合作学习模式。工学结合、校企合作从本质上讲是一样的，都强调通过产教融合，利用学校和企业两种不同的教育环境和资源，采取课堂教学和学生参与实训工作有机结合的方式，培养出专业知识和职业技能都符合企业需要的高素质技术技能型人才。

行动学习范式下最为盛行的学习模式就是项目驱动学习模式，至今在高职院校学生的学习中仍有很大市场。项目驱动学习模式是与项目驱动教学模式相对应的，是基于建构主义学习理论的一种学习模式。使用该模式时，首先需要抓住选材环节，从知识存储转向知识应用，选择的内容难度适中、贴近实际、有扩展空间；其次抓住驱动环节，由教师主动变为学生主动，在项目实施中，学生在教师的激发和鼓励下，尝试使用各种方法去完成项目任务；最后抓住体验环节，学生将习得的经验进行总结，在老师的帮助下转化提升为策略。

行动学习范式下除项目驱动学习模式比较盛行外，工作过程导向学习模式，又称基于工作过程的学习模式，在高职院校学生的学习中也经常使用。这种学习是按照工作过程进行排序，指向工作过程的要素，对关于工作的对象、方式、方法、内容组织以及工具的学习。[①]该种学习模式关注知识的运用，首先，根据学生所学专业对应的职业岗位进行工作任务分析，筛选出典型工作供学生学习；其次，根据企业的需求和能力复杂程度，整合典型工作任务形成综合能力领域；再次，融入教育因素，确保学习既遵循职业成长规律，又遵循学生的认知学习规律，进行学习领域的转换；最后，在满足职业工作过程特

---

① 卢志鹏. 现代职业教育新论［M］. 北京：北京大学出版社，2015：113.

征的学习情境下，按照资讯、决策、计划、实施、检查和评价等程序进行学习。

随着英国现代学徒制改革，美国注册学徒制和澳大利亚新学徒制在国际上的风靡，现代学徒制作为一种重要的职业教育制度、人才培养方式在我国于 2014 年 8 月开始试点。它是传统学徒制与现代学校教育制度相结合的结果，发扬了传统学徒制中有利的教育因素，同时抛弃了传统学徒制中落后的用工剥削制度。[①] 我国的现代学徒制与传统学徒制相区别，以国际上公认的"双元育人""双重身份"等本质特征为前提，被界定为："在信息社会、智能经济下，以知识创新、自我实现、终身学习等教育理念为指导，职业学校和企业作为平等主体在相关法律法规政策的规范和激励下，以培养学生（学徒）综合职业能力和素质为目的的一种合作职业教育制度"。[②] 现代学徒制以学校本位教育与工作本位培训的紧密结合为典型特征，是培养高级专门人才的一种重要方式。整个学制学生大概有三分之一的时间在学校学习，三分之二的时间到将来准备从事职业的真实情境中，通过观察、模仿、行动等方式丰富对职业生活的认识，熟练掌握职业技能，形成职业认同，从而达到培养专门人才的目的。

虽然现代学徒制得到了国家的重视和大力支持，试点工作如火如荼地进行着，但发展至今，现代学徒制的实施情况却不佳，学生的学习效果并不理想，主要原因有两个：一是学徒期过短，二是学生不容易获得合法参与者的身份。第一个原因，由于学校教育制度以及学生能够支付的教育实践和成本等关系，我们往往无能为力。第二个原因对于学习成功最为重要，却往往最容易被人忽视。正如莱夫所说："在形成师徒关系的过程中，授予合法性的问题要比提供教学的问题更为重要。"[③] 无论是传统学徒制，还是现代学徒制，技能学习和身份认同是相辅相成的两个重要内容。在现代学徒制下如何让学徒融入"师傅—学徒（或帮工）"的实践共同体之中，如何让学生获得实质上的合法参与者的身份，是值得我们反思的。[④]

---

① 李伟.实践范式转换与实践教学改革［M］.北京：教育科学出版社，2010：59.
② 白玲，张桂春.现代学徒制：从学校到工作过渡的"优择"与"低保"［J］.职教论坛，2016（16）:9.
③ J·莱夫，E·温格.情境学习：合法的边缘性参与［M］.王文静，译.上海：华东师范大学出版社，2004：41.
④ 李伟.实践范式转换与实践教学改革［M］.北京：教育科学出版社，2010：65.

在高职院校学生学习的所有模式中，实践学习都占据着重要位置，也是衡量高职院校学生学习模式好坏的重要参照。实践学习的主要目的就是要让学生成长为一个初级实践者，并不断促进学生从初级实践者向高级实践者或成熟实践者转变。[①] 学生通过实践性学习培养其反思能力。实践学习中学生会经历意外情境，遭遇突发事件，体验不同困难，面对各种复杂问题，这都为学生提供了异例，会成为他们反思的"扳机"（trigger）[②]。

从对以上几种当前高职院校学生常用的学习模式的介绍可以看出，尽管高职院校的主体认识到了实践在高职教育中的重要作用，也因此选择了很多侧重实践性的学习模式，但由于缺乏对学习观、学习理论的深入认识，高职院校在实际中对学习模式存在盲目使用、混合乱用的盲从现象。

从以上论述可知，后工业社会对原有学习观形成了挑战，"学习是反应的强化""学习是获得心理表征"和"学习是知识的建构"的学习观都已无法与当前社会人们对学习的认识和需求相匹配，各种学习理论争锋论事，也无法避免高职院校对诸多学习模式的盲从，导致当前高职院校学生学习范式内学习观－学习理论－学习模式之间互不适应，出现了共时冲突，急需通过学习范式的转换来破解这一难题，解决形成的冲突。

三、高职教育本体性特征对情境式学习的吁求

人的发展是经验、知识、技能、身份认同、情感态度、反思能力等多方面、全方位的综合发展。高职教育作为一种特殊类型的教育，除具有学校教育共有的特征外，还有属于自身的本体性特征，这些特征决定了高职院校学生的学习目标、学习内容、学习场景等学习诸要素，也制约着高职院校学生学习范式的选择与构建。

（一）高职教育本体性特征分析

特征是一事物区别于其他事物的显著征象和标志。高职教育的特征是由

---

① 李伟.实践范式转换与实践教学改革［M］.北京：教育科学出版社，2010：131.
② Donald A.Schon.反映回观——教育实践的个案研究［M］.夏林清，等，译.台北：远流出版事业股份有限公司，2003：148.

高职教育的本质属性决定的。首先，高职教育不仅具有其他类型教育的一般属性，即是一种培养人的社会活动；其次，高职教育还具有其他类型教育所不具有的特殊属性，即直接为地方经济和社会服务，为人的就业服务，与劳动力市场联系最为紧密。[①] 这一特殊属性决定了高职教育不仅具有专业性、实践性、社会性等本体性特征，还有市场性、区域性等附属性特征。在此仅就本体性特征进行分析。

1.专业性

职业教育属于专业教育。高职教育是高层次的职业教育，是培养某一领域高素质专业人才的教育。一般高等学校（非高职院校[②]）的专业性指向培养从事基础科学、人文科学、应用科学等研究的专门人才，这些学校不是培养直接从事第一线生产实践和社会活动的高级专门人才，其专业具有偏重学术性、理论性的特点。而高职教育的特点是为社会各行各业培养直接从事生产实践活动或服务活动的人员。[③] 因此，高职教育主要培养能够掌握从事某种社会职业必备的文化科学知识、专业理论知识和技能的应用型人才。此外，随着社会发展和技术变革，还要求高职教育培养的人具备继续进修的知识和技能基础以适应知识和技术的更新，以及继续学习新型专业知识和专业技能的能力，以适应转换职业、职业发展的需要。但不论从教育目的还是教育内容来看，高职教育都具有鲜明的专业性。

2.实践性

高职教育强调从应用和实际的角度出发进行教学，高职院校将受教育者置于真实的或逼近真实的工作场所中，让学生亲自参与实践，侧重对学生的动手能力的培养，旨在提高学生的技能水平。因此，实践教学也就成了高职院校的一个特色，也是一个必不可少的教学环节。高职教育的实践性特征主要体现在两方面。一是教学过程上。高职教育的教学过程通过工学结合、校企合作使学生"手脑并用""学做合一"，将理论教学与实践教学紧密联结在一起，且实践课程的占比远远高于普通教育中的实践课。二是人才培养类型上。

---

① 卢志鹏．现代职业教育新论［M］．北京：北京大学出版社，2015：3.
② 本书中的"高职院校"如前文核心概念和研究边界中所述，包括专科层次的全日制普通高等学校和开展本科层次职业教育的技术应用型本科高校。
③ 卢志鹏．现代职业教育新论［M］．北京：北京大学出版社，2015：3.

高职教育培养的是生产一线的建设者，即第一线的技术工人、生产现场的技术员等。这决定了高职教育必然具有突出的实践性特点。[①]

3. 社会性

高职教育的社会性是指高职教育与社会联系更为紧密，更强调有效地为当地经济发展和社会进步服务。这种社会性体现在两个方面：一是办学的社会性。《国务院关于加快发展现代职业教育的决定》指出，要通过"引导支持社会力量兴办职业教育……积极支持各类办学主体通过独资、合资、合作等多种形式举办民办职业教育"。[②] 这为采用各种形式发展高职教育指出了努力的方向。二是高职教育办学必须与社会发展相适应。这种适应既指高职教育的发展速度与规模、学校的布局与专业设置要适应社会发展的需要，又指高职教育培养的人才要在数量和质量上都适应社会对多方面、多层次、多规格人才的需求。[③]

（二）情境学习与高职教育本体性特征的契合

教育并非包含所有的学习，某一类型的学习也并非适合任何一种教育。但每一种类型的教育都需要相适应的学习与之相匹配才能实现教育的目的，提高学习的效率。高职教育具有独属于自身的特征，这些特征对高职学生学习的诸要素提出了要求。也就是说，高职教育需要与之相适应的学习才能实现高职教育的目标。那么，与高职教育相契合的学习是什么样的学习呢？通过对高职教育本体性特征的分析，从高职教育本体性特征对学生学习诸要素的要求中发现，20世纪末出现的一种学习——情境学习与之极为契合。这种学习是一种深度学习（deep learning），即强调在理解的基础上，批判地学习新思想，并将其融入原有的认知结构中，在众多思想间进行联系，将已有的知识迁移到新的情境中，以做出决策和解决问题。下面从高职教育本体性特征要求的几个学习要素入手，进行契合度的分析。

1. 学习目标方面的契合

概括地说，高职教育的培养目标是高素质的技术技能型人才。具体从高

① 刘春生，徐长发.职业教育学［M］.北京：教育科学出版社，2002：36.
② 国务院.国务院关于加快发展现代职业教育的决定［Z］.2014-6-22.
③ 刘春生，徐长发.职业教育学［M］.北京：教育科学出版社，2002：35.

职教育的本体性特征来看,高职学生要通过学习在知识、技能、经验、身份认同、情感态度、反思能力等多方面实现综合发展。要实现这一学习目标,把学习界定为是反应的强化,对高职学生进行机械式的技能训练,或者将学习界定为是知识的获得,让高职学生进行狭窄化的知识存储,都是背道而驰的。让我们来看一下情境学习是如何认识学习的,进而考察其与高职学生学习目标的契合度。

情境学习理论将学习视作一种知识建构活动,认为学习深受学习者当时情境的限制,并将学习与学习发生的情境之间的关系作为研究的重点。莱夫和温格不关心学习的认知过程和概念结构,认为学习的目的不是获得命题知识,而是参与实践、构建身份。他们将学习置于社会性合作参与的特定形式之中,强调通过实际参与实践过程而获得技能,这意味着通过学习所获得的技能具有高度互动性和能动性。[1]此外,学习与身份紧密相连,身份是人在实践共同体中的位置以及在参与实践共同体的过程中形成的一种长期的、现存的关系。这超越了师生结对,指向行动者极其丰富多彩的场域。[2]

由此可以看出,情境学习下,高职学生可以在知识、技能、经验、身份认同、情感态度等方面实现学习目标,成为一个有血有肉的高素质技术技能型人才。情境学习不仅与高职学生的学习目标相契合,还可以帮助高职学生在实现学习目标的同时获得完整的人的发展。

2. 学习主体方面的契合

高职教育本体性特征对学习主体的要求有两方面。第一是针对高职学生的智力类型的,第二是针对学生群体的。

高职教育中学习主体的智力类型以"两维""三维"的"面型""体型"思维为主,是典型的形象思维,这种思维与情境有着紧密联系,善于获取经验、策略等具有隐性特征的过程性知识。[3]显然,基于这一智力特征的高职学生的学习应以情境学习为主,且这种情境学习是具有"此人、此地、此时"特点

---

① J·莱夫,E·温格.情境学习:合法的边缘性参与[M].王文静,译.上海:华东师范大学出版社,2004:前言2-3.

② J·莱夫,E·温格.情境学习:合法的边缘性参与[M].王文静,译.上海:华东师范大学出版社,2004:19.

③ 姜大源.职业教育学研究新论[M].北京:教育科学出版社,2007:23.

的学习的主体情境性的。也就是说,高职学生的学习应该是"此人"在"此时"、"此地"的体验性的学习。①

高职教育具有社会性的特点,这决定了高职学生的学习不能是孤立的个体行为,应该注重学生群体的参与,注重培养学生的合作能力。在经典的智力理论中,学习是个体的心智通过结构的内化和操作来获得对推理和描述过程的掌握。做如此解释的学习是发生在个体身上的。两个人可能会学到同样的东西,正如他们出于实际意图而获得相同的理解一样,但这只是一种巧合,而不是协同合作的成果。然而,当今社会学习是一个发生在参与性框架中的过程。这意味着学习是以合作参与者观点的不同为中介的,在这一定义下,学习是分布在合作参与者之间的,而不是一个人的行为。②情境学习特别强调共同体在学习过程中的作用,认为学习是在周边共同体的学习型课程中通过向心性的参与而发生的。所以,有关学习的问题必须在此共同体的发展循环中加以解决。③

因此,不论从情境学习对学习情境性的重视,还是从情境学习对共同体的关注,对合作、参与的强调,都与高职教育对学生主体性的要求非常契合。

3. 学习场境方面的契合

高职教育对学生学习场境的要求是众所周知的,也因此行动学习范式才能一度成为职业教育主流学习范式,传统学徒制才能在现代教育制度下得以复兴。但即使是行动也是需要基于情境的。情境学习理论认为,人们是在与环境的互动中学习的。在基于情境的行动中,隐含在人的行动模式中的默会知识会在人与情境的互动中发挥作用。④这也说明了为什么作为主流的行动学习范式看似与高职教育很契合,但高职学生学习收效甚微。同样,传统学徒制看似在现代教育制度下得以复兴,并甚为流行,但许多当代的企业式的"现代学徒制"方案在实施时却隐匿地拒绝学徒制模式而力图接近学校教育的说

---

① 郑太年.学校学习的反思与重构——知识意义的视角 [M].上海:上海教育出版社,2006:159.

② J·莱夫,E·温格.情境学习:合法的边缘性参与 [M].王文静,译.上海:华东师范大学出版社,2004:前言 2-3.

③ J·莱夫,E·温格.情境学习:合法的边缘性参与 [M].王文静,译.上海:华东师范大学出版社,2004:47.

④ 徐涵.情境学习与工学结合 [J].职教论坛,2008(10):1.

教式方式，这就不可避免地为有效地实施学徒制增加了难度。[①]

学校教育的最大难点和弊端是总是不把宣讲的东西付诸实践，学生的学习与完整的经验割裂开来。解决学校学习的这些局限以及改变学校学习抽象化、去境脉化本质的努力方向之一就是重新设计高职学生的学习场境，即实习场。所以很多高职院校大力兴建实验室、实习实训基地。在这些实习场中，学生作为活动小组中的一员参与实践，实践的方法与真实世界的从业者是相同的。虽然实习场解决了对学校学习批判的一些问题，但它们仍然把知识看作是商品，而没有把学习者和更重要的身份（即共同体的成员）联系起来。这并不是说高职学生学习不需要这些实习场，或者说，这些实习场收效甚微，只是想指出实习场的弊端，只有这样才能进一步改善高职学生的学习场境。

对此作出改善的正是情境学习的创始人——莱夫和温格，他们通过对学徒制的考察提出，在实践共同体的境脉中通过合法的边缘性参与，可使身份的发展和知识化技能的发展联系起来，并使二者交互作用。从实习场设计——关注个体在合作环境中的活动，转向个体参与实践共同体，加强与实践、与他人的联系，这正是情境学习对当前高职学生学习场境的补充和完善。[②]

4. 学习活动方面的契合

实践而不是教导是学习的源泉。在传统的学校学习中，教师被当成答案的掌握者，这会让学生不经意间对课堂学习产生无助感。令人惊讶的是，教师评估系统可能会进一步加强这种无助感，因为这样的系统，会让学生把自己的失败归咎于教师，认为其缺乏激励或指导能力。而以学生为中心的学习是，学生要克服困难互相学习，并引导自己来掌握学习材料，这种学习有着极好的学习效果。[③]高职教育的本体性特征要求以学生为主体开展以实践性为主的学习活动，让学生在实践活动过程中掌握技能，体验情感，获得身份。

情境学习理论强调，充分参与共同体的社会文化实践对新手掌握知识和

---

① J·莱夫，E·温格.情境学习：合法的边缘性参与［M］.王文静，译.上海：华东师范大学出版社，2004：32.

② ［美］戴维·H·乔纳森，苏珊·M·兰德.学习环境的理论基础（第二版）［M］.徐世猛等，译.上海：华东师范大学出版社，2015：56-57.

③ ［美］芭芭拉·奥克利.学习之道［M］.教育无边界字幕组，译.北京：机械工业出版社，2014：193.

技能至关重要。[①] 若要获得身份感，形成职业认同，就必须使学习者成为合法的边缘性参与者。[②] 这种合法的边缘性参与有别于学生在学校所处的合法的边缘性地位，因为后者更普遍地被抑制参与社会生活。[③] 莱夫和温格的合法的边缘性参与不是将学习定位于结构的获得，而是定位于学习者在专家的实际作业中不断增强其对参与角色的接近。[④] 在情境学习中，合法的边缘性参与是通过学徒制这种学习活动进行的。在学习活动中，学生（学徒）理解老师（师傅）实作的能力并非依赖于师生（师徒）拥有同样的有关实作，而是依赖于师生（师徒）以一种和谐一致的方式投身于实际作业。同样，老师（师傅）对学生学习产生的效用，不是他反复灌输给学生的概念表征，而是他为学生成长提供的情境和参与机会。此外，正是这种合作参与，而不是符号表征，为学习提供了最根本的基础。[⑤] 情境学习中的这种学习活动满足了高职教育本体性特征对高职学生学习活动的要求。

5. 学习评价方面的契合

如前文所述，高职教育在学生学习评价方面，侧重于对学生经验、策略等隐性知识内化程度的评价，也就是对学生隐性能力的评价。但这样的评价内容一般具有难测量性的特征，因此需要结合学习情境进行。此外，根据高职教育的本体性特征，对高职学生的学习评价要求实践与理论相结合，即既要有测试认知水平的知识考试，又要有以考核动作技能为主的操作考试；既要对学生技能与知识掌握情况进行评价，还应对学生的工作技巧、策略性方法掌握情况以及参与能力、交往能力进行评价；此外，评价时要个体与群体相结合，除对学生个体的学习进行评价外，还应重视对学生群体的评价。

但在高职学生实际的学习评价中，往往偏重显性能力、理论、结果、个

①　J·莱夫，E·温格．情境学习：合法的边缘性参与［M］．王文静，译．上海：华东师范大学出版社，2004：1.

②　J·莱夫，E·温格．情境学习：合法的边缘性参与［M］．王文静，译．上海：华东师范大学出版社，2004：23.

③　J·莱夫，E·温格．情境学习：合法的边缘性参与［M］．王文静，译．上海：华东师范大学出版社，2004：50.

④　J·莱夫，E·温格．情境学习：合法的边缘性参与［M］．王文静，译．上海：华东师范大学出版社，2004：前言 4.

⑤　J·莱夫，E·温格．情境学习：合法的边缘性参与［M］．王文静，译．上海：华东师范大学出版社，2004：前言 7.

体的评价，导致学习评价没有与学习目标相对接，存在走过场、填表格的现象，尚未发挥出评价的引导作用、指向作用等。这一弊端在情境学习中可得到克服。情境学习虽然没有对学习评价单独论述，但它坚持，"学习能力是在与执行任务的能力的紧密联系中得到发展的"[①]，学习评价贯穿于学习活动之中，融于学生的合法的边缘性参与之中，分散于实践共同体内部，致力于学生缄默知识的吸收、技能的习得以及身份的获得。因此可以说，情境学习下的学习评价超越了高职教育对学生学习评价的要求。

综上所述，情境学习在学习目标、主体、场境、活动和评价等方面都能够满足高职教育对学生学习的要求，且与高职教育的专业性、实践性、社会性等本体性特征十分契合。从另一个角度来看，高职教育的本体性特征吁求高职学生对情境式学习的采用。这为高职院校学生学习范式间历时演变提出的诉求和当前高职院校学生学习范式内共时冲突产生的求解指明了方向，使构建高职院校学生情境学习范式成为当前一项非常必要且十分迫切的任务。

本章小结

一种学习范式的存在需要顶层学习观和知识观，中层学习理论以及底层学习模式之间的相互契合，任何一个层面上的动摇都会给学习范式的稳定带来危机，导致学习范式的转换或重新构建。一般一种教育中的学习范式会相对稳定地存在十几年甚至几十年，但高职教育由于缺乏较为成熟的属于自身的学习理论，导致其从产生之始，就深受其他教育的影响，经历了普通教育中学习范式的转换。最早的学习范式是伴随着行为主义学习理论的产生而形成的，也因此被称为行为主义学习范式。该范式以顶层"学习是反应的强化"的学习观，中层"注重刺激－反应联结"的行为主义学习理论，底层程序化学习、掌握性学习的学习模式构成了稳定的行为主义学习范式，在我国学习实践中得到了广泛应用。当时高职院校正值初创阶段，也深受这一范式的影响，就将此范式迁移到高职教育中。但在借鉴的过程中不免对这一学习范式的认识有所扭曲，导致高职院校过分注重对部分技能的强化训练，学生学习过于

---

① 　J·莱夫，E·温格.情境学习：合法的边缘性参与［M］.王文静，译.上海：华东师范大学出版社，2004：前言 7.

机械化。因此，在普通教育中兴起以"学习是知识的获得"为学习观，以认知的信息加工理论为基础，与奥苏贝尔的有意义接受学习模式和布鲁纳的发现学习模式一同构成的认知主义学习范式时，高职院校又走向了另一个极端，过于注重知识的传递与获得，导致高职学生的学习过于狭窄化。在经历了这两次借鉴普通教育学生学习范式失败的痛苦后，高职教育开始逐渐认识到职业教育的特殊性，并将目光转向德国应用于职业教育中的已较为成熟的行动学习范式。虽然该范式鲜明地阐述了高职教育的特征，彰显了高职学生学习的应有特点，但在以培养知识创新人才为己任的知识社会中，该范式的诸多不足也开始暴露，学生在该范式下通过学习，只能进行知识的建构，无法实现意义的建构，导致学生的学习浅层化，不利于学生终身学习力的培养。因此，高职院校学生在行为主义学习范式、认知主义学习范式和行动学习范式间的历时演变中对新的学习范式的构建提出了诉求。

　　从现实来看高职学生的学习，无论是行为主义学习范式下"学习是反应的强化"的学习观，认知主义学习范式下"学习是获得心理表征"的学习观，抑或是与高职院校学生学习很契合的行动学习范式下的"学习是知识的建构"的学习观，都受到了后工业社会对这些学习观下学习价值、学习内容和学习方式三要素的挑战。同时，目前在学习研究领域，除了我们熟知的建构主义学习理论外，还有为适应信息时代而催生的一些学习理论，如分布式认知理论、资源生成进化理论等，各种学习理论已形成了争锋之势，严重冲击着当前高职院校学生的学习范式。而当前高职院校正值办学模式、人才培养模式等大刀阔斧改革之时，由于缺乏对适合高职教育的学习观、学习理论的深入认识，导致其为适应学校办学模式和人才培养模式的改革，出现了对诸多学习模式盲目使用、混合乱用的盲从现象，导致当前高职院校学生学习范式内学习观—学习理论—学习模式之间互不适应，产生了共时冲突，急需通过学习范式的转换或重新构建来破解这一难题，缓解产生的冲突。

　　既然高职院校学生学习范式的转换或新的学习范式的构建已十分必要，那什么样的学习范式才能满足高职院校学生学习范式间历时演变提出的诉求，解决当前高职院校学生学习范式内产生的共时冲突呢？这需要从对高职教育本体性特征的分析出发，看哪种学习范式能满足高职教育对学生学习诸要素提出的要求。通过分析发现，20 世纪末在人类学中产生的情境学习理论在学习目标、学习主体、学习场境、学习活动和学习评价等各方面与高职教育的本体性特征非常契合。至此，基于情境学习理论，构建高职院校学生情境学习范式已成为必然选择。但构建情境学习范式这一宏伟的理论工程，远非情境学习这一个理论可以承载，还需其他理论予以支持，并作为其理论基础。

第二章 高职院校学生情境学习范式构建的理论基础

"理论能提供一个框架，能鉴别出最重要的因素，能为系统地、相互联系地展示研究的各个侧面提供一个准则……还能较好地鉴别出需要进一步研究的空白点、弱点和不一致点"。[①] 本书涉及的理论比较多，除最主要的范式理论外，还有一些学习理论，如行为主义理论、认知主义理论、建构主义理论等，这些学习理论已在上一章高职院校学生学习范式的历时演变一节中详述了，在此主要介绍本书所选视角依据的理论，即范式理论，和构建最适用于高职院校学生学习的范式——情境学习范式所依据的理论，即情境学习理论。

一、范式理论

范式理论是研究高职院校学生学习范式的逻辑起点，是构建高职院校学生情境学习范式的理论依据。

（一）范式理论的构成

如前文在对"范式"的概念界定里所言，1962 年以前的研究都是将范式作为"模范、规范、范例"这样一种一般意义的概念来使用的。真正将范式作为一种理论和分析方法进行使用的是托马斯·库恩，他赋予了范式新的内涵，将范式从一般意义的概念上升到一种分析框架，提出了范式理论。

在其著作《科学革命的结构》中，库恩系统阐述了范式理论，该理论由

---

① 威廉·维尔斯马,斯蒂芬·G·于尔斯.教育研究方法导论［M］.袁振国,译.北京:教育科学出版社,
2010：20-21.

两大核心思想构成：一是，范式是什么？即范式的基本结构、构成要素等；二是，范式转换或变革指什么？包括范式转换的本质、条件、过程等。[①] 以下分别对这两大构成部分作详细论述。

（二）范式的基本结构：信念、理论与操作模式的一体化结构

库恩没有对范式进行明确的定义。1970 年，英国学者玛格丽特·玛斯特曼（Margaret Masterman）在《范式的本质》（The Nature of a Paradigm）一文中对库恩的范式概念作了系统考察，她将库恩的 21 种不同含义的范式概念概括为三个层面：哲学层面、社会学层面和人工操作层面。[②] 这三个层面的总结被认为是对范式结构的较为经典的概括性表述。

1. 范式结构的三个层面

第一，哲学层面，也称为元层面，是关于本体论层面的问题，是共同体的共同信念、共同遵循的基本理念或坚持的主流观点等，它是范式的精神理念和价值观，是范式运行的基本指导思想，是范式的灵魂，是范式的根本和深层次的导向因素。按照库恩的解释，范式的哲学层面是科学家所共同接受的信念，反映的是科学共同体在哲学认识论的高度上对科学研究的共同信念与认识。

第二，社会学层面，是指共同体共同遵循的理论框架、理论取向等，因而也称为理论层面，是关于认识论层面的问题，是科学共同体在其信念的指导下所坚持的理论取向、理论模型和解决问题的框架，是科学研究所遵循的行为规范、理论选择、概念系统。这一层面的范式概念将范式作为一种科学习惯、一种学术传统，其对科学共同体的研究具有规范性，是科学共同体一致接受的本学科的基本理论。[③]

第三，人工操作层面，也称具体实践层面，是关于方法论层面的问题，即如何操作的问题，如具体的操作模式或成功的案例、范例等。正如库恩所言，"这一层面的范式概念将范式作为一种依靠本身成功示范的工具、一个解决疑

---

① 贾巍. 学习观视野下的教师网络学习范式研究 [M]. 北京：中国社会科学出版社，2016：39.

② 何菊玲. 教师教育范式研究 [M]. 北京：教育科学出版社，2009：16.

③ 丁华东. 范式转型与社会变迁——关于档案学理论发展的科学社会学分析 [D]. 上海：上海大学，2008：25.

难的方法、一个用来类比的图像或者范例", "范例就是根据公认的科学成就作出的典型的具体的'题解', 科学共同体通过范例的学习掌握范式, 学会解决同类问题的方法"。[①]

2. 三个层面的关系: 互为关联、层层递进的一体化关系

范式的上述三个层面是相互联系的一个整体, 它们之间是互为关联、层层递进的关系, 共同构成了范式理论的核心内容。其中, 哲学层面是范式的最高层, 是一个范式的灵魂和信念, 是指导和统领一个共同体的思想和理念, 共同体的行为和运行都是在这一基本信念的指导下进行的; 社会学层面是范式的中间层, 是将这一基本信念转化为理论认识、解决问题的理论取向, 是共同体信念指导下的理性认识; 最底层的是操作层面, 是如何具体实现和实施理论的问题, 即将基本信念、理论认识转化为实践操作的模式、方法、案例等, 这些具体实施的模式、方法是对范式哲学信念的体现及其理论的具体实践和反映。综上所述, 范式的信念是魂、是根, 社会学层面是理论认识, 人工操作层是具体实施和实现, 三者相辅相成、紧密联系、互为关联。有哲学、有理论, 但无操作, 不构成范式; 同样, 有操作, 无理论和哲学认识也构不成范式。

(三)范式转换的本质: 信念转变及其指引下的理论与模式的一体化革新

1. 范式转换的过程

科学的发展是革命性的, 通过革命而进步。革命的根本就是科学范式的转换, 即旧的范式产生了危机, 新的范式随之产生并代替了旧范式。库恩认为科学发展的图式是: 前科学(范式形成阶段)→常规科学(建立范式)→反常与危机(范式的危机、范式动摇)→科学革命、新常规科学(建立新范式)[②], 如图 2-1 所示。从建立范式到范式的危机再到新范式的诞生, 成为科学发展的基本路径。

---

① 何菊玲.教师教育范式研究[M].北京:教育科学出版社,2009:16.
② [美]托马斯·库恩.科学革命的结构(第四版)[M].金吾伦,胡新和,译.北京:北京大学出版社,2003:9-27.

图 2-1 库恩范式理论中的范式转换

前科学阶段。在此阶段，范式尚未形成，或正在形成。没有形成共同的信念、理论体系、可操作的模式和方法等，也没有形成科学共同体，研究者们开展的研究都是零散的活动，他们在对各种观点、原理进行争论的过程中逐步形成共同认识，确立共同信念，形成有方向、有纲领、有组织的事业，这样就建立起一种范式，进入常规科学阶段。

常规科学阶段。库恩认为这个时期的标志是形成了科学共同体和共同范式，科学团体在共有的范式下开展科学研究。但这时期的科学研究是在范式的既定标准和规则下进行知识积累活动，即这个时期不再思考和考察范式背后的基本原理，而是强调范式的指导作用，重在对范式的严格和忠实履行，是在基本框架的指导下进行某一方面的精细化研究。因此，库恩说，常规科学时期绝不可能改正范式，只能识别出反常及危机。[①]

反常与危机。在常规科学时期，科学团体深信范式的权威性，在其指导下进行研究活动，对于其中出现的反常则尽力去调整使之更加适合现有范式，然而任何一种范式都不可能穷尽真理，即使现有范式过去获得的最惊人成就也无法保证危机永不发生。[②] 随着研究的深入，当科学家无法用现有范式调整

---

① [美]托马斯·库恩.科学革命的结构（第四版）[M].金吾伦等，译.北京：北京大学出版社，2003：103.

② [美]托马斯·库恩.科学革命的结构（第四版）[M].金吾伦等，译.北京：北京大学出版社，2003：102.

反常，且反常出现的频率增加时，科学家会意识到这类反常构成了对范式的根本威胁，现有范式开始动摇，产生了新的危机。

科学革命。新范式能解决旧范式难以解决的危机，以竞争形式取代了旧范式，在信念、理论框架、操作模式等层面都发生了变化，从而实现了科学革命。科学革命是科学发展中的非累积性事件，其中旧范式全部或部分地被一个与其完全不能并立的崭新范式所取代。[①]范式的转换需要一个过程，新范式在起初的时候可能只有少数的支持者，随着研究的进一步深入，更多的科学家会对新范式予以关注、理解和接纳，于是新范式逐步取得主流地位，新的常规科学随之诞生。

2. 范式转换的本质是信念的转变

范式转换的本质是信念的改变。每一次科学革命是其范式结构的三个层面的内容都发生了改变，即信念、基本观念、理论、操作都已改变，但核心的决定因素是信念的改变，信念是范式结构的灵魂和根本所在，范式转换的本质是基本信念的转变。库恩认为："接受一个新的范式的科学家会以与以前不一样的方式来看这个世界"[②]。由此可见，科学范式的转换根本上是整个认识活动的形而上学基础的转换，是整个信念的改变。

这种信念既有对自然的信念、对价值的信念，也有对知识的信念。科学共同体的信念主要是指科学家对知识的信念，即知识观。因为"不同的知识系统赋予人们不同的价值观和意义理论"[③]，科学共同体的知识观决定着共同体在进行科学研究时的价值取向和方法论取向。当共同体的知识观发生改变时，也意味着新范式的诞生。因此，有研究者说，"范式革命意味着共同体知识观的改变"。[④]

（四）范式理论在人文社会科学中的应用

人文社会科学有其自身的特点，它是以研究人的行为为中心展开的。人

---

① ［美］托马斯·库恩.科学革命的结构（第四版）［M］.金吾伦等，译.北京：北京大学出版社，2003：79.
② ［美］托马斯·库恩.科学革命的结构（第四版）［M］.金吾伦等，译.北京：北京大学出版社，2003：43.
③ 胡军.知识论［M］.北京：北京大学出版社，2006：前言3.
④ 何菊玲.教师教育范式研究［M］.北京：教育科学出版社，2009：24.

本身是高度复杂的，集生理、心理、政治、科学、文化、经济、伦理诸要素于一身，显现出交叉研究的属性。[①] 对自然科学发展具有极强解释力的范式理论是否适用于人文社会科学？有必要弄清楚下面两大问题：第一，基于自然科学的库恩范式理论是否适用于人文社会科学？能否应用范式理论解释人文社会科学发展中特别是教育领域中的一些现象？第二，它对我们开展人文社科特别是教育、学习等研究和实践工作有何启示与意义？下面予以具体分析。

1. 人文社会科学对范式及其范式转换的理解

纵观相关研究，人文社会科学关于范式的理解有两种对立的观点：一种认为，人文社会科学不存在范式，该理论不适合这一领域；与之相反，另一种观点认为，人文社会科学同样存在范式，该理论对人文社会科学也具有解释力，借鉴和应用此理论的思想可以解释人文社会科学发展中的现象。关于人文社会科学中的范式转换，同样也存在两种对立的观点，一种认为存在范式转换；一种观点认为不存在。

（1）人文社会科学对范式的理解

有些人认为人文社会科学不存在范式，范式理论不适合这一领域，其理由是人文社会科学与自然科学不同，人文社会科学还算不上真正意义上的科学，或者是"准科学"，严格来说，学科的范式问题，目前还仅仅是自然科学的事情。

而有些人认为人文社会科学存在范式，范式理论适用于这一领域。在社会科学领域也有很多研究引进了范式理论的思想，试图对社会科学领域的各种现象在"元认知"层面进行反省和审视。其中代表性人物有美国社会学家D.P. 约翰逊[②]、肯尼斯·贝利[③] 等。我国学者也对社会科学的范式问题进行过论述，代表性人物有欧阳康等[④]。近年来，有许多学者将范式理论创造性地应用到法学、经济学、教育学等社会科学领域，其中教育领域的代表性人物有瑞

---

① 刘钢.《科学革命的结构》导读［M］. 成都：四川教育出版社，2002：13.

② ［美］D.P. 约翰逊. 社会学理论［M］. 北京：国际文化出版社，1988：61.

③ 肯尼斯·贝利其在《现代社会研究方法》中指出："'范式'这个词用在社会科学中，就是观察社会世界的一种视野和参照框架".

④ 欧阳康认为："人文社会科学范式是某一科学共同体成员围绕某一人文社会科学或专业所共有的信念、价值观、技术手段等的总和"——引自欧阳康. 人文社会科学哲学［M］. 武汉：武汉大学出版社，2001：456-457.

典教育学家胡森[①]、中国教育学者叶澜[②]。

（2）人文社会科学对范式转换的理解

如前所述，人文社科中若不存在范式，显然也不存在范式转换。坚持人文社科中存在范式的学者们也基本都论述了各自领域的范式转换问题。在教育领域，如周成海、何菊玲对教师教育范式进行了系统研究；贾巍对教师网络学习范式进行了全面研究，将范式理论应用到教师教育、教师学习的研究中，以范式理论的独特视角分析了教师教育和教师学习的范式及其转换问题。

2. 本书关于范式理论在人文社会科学中应用的理解

（1）范式结构与范式转换同样适用于人文社会科学

本书认为，范式理论同样适用于人文社会科学。学者们对人文社会科学中的范式理解产生分歧，其根本原因是对范式理论的应用视角不同，支持者是从范式理论本身出发，挖掘和迁移的是其核心思想，强调范式理论思想的应用；而反对者是从自然科学与人文科学本身出发，过于强调两者的差异性，而不关注范式理论的思想价值。

本书认为，范式转换在人文社会科学中同样适用，只不过其含义和形式有所变化，但其本质并不变。原因如下：

第一，范式理论的思想本质上是一种思维方法，为我们分析事物提供了一种方法和思考的视角。因此，我们不应当纠缠于自然科学与人文社会科学的不同而忽视了范式理论的思想价值，而应该跨越自然与人文社会的差异，从范式理论本身出发，挖掘和迁移其核心思想，强调范式理论思想的应用，将其思考和分析方法应用到人文社会科学领域。

第二，人文社会科学的范式转换有其自身的特点，不像自然科学那样存在严格的"科学革命"，但存在主流范式的现象，即在某一历史时期，人们的认识存在主流观点和核心价值观，这种主流观点代表着这一时期人们对某一事物的认识和理解，它规约着人们的思维方式，使得人们在研究和实践方面

---

① 胡森认为："范式反映了特定时期内特定科学团队——全国性的或国际性的团队的科学行为方面占主导地位的观点"——引自胡森. 教育研究的范式［M］. 北京：人民教育出版社，1998：178.

② 叶澜认为："范式的基本含义，即为学科的科学群体所认同的，在学科的内容和研究要素、过程、方法等方面形成的基本规范和结构式的框架"——引自叶澜. 教育研究方法论初探［M］. 上海：上海教育出版社，1999：254.

遵循这一范式，而其他范式也存在，但其影响力较弱，不是主流的范式，直到主流范式不能很好地解释现实世界时，即遇到了"危机"，迫切需要新的范式来适应新的发展需要的时候，新的范式才随之产生。

（2）范式理论对学习及高职院校学生学习的应用价值和指导意义

学习属于人文社科范畴，根据本书的研究边界，学习的主体是人，研究对象是人的学习这一认识与实践活动，因而具有人文社会科学的属性。范式理论适用于人文社会科学，因此适合借鉴到学习研究中。在一定时期内，人们的学习具有一定的范式，在共同遵循的范式下开展学习，因此存在学习范式的问题。学习范式在教师学习中存在，在学生学习中也同样存在；在普通教育领域存在，在职业教育领域也同样存在。高职院校学生学习是职业教育研究和实践的重要领域，高职学校、教师和学生在这一领域开展工作时，职业教育研究者在对高职院校学生的学习进行研究时，基于某种学习观和知识观，会自然而然地遵循某种范式，这种范式是大家在一定时期内共同坚持的信念、理论、方法。因此，范式理论对于高职院校学生学习研究和实践同样具有借鉴价值，对于认识和解决现代职业教育环境下的学生学习问题同样具有重大的指导意义。

本书将借鉴库恩的范式理论，着重借鉴其范式的基本结构，在前一章分析高职院校学生行为主义学习范式、认知主义学习范式和行动学习范式等旧有范式存在问题和危机的基础上，重新认识高职院校学生应持有的学习观和知识观，思考高职院校学生学习所依据的学习理论，反观高职院校学生现有的学习模式，从玛格丽特·玛斯特曼概括的哲学层面、社会学层面和人工操作层面这三个层面构建新的学习范式，并结合相关理论予以阐释，结合实际情况进行应用。

二、情境学习理论

高职院校学生情境学习范式的研究不仅以范式理论作为最基本的理论框架，在构建情境学习范式时，情境学习理论也是其重要的理论支撑。

（一）情境学习理论的名称澄清

有关认知与学习的情境理论已成为一种能提供有意义学习并促进知识向真实生活情境转化的重要学习理论。目前学术界的情境化运动已朝着跨学科研究的方向和推动不同研究领域人员的对话与互动的目标前进。[①] 因此，在学习的情境研究范式中，经常会看到情境认知（Situated Cognition）、情境学习（Situated Learning）、情境认知与学习（Situated Cognition and Learning）等名称。这些名称所指的核心思想是相同的，即都强调情境性，只是因视角不同，学科背景不同，形成了不同的话语体系。"情境认知"多被认知心理学家、人工智能领域的专家使用，他们将个体认知放在更大的社会互动情境脉络中进行研究，期望在互动的情境中产生意义。在对学生的学习研究中，心理学家强调学习的场所在学校，创设的学习环境也是学校中的实习场。而在人类学研究领域，则常使用"情境学习"这一名称，因为人类学家们对文化的意义建构、身份的获得和共同体的作用更感兴趣，他们的关注点是实践共同体中个体和共同体的关系，而不是心理学家关注的认知因素。"情境认知与学习"是对情境学习与情境认知进行综合产生的名称，可以将其看作一个概念。虽然各领域所用的名称和术语略有不同，但对学习的信念和说法却极其相似。

在教育界中运用该理论的很多，但多数是针对情境认知的讨论，仍然把重点放在境脉对于认知的影响上，而不是放在对于身份产生的影响上，或者协商的意义、身份和共同体（所有的一切都通过它而产生）之间的相互影响上。[②] 在此书中，主要是将该理论应用到高职院校学生的学习中，在这样的研究边界中，使用"情境学习"要比"情境中的学习"或"做中学"这些传统称谓包含更为广泛的意义，[③] 比使用"情境认知学习"这一侧重心理学的名称更适合。同时，不管对这一名称的解释和使用是来自心理学家还是人类学家，我们几乎没有发现对情境理论的解释不参照人类学家 Lave 的。而 Lave 对此的

---

① J·莱夫，E·温格.情境学习：合法的边缘性参与［M］.王文静，译.上海：华东师范大学出版社，2004：总序 3.
② ［美］戴维·H·乔纳森，苏珊·M·兰德.学习环境的理论基础（第二版）［M］.徐世猛等，译.上海：华东师范大学出版社，2015：59.
③ J·莱夫，E·温格.情境学习：合法的边缘性参与［M］.王文静，译.上海：华东师范大学出版社，2004：3.

详细论述出自其 1991 年出版的以"情境学习"命名的专著《情境学习：合法的边缘性参与》。鉴于此，本书将更多地使用"情境学习"这一术语，其对应的理论为情境学习理论。

（二）情境学习理论的内涵阐释

情境学习理论，是继行为主义"刺激 – 反应"学习理论与认知心理学的"信息加工"学习理论后出现的又一个重要的研究取向。[1] 该理论试图纠正刺激反应学说和符号运算方法的失误。它作为一种提供有意义的学习并促进认识向真实情境转化的重要学习理论，如今已受到学者们的广泛关注。[2]

对该理论的详细阐释出自莱夫和温格 1991 年出版的《情境学习：合法的边缘性参与》一书，这本书的初衷是为了挽救学徒制。在该书中，莱夫和温格从根本上对有关学习的概念进行了极其深刻的反思，并站在人类学的立场上，提出了情境学习的观点，认为学习是情境性活动，是整体的、不可分割的社会实践，是现实世界创造性社会实践活动中完整的一部分，进而提出这种学习新观点的概念框架："学习是实践共同体中合法的边缘性参与"。[3] 理解情境学习理论需要重点把握"实践共同体"和"合法的边缘性参与"这两个核心概念。

实践共同体（Communities of Practice）是情境学习在人类学研究领域中的核心要素，借此可说明在个体与共同体的关系中活动的重要性，以及共同体之于合法的个体实践的重要性。莱夫和温格认为，共同体意味着对一个活动系统的参与，并不一定要存在一个明确定义的小组。在《实践共同体：学习、意义和身份》中，温格对实践共同体进行了更深入的探讨，他认为"一个实践共同体包括了一系列个体共享的、相互明确的实践和信念以及对长时间追求共同利益的理解"，一个实践共同体不是简单地把许多人组合起来为同一个任务而工作。拓展任务的长度和扩大小组的规模都不是形成共同体最主要的

---

① 王文静. 情境认知与学习理论研究述评［J］. 全球教育展望，2002（2）：51–55.
② 卜湘玲，李亦桃. 情境认知与学习理论述评［J］. 内蒙古师范大学学报（教育科学版），2005（7）：23–25.
③ J·莱夫，E·温格. 情境学习：合法的边缘性参与［M］. 王文静，译. 上海：华东师范大学出版社，2004：译者序 3.

因素，关键是要与社会联系——要通过共同体的参与在社会中给学习者一个合法的角色或真实的任务。

在实践共同体中，情境是真实的，且与日常生活实践紧密相连；实践共同体拥有长久的持续不变的目标和身份再生产能力；在实践共同体中，学习者是具有共享的文化历史背景和真实任务的共同体成员；在实践共同体中，学习者的身份是不断进行再生产的，学习者沿着旁观者、参与者到成熟实践的示范者的轨迹前进，从新手逐步到熟手再到专家。在这一过程中，学习者的身份是在真实的实践中产出的，是逐步通过共同体中的参与获得身份发展和再生产的。可见，正是由于实践的复杂性与丰富性，实践共同体中"学习者身份"的含义也是异常丰富和复杂的。①

实践共同体具有其自身的特点，即共同的文化历史遗产，包括共同的目标、协商的意义和实践；一个相互依存的系统，在这个系统中，个体成为更大的集合的一个部分和再生产的循环。从实践共同体的特点中不难看出，在个体的学习过程中，实践共同体为不同的经历与技能背景、不同年龄、不同兴趣的学习者建立了复杂的、多样化的学习环境，具有传统的学校班级所不具备的鲜明特征。正是因为实践共同体所具有的优势，使一些教育工作者尝试将实践共同体的概念引入教育实践领域。

"合法的边缘性参与"（Legitimate Peripheral Participation）是理解情境学习理论的另一个重要概念。人类学家们通过对"合法的边缘性参与"的关注，试图以一种新的视野与眼光来审视学习，进而发展一种新的学习观点。在他们看来，"合法的边缘性参与"是一个整体概念，在对这一概念的理解与运用中，不会衍生出与"合法的"、"边缘性"和"参与"等相对的"不合法的"、"中心性"和"不参与"等概念理解。在这一概念中，"边缘性"意味着置身于由某个共同体定义的参与领域中多元化的、多样性的、或多或少地投入和包含于其中的存在方式。莱夫等强调，实践共同体中并没有标明为"边缘"的地方，也没有单一的中心，与"边缘性参与"相对的是"充分参与"而不是"中心参与"。人类学家们所用的"边缘性"是一个积极、肯定的术语，与"边缘性"

---

① J·莱夫，E·温格.情境学习：合法的边缘性参与［M］.王文静，译.上海：华东师范大学出版社，2004：译者序4—6.

最对立的反义词应是"无关性"和"离题"。部分性参与对新手来说绝不是脱离兴趣的实践。此外，它还是个有活力的、动态的概念。当边缘性被赋予权力时，它暗示着一种开放的通道，一种为了理解的目的通过逐渐增长进入通达源头的途径。①

在莱夫看来，"合法的边缘性参与"本身不是一种教育形式，更不是一种教育策略，它是一种分析学习的观点、理解学习的方式。或者说，合法的边缘性参与就是学习。这意味着，不管通过何种教育形式为学习提供情境，或者是否存在何种有特定意图的教育形式，通过合法的边缘性参与进行的学习都会发生。②

由此，"情境学习活动"已经转变成"实践共同体中的合法的边缘性参与"。合法的边缘性参与按向心方向移动，受其在一个成熟实践中的充分参与领域内的位置所激励。实践共同体按这样一种方式进行自身再生产，即新手到熟手的转变自然地被整合到实践中去。③

（三）情境学习理论的应用说明

情境学习理论强调学习是在真实的情境中，以学习者为主体，通过类似人类真实实践的方式进行，同时把知识的获得与学习者的发展、身份建构等统合在一起。研究者们根据情境学习理论，创造出了许多新的教育教学概念。其中，具有代表性的教育隐喻有认知学徒制、实习场和实践共同体。

认知学徒制（cognitive apprenticeship）是基于对传统学徒的学习研究而提出的，将传统学徒制中学徒观察（师傅示范）、尝试执行（师傅指导）及脚手架的搭建和拆除植入学校中，并在此基础上进一步发展，重点关注个体认知过程的环境创设。④

---

① J·莱夫，E·温格.情境学习：合法的边缘性参与［M］.王文静，译.上海：华东师范大学出版社，2004：7.
② J·莱夫，E·温格.情境学习：合法的边缘性参与［M］.王文静，译.上海：华东师范大学出版社，2004：译者序3.
③ J·莱夫，E·温格.情境学习：合法的边缘性参与［M］.王文静，译.上海：华东师范大学出版社，2004：61.
④ ［美］戴维·H·乔纳森，苏珊·M·兰德.学习环境的理论基础（第二版）［M］.徐世猛等，译.上海：华东师范大学出版社，2015：35.

　　实习场非常重视学习环境中真实情境任务、真实活动的创设，但与真实场地相分离。在实习场中，学习者虽然不是合法的参与者，却能够实践那些他们将在校外遇到的活动。① 杰斯帕·伍德巴瑞（Jasper Woodbury）问题解决系列中，利用真实化的录像境脉来呈现与解决问题相关的信息，就是创造实习场的一个方法，就是对情境学习理论的应用。普通教育中抛锚式教学也是对此的借鉴。职业教育中基于问题的学习、任务驱动学习以及校内实训基地、实验中心等都是创建实习场的例子，其目标都是从真实世界中捕获真实问题和这一问题的境脉。

　　实习场的设计和应用与许多心理学家提出的情境理论的含义是一致的。更广泛地来说，这个观点强调教育中的境脉，推动了教育者对学习和认知的理解。然而，学习者所介入的实践仍然是从共同体中抽象出来的"学校任务"，是从社会生活中分离出来的。

　　情境学习理论的观点影响着学习环境开发等多方面的理念。该理论也被广泛应用于职业学校学生的学习中。职业学校学生学习特别强调在"情境"中学，体会知识意义；在"工作"中学，体验任务逻辑；在"团队"中学，体味视阈融合；在"反思"中学，体悟理实整合。② 因此，情境学习理论成为职业教育基于工作过程的学习从而获得专业能力、方法能力和社会能力，进而从职业新手走向职业专家的学习范式的理论基础。③ 本书将借鉴人类学视野下情境学习理论的观点，遵循职业教育的特点和规律，结合高职院校学生的学习实况，构建高职院校学生情境学习范式。

---

① ［美］戴维·H·乔纳森，苏珊·M·兰德.学习环境的理论基础（第二版）［M］.徐世猛等，译.上海：华东师范大学出版社，2015：34.
② 王亚南，林克松.技术知识建构视阈下职业院校学生学习范式的转向［J］.职业技术教育，2015（13）：15-19.
③ 姜大源.职业教育的学习范式论［J］.中国职业技术教育，2007（7）：1.

本章小结

高职院校学生的学习在行为主义学习范式、认知主义学习范式和行动学习范式间的历时演变中没有获得恰切的学习隐喻，学生的学习仍然存在诸多问题。当前高职院校学生学习中持有的各种学习观发生的碰撞和各种学习理论的争锋，以及高职院校内学生各种学习模式的混合乱用，都迫切要求重新构建符合高职院校学生的学习范式。如果说范式理论为这一需求奠定了理论基础的话，符合高职院校学生学习特点和规律的情境学习理论则可为此发挥理论支撑作用。

虽然范式理论来源于对自然科学发展史的解释，但其思想本质是一种思维方法，能为我们分析事物提供一种方法和思考的视角。虽然关于学习的研究属于人文社会科学，有其自身的特点，但也存在着主流范式的现象。尤其是在职业教育的学习研究中，对此已形成一定的共识。因此，本书将去异存同，取其精华，借鉴库恩的范式理论，构建适用于当前高职院校学生的学习范式。本书所构建的新的学习范式所依据的学习理论就是符合高职院校学生学习特点的情境学习理论，该理论提出的"学习是情境性的活动""学习是实践共同体中合法的边缘性参与"等学习隐喻对本书具有重要的启示意义。

因此，范式理论和情境学习理论不仅是本书的理论依据，更是本书的重头戏——高职院校学生情境学习范式构建的理论基础。

第三章　高职院校学生情境学习范式构建
——基本结构

　　虽然"范式"最初源于对自然科学革命和发展的解释，但至今，库恩的范式理论已被作为一种分析框架广泛应用于科学哲学、社会科学等领域。正如前文所述，人文社会科学虽然不像自然科学那样存在严格的"科学革命"，但存在主流范式的现象。学习属于人文社科范畴，具有人文社会科学的属性。在一定时期内，人们的学习具有一定的范式，在共同遵循的范式下开展学习，因而也存在学习范式的问题。高职院校采用过的学习范式有注重刺激－反应联结的行为主义学习范式、注重信息输入－储存－提取的认知主义学习范式以及注重"行动"过程序列的行动学习范式等。但这些范式都有对知识情境和主体情境的双重忽略，所以导致高职学生学习的机械化、狭窄化、浅层化，最终使高职院校沦为一个缺乏生机的流水线工厂。

　　按照范式理论在自然科学中的应用，范式转换有着规范的过程[①]，也就是说，范式是自然生成、自动转化的，无法在自然科学中人为地构建范式。一种范式不论经过多长时间的考验，只有遇到危机，原有范式结构彻底发生动摇，经历科学革命之后，才能建立起新的范式。在这期间，个体只能亦步亦趋地跟着，发挥微弱的力量。但这并不意味着在人文社会科学中，个体和科学共同体也只能被动接受范式、追随范式，默默忍受范式转换过程中带来的危害和痛苦，不能主动地构建范式。相反，由于在人文社会科学研究中，研究者以及科学共同体主体性作用较自然科学而言更强，自然界的不可知性对其束

---

① 即前科学（范式形成阶段）→常规科学（建立范式）→反常与危机（范式的危机、范式动摇）→科学革命、新常规科学（建立新范式）。——引自 托马斯·库恩. 科学革命的结构（第四版）[M]. 金吾伦等，译. 北京：北京大学出版社，2003：19.

缚更少，可以更好地发挥研究者的主观能动性。研究者及科学共同体可以根据时代背景、社会需求、学科发展等特征，在把握好客观规律的基础上推动新范式的构建，不必被动地承受漫长范式转换过程带来的危害。

就目前形势来看，高职院校学生的学习范式面临诸多问题，严重影响着高职学生的学习与成长，制约着高职院校的可持续发展。高职院校学生原有学习范式存在危机，且范式内部出现了冲突，范式已开始动摇，但如若等待范式的自然转换，到建立新范式仍还需一段时日，在这期间不仅高职学生将继续受到原有学习范式的戕害，而且高职院校也会投入各种资源试错式地进行摸索，付出惨痛的代价，高职教育还会因不能满足社会提出的需求而饱受质疑。既然构建真正属于高职院校学生、适合高职院校学生的学习范式已成为必然，且前文已对高职教育的本体性特征进行了分析，现有的较为成熟的、完善的、系统的理论也已对构建什么样的学习范式这一问题的回答做足了准备，我们就可以在相关理论基础上，遵循一定的依据，大胆尝试构建高职院校学生情境学习范式的基本结构，以促进高职学生学习范式的快速高效转换。

一、高职院校学生情境学习范式构建的依据

虽然情境学习理论以本身的优势和理论的自足性，以及与高职教育的高契合度为高职院校学生学习范式的构建指明了方向，我们也可因此将高职院校学生即将转换成的学习范式称为情境学习范式，但在进一步构建、完善这一范式的时候，仍须遵循一定的准则，以确保所构建的情境学习范式不背离范式理论，不违背我国高职教育的规律和高职学生的身心发展特点。

（一）遵循托马斯·库恩的范式理论

构建供高职院校学生使用的学习范式，其名称叫作情境学习范式，用"情境"二字是为了突出该学习范式的特点，但其核心是学习范式，不是教育范式，更不是研究范式。再进一步分析，其实质是一种范式，不是方式、模式，也不仅仅是一种范例。因此，在构建情境学习范式时，首先应当遵循的就是范式理论。范式理论源自于库恩，他不仅赋予了范式新的内涵，将范式从一般意义的概念上升到一种分析框架，而且系统地阐述了范式理论的思想（见第

二章理论基础部分）。本章旨在构建情境学习范式的基本结构，因此该范式的基本结构应遵照托马斯·库恩范式理论中范式的基本结构。

虽说托马斯·库恩在其 1962 年出版的著作《科学革命的基本结构》中全面论述了其范式理论的思想，但对范式基本结构的详细研究和系统阐述则应归功于英国学者玛格丽特·玛斯特曼（Margaret Masterman）。因为是她对库恩的范式概念作了系统考察，并将 21 种不同含义的范式概念概括为三个层面：哲学层、社会学层和人工操作层。[①] 这三个层面的总结被认为是对范式结构的较为经典的概括性表述，其后被广泛应用于各领域中。虽然玛格丽特·玛斯特曼概括了范式的基本结构，但仍是以库恩的范式思想为基础，源于对库恩范式概念的概括，因此，在此我们遵循的仍旧是托马斯·库恩的范式理论。

在范式理论中，范式的基本结构由哲学层、社会学层和人工操作层三个层面构成，这三层是相互联系的一个整体，互为关联、层层递进，共同形成了范式稳定的结构，构成了范式理论的核心内容。遵循托马斯·库恩的范式理论，构建高职院校学生情境学习范式的基本结构时，要严格遵照范式的基本结构。因此，情境学习范式的基本结构也应由哲学层、社会学层（理论层）和人工操作层三个层面组成。

（二）遵循我国高职教育的内在规律

既然构建的情境学习范式要应用于高职院校，由高职院校的学生使用，其初衷是为了解决当前高职院校学生学习中存在的问题，那么在构建该范式时就应遵循我国高职教育的内在规律。高职教育的内在规律不仅仅体现在上文所论述的高职教育的专业性、实践性、社会性等本体性特征中，还具体体现在高职教育的教育内容中。高职教育的教育内容源于高职教育的目标定位，决定着高职学生的学习内容，制约着学生的学习方式、方法、环境等。因此，构建高职院校学生情境学习范式必须遵循我国高职教育的内在规律，具体表现为构建的学习范式与教育内容相匹配，即符合高职教育的知识论。

在知识论中，其最核心的内容除了知识的本质外，就是知识的分类了。关于高职教育的知识论也不例外，但高职教育与普通教育的不同之处主要体

---

① 何菊玲.教师教育范式研究［M］.北京：教育科学出版社，2009：16.

现在所教知识的种类差异上。高职教育旨在培养技术技能型人才，因此，我们不能像普通教育那样将技能仅仅看作是在实践中或者在虚拟的情境中运用的知识形式，不能把技能理解为技能性的知识。

在人的本领结构中，知识与技能是相辅相成的，共同构成了人类认识、改造世界，认识、发展自我的主体结构。"知识"是思想的本领，"技能"就是行动的本领。在高职教育中，知识与技能也是相辅相成的，共同构成了学生的主体结构，"知识"解决学生的思想问题，"技能"解决学生的生存问题，两种本领都是不可或缺的。高职教育不能让学生获得生存能力时，一切精神性的教育都无从谈起。但只是局限于物质生存能力的教育，也一定不是完全的教育。主体性作为人的本质的根本标志，才是教育的终极目标。[①]因此，高职教育既不按照传统把技能归入知识，也不能把两者截然分开，而是将之作为一对并列的概念，知识与技能共同构成了人的知能结构。高职学生知能中的知识主要对应客观性知识，而知能中的技能主要对应实践操作。符合高职教育规律的这种知能结构是与高职教育培养高级技术技能型人才的目标相辅相成的。

了解了高职教育中知识与技能的关系，掌握了符合高职教育规律的智能结构，我们就充分认识到了高职院校学生学习的内容与普通高校学生学习的内容不同，技能是高职学生学习的重点。

（三）遵循高职学生的身心发展特征

学生的认知发展规律、智力特征、思维水平、能力发展阶段以及学习风格等都决定了学生在高职院校学习的方法。因此，构建高职院校学生情境学习范式必须遵循高职学生学习的认知发展规律、智力特征，同时还要注意考虑高职学生的非智力因素。

1. 认知发展特征

根据学习的认知发展规律，任何人的学习都遵循从感觉开始，再经过知觉、表象、思维的认知发展过程[②]。思维又分为形象思维、理性抽象思维和理

---

① 陈理宣. 知识教育论［M］. 北京：人民出版社，2011：331.
② 注：感觉，即事物直接作用于感觉器官的个别属性的直接反映；知觉，即在感觉基础上产生事物整体属性的直接反映；表象，即在知觉以后存在于人脑中的关于事物的形象；思维，即以众多表象为中介，对事物概括的间接反映。

性具体思维等几种。将概念、原理等理性抽象思维的成分运用于理性具体思维，即研究和解决实际问题，是认知发展的一种必然，也是认知的目的所在。但高职院校学生的思维以"面型"的、"体型"的形象思维为主，如何将理性抽象思维的知识转化为适宜于高职院校学生掌握的形象思维知识，从而促进其理性具体思维的运用是高职院校学生的认知重点，构建的新的学习范式既要遵循这一认知发展规律，同时还要促进学生的认知升级与发展。

2. 智力类型特征

高职院校学生在智力结构与类型上与普通高等学校学生有着本质的区别。美国心理学家加德纳教授认为，智力不是一种能力而是一组能力，是以相互独立的方式存在的。他非常注重智力的实践性和情境性，率先将社会智力的内容引入智力概念并相应地提出多元智力理论。[①] 该理论提出个体身上独立存在着与特定认知领域或知识范畴相联系的七种以上的智力，见图 3–1。

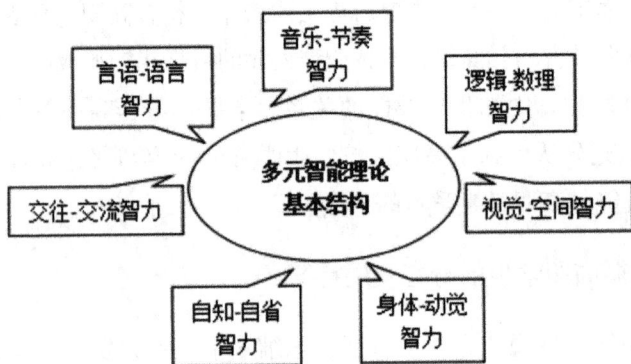

图 3–1　多元智能的基本结构

高职院校的学生与对应层次的普通高等学校的学生相比，他们是同一层次不同类型的人才，没有智力的高低之分，只有智力的结构类型不同。高职院校学生的智力类型以视觉 – 空间和身体 – 动觉智力为主，突显形象思维；普通高等学校学生的智力类型以逻辑 – 数理和言语 – 语言智力为主，突显抽象思维。智力类型为抽象思维者的普通高校学生可以成为研究型、学术型、设计型的专家，而智力类型主要为形象思维者的高职学生可以成为技术型、技能型、技艺型的专家（见图 3–2），他们都是在社会不同工作岗位工作的专家，

① 马建富. 职业教育学［M］. 上海：华东师范大学出版社，2008：125.

其对社会的发展，都具有相互不可替代的作用。这就要求对不同培养目标的学生采用不同的培养模式，具有不同智力类型的学生在学习时采用不同的学习范式。因此，构建适用于高职学生的学习范式要遵循高职学生的智力类型特征，以适应高职学生智力的实践性和情境性。

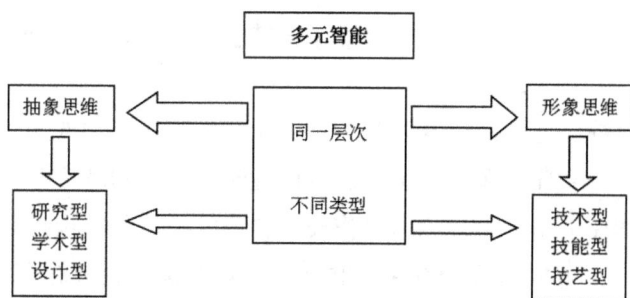

图 3-2　智力类型与人才类型对应图

3.学习动机等非智力因素

智力因素对学习的效果具有关键性作用，但非智力因素也起到非常重要的作用。非智力因素虽然不直接参与人认识事物和处理信息的操作，但它会对智力因素产生很强的能动作用。非智力因素对个体的引导、维持、调节、强化等功能直接表现为个体的学习态度和学习动力。[①]学生能不能学会是智力因素决定的，愿不愿意学是非智力因素决定的，能不能学好由两者共同决定。

调查和研究表明，非智力因素中，学习动机对学生个体的学习目的、学习态度以及学习主动性方面产生的影响最大。通过对一些文献和调查报告分析得出，接受职业教育的学生，呈现出学习动机强度差别很大的心理现象。调查数据显示，我国的职业学校尤其是高职院校，超过60%的学生把择业和就业作为学习目的（不同地区有所差异），学生的学习动机明显趋于功利化和表层化，很多学生以就业为标准把学习内容分为"有用""无用"。[②]学习动机不仅对学生学习情绪和学习态度产生直接影响，而且是学生选择职业后愿不愿意学习和从事该职业的重要因素。帮助学生树立正确的学习动机是保证高职教育成功的关键环节。因此，所构建的高职院校学生学习范式在符合高职

① 黄尧.职业教育学——原理与运用［M］.北京：高等教育出版社，2009：85.
② 黄尧.职业教育学——原理与运用［M］.北京：高等教育出版社，2009：85.

学生认知发展规律、智力类型特征和学习风格特点的基础上，还要最大限度地激发、保持高职学生的学习动机，让学生在该学习范式下爱上自己的专业，认可自己的职业身份，热爱自己未来从事的岗位，并有志在所攻的专业领域做出贡献。

二、高职院校学生情境学习范式基本结构的构建

结构指系统中各组成要素之间相互联系与相互作用的方式。结构标志着系统的组织化、有序性程度。系统的有序性越高，结构越严密。范式结构是指由科学共同体的信念、理论与操作模式构成的一体化结构，因科学共同体的论证和认可，范式结构的有序性和严密性都很高。教育和学习的人文性、实践性和社会性决定了学习范式不只是一个科学研究的范式，还是一个理论研究与实际操作融为一体的范式。由于学习观和知识观的不同，会形成不同的学习范式，但其基本结构都遵循最经典的托马斯·库恩的范式理论，包含起顶层指引作用的形而上学层、起中间衔接作用的社会学层和起底层支撑作用的人工操作层三个层面。因此，高职院校学生情境学习范式的基本结构也由这三个层面构成。

（一）高职院校学生情境学习范式的顶层指引

第一层是起指引作用的哲学层面。按照库恩的解释，范式的哲学层面是科学家所共同接受的信念。据此，高职院校学生情境学习范式的哲学层面是指高职教育研究者和实践者共同体的共同信念。这种信念是在哲学认识论高度上对高职院校学生学习的基本问题的认识，其基本问题主要包括高职学生学习的性质、目标、方式、环境等关于高职学生学习观的问题。在学习观中，关于学习的内容，即高职院校学生所要学习的知识是什么样的，直接受共同体关于高职学生知识观的影响。因此，简单地说，高职院校学生情境学习范式的哲学层面就是指高职教育研究者和实践者共同体持有的关于高职学生的学习观和知识观。共同体持有的学习观和知识观是学习范式运行的基本指导思想，是学习范式的灵魂和共同信念。

学习观是指人们从全局的、整体的视角出发，对学习的价值问题、取向

问题、方法论问题等持有的看法。[1]因而学习观主要由为什么学习、学习什么、如何学习这三个基本要素构成,位于学习理论之上。关于高职院校学生的学习,如前文所述,历史上存在过的且被应用于高职院校的学习观有和普通学校共享共用的注重刺激－反应联结的行为主义学习观和注重信息输入－储存－提取的信息加工观,这两种学习观都有对知识情境和主体情境的双重忽略,最终导致高职院校成为一个缺乏生机的流水线工厂。此外,还有一种独属于高职院校的学习观,即实用主义学习观,该学习观以实用主义技术哲学为哲学基础。其典型代表人物就是美国的约翰·杜威,主张学习就是行动,学习的方式就是"做中学"。杜威倡导的"做中学"主要包括五个要素[2],其实质是从实践中学习的能力。虽然杜威的实用主义哲学曾风靡全球,也因他本人在20世纪二三十年代访华,在中国引起很大的反响,但其倡导的"做中学"真正开枝散叶是在德国的行动教学法传入中国,被借鉴到职业教育中之后,这两种相似理念的传播和方法的结合在我国高职院校中以行动导向教学法对应的行动导向学习范式推广着。但这种学习观指引下的学习范式也存在一些问题,如由于整体情境的切割和部分情境的抽离,导致高职学生通过学习只能获得"硬技能",缺乏社会实践的协商性、主体意义的建构和职业身份的获得等。而新构建的高职院校学生情境学习范式是以超越这三种学习观、发展于建构主义学习观的主客一体的情境认知学习观为指引的。

　　哲学层面起指引作用的除了学习观外,还有知识观。广义的知识观是指通过对知识的功用态度和偏好以及知识学习等行为中间接表现出来的对知识的看法;狭义的知识观是对知识本身的性质、形式、功能、价值等内容的理性认识。[3]指引我国高职教育的知识观主要受中国传统知识观的影响。在中国历史上,占主导地位的是儒家知识观。自汉代确立独尊儒术以来,后经过科举对知识内容以及态度的规范,使得儒家经典的知识内容观和对儒家经典遵从的知识态度观得以确立,使得知识内容被严格限定在人文科学范围内,知

---

① 贾巍.学习观视野下的教师网络学习范式研究[M].北京:中国社会科学出版社,2016:66.

② 五个要素,即设置疑难情境,使学生对学习活动有兴趣;确定疑难在什么地方,让学生进行思考;提出解决问题的种种假设;推动每个步骤所含的结果;进行试验、证实、驳斥或反证假设,通过实际应用,检验方法是否有效——引自徐涵.工作过程为导向的职业教育理论与实证研究[M].北京:商务印书馆,2013:25-27.

③ 陈理宣.知识教育论[M].北京:人民出版社,2011:162.

识学习和研究也限定在背诵和解释儒家经典，这一切限制了知识发展和对知识本身的认识的发展。在中国的传统知识观中，知识来源于主体和人类社会；知识的性质是主体的体验和主体的行为；知识获取强调对现象的观察或经验的总结；知识的价值体现在人际关系和世俗功利上。这与西方的知识观迥异。在西方知识观中，知识来源于主体之外的客观世界；知识的性质是客观的真理；知识获取强调对事物本质的探索、分析与实证；知识的价值是人性本体精神的张扬。[①] 相比，中国的知识观是一种整体的知识观，遵循的思路是从形而上的假设来解释形而下的知识现象。虽然看起来显得很有大智慧，具有辩证性、整体性，任何问题都能解释，但是，正是这种能够包罗一切的整体知识观，因为能够解释一切，而泯灭了知识追求的动力，既阻碍了形而下知识的发展，又阻碍了形而上知识的本质探讨。近现代中国国门打开后，中国知识观才受到西方知识观的影响，但也受到了西方科学知识观的"殖民"。在西方的现当代知识观中，虽然有哲学思辨性的知识观、心理学实证分析的知识观，还有知识社会学的知识观，这些知识观中有很多都对职业教育产生过很大的影响，如美国詹姆士、杜威的实用主义知识观，皮亚杰的同化顺应知识观，卡尔·曼海姆的社会境遇知识观，但其中对中国知识观影响最大，对职业教育知识观贡献最大，最契合高职教育的知识观当属迈克尔·波兰尼的知识观，他的隐性（缄默）知识观和威廉姆斯（Williams）的情境主义知识观是我们构建高职院校学生情境学习范式的思想指引。

（二）高职院校学生情境学习范式的中层衔接

第二层是起衔接作用的社会学层面。高职院校学生情境学习范式的社会学层面是指高职教育研究者和实践者共同体在其共同信念指引下所形成的或认可的关于高职学生学习的理论、学派等，因而也称为理论层面，是关于认识论层面的问题，为研究和指导高职学生学习提供了共同的理论模型和解决问题的框架。它既是上一层面，即哲学层面中高职教育研究者和实践者共同体所持有的共同信念的具体体现，又为下一层面提供理论指导，因此具有中间衔接的作用。

---

① 陈理宣. 知识教育论［M］. 北京：人民出版社，2011：197-207.

在行为主义、认知主义等主客分离学习观和近现代科学知识观的指导下，学习被作为自然科学进行研究，形成了深受自然科学影响的行为主义学习理论和信息加工理论。高职院校学生的学习也难逃一劫，曾一度被这两种学习理论或流派桎梏。

行为主义心理学家把学习看作反应的获得和强化。出于经济性和客观性的考虑，行为主义力求用外显的行为来解释学习，避免涉及心智活动。[①]这种对心理和意义的回避直到认知科学出现才受到挑战。

认知科学的开创把心智引入了心理学的中心，但却最终离开了意义建构而转向信息加工。信息加工理论虽然像行为主义那样用机械语言讲话，但打破了避而不谈的心智的瓶颈。研究者使用诸如反应时间试验、眼动研究和出声思考记录，提出心理的计算模型，填补了行为主义留下的许多鸿沟。但慢慢地，研究者们越来越清楚地发现，信息加工隐喻提供了一个通往心理的窗口，不过是一个特定的心理模型。人类从环境中有选择地输入信息，接着根据其中的一部分信息进行反思和行动。思想的中介对理解很多认知任务是有用的，但就作为一个完整的框架而言最终证明是有限的。在我们的认知中，人和动物的相似性怎样？人们是否遵循规则，或是为了解释我们的行为才在事实之后运用规则？依赖于规则的模型和明晰的记忆结构似乎是有局限性的。符号认知针对个人独立于文化和物理情境脉络的加工，仿佛信息是一个中立的建构物。个人的认知如何与其他的人、工具、语言和文化相适应？工具、人和文化当然是建构意义的主要中介者。[②]这些都对学习的信息加工理论提出了挑战，它忽视文化和物理的情境脉络更是将其快速地送上了绝路。

这两种学习理论或流派曾一度限制了高职教育研究者和实践者共同体对高职学生学习的认识和研究，给高职院校带来的最大破坏就是使高职院校成了一个个缺乏生机的流水线工厂，给高职院校学生带来的是厌学的心理阴影。在我们构建的高职院校学生情境学习范式的基本结构中，起中层衔接作用的不再是这两种学习理论，而是情境认知学习观指引下的情境学习理论。它不

---

① 戴维·H·乔纳森.学习环境的理论基础［M］.郑太年，任友群，译.上海：华东师范大学出版社，2002：57-59.
② 戴维·H·乔纳森.学习环境的理论基础［M］.郑太年，任友群，译.上海：华东师范大学出版社，2002：61-62.

仅适合局部情境下的具体学习，还强调真实行为所发生的社会网络和活动系统，会为高职院校学生的学习研究和实践提供更新的视野和更完善的理论框架。

（三）高职院校学生情境学习范式的底层支撑

第三层是起支撑作用的人工操作层面，也称为具体实践层面。高职院校学生情境学习范式的人工操作层面是指在高职教育研究者和实践者共同体的共同信念指引下，在共同体提供的理论模型和解决问题的框架内形成的，关于高职院校学生怎样学习的操作模式，如学习模式、学习方式等。对一个范式来讲，有操作，无理论和哲学认识不构成范式；同样，有哲学、有理论，但无操作，也无法构成范式。对一个学习范式来讲，亦如此。因此，以学习模式为主要内容的人工操作层面是一个学习范式的底层支撑。如无这一层面，顶层的哲学层面和中层的社会学层面都将因无法接近实践而成为空中楼阁，梦幻泡影。

在行为主义学习范式下高职院校在"刺激－反应"学习观的指导下突出对学生技能的训练，学生惯用的学习模式就是程序学习模式，且学生的学习仅针对某个程序的训练，即某种技能的强化训练，缺乏理论知识的学习和人文素养的培育，职业能力的培养更无从谈起，最终使学生成了工厂里的一颗螺丝钉，完全缺乏岗位转换的能力。

在认知主义学习范式下高职院校学生的学习不再进行过度的技能训练，但又走向了另一个极端，过于注重知识的传递与获得。高职院校学生学习的内容成了普通本科学校学生学习内容的"压缩饼干"，理论课程与实践课程的比例严重失调，公共基础课、专业基础课以及专业理论课占据了百分之八十的学习时间，学习方式也是以教师课堂教授为主。高职院校学生的学习模式根据人才培养方案的调整变成了紧紧围绕课程学习的公共基础课－专业基础课－专业理论课的课堂灌输学习模式。

当前我国高职院校学生的学习范式已基本走出了前两种学习范式的阴影，开始逐渐走向高职教育的中心，趋近高职教育的本质，如行动学习范式就是一个例子，但这一范式的诸多弊端目前已开始显现。这一范式的部分学习理念是正确的，只因在具体模式的操作中出现了偏离，导致问题暴露。如这种学习范式下的工作过程导向学习模式，具有行动导向学习的诸多共性特点，但因对学习和学习理论的理解不到位，在模式的具体操作运用中出现简约化、机械化问题。

另一个更典型的例子就是现在正在高职院校中热火朝天试点的现代学徒制。现代学徒制是在企业职业教育体制下，通过企业真实工作环境中的"在岗培训"这一有效教育形式，专门培养技能型人才的职业教育制度。在学习论层面上，现代学徒制代表了一种新的职业教育学习范式。[①]但因对现代学徒制背后的教育理念与学习理念的认识存在偏差，导致现代学徒制试点存在新瓶装旧酒的现象，企业职业教育环境缺失，学生参与培训的岗位质量参差不齐。在参与现代学徒制的企业中可以看到大量流水线岗位成为学徒培训岗位，导致高职院校学生的学习令人担忧。

当前高职院校存在的项目驱动学习模式、工作过程导向学习模式、现代学徒制等学习模式从理念上来讲，是符合高职教育规律、技能形成规律的，但在现实中却存在许多问题。这些问题有些是模式本身带有的，但多数是盲目使用、乱用造成的。导致这些问题产生的根源在于高职教育实践者对学习范式缺乏一个整体的认识，仅从实践一线，即学习范式的第三层面——人工操作层面出发来理解和使用学习范式，对学习范式中第一层和第二层全然不知，使高职学生学习范式中的第三层面与前两个层面错位，失去信念指引和理论指导。因此，我们构建的高职院校学生情境学习范式的第三个层面既要关照当前高职院校学生正在使用的学习模式，还必须要在主客一体的情境认知学习观指引下和情境学习理论指导下，对符合高职教育研究者和实践者共同体信念和其认可的理论学习模式进行全面、系统的改造，并给出具体的范例，使学习范式中人工操作层面的学习模式真正发挥底层支撑作用，进而使高职院校学生情境学习范式的三个层面形成一体化结构。

三、高职院校学生情境学习范式基本结构的分析

高职院校学生情境学习范式由起指引作用的哲学层、起衔接作用的社会

---

① 职教部落联盟.职业教育载不动现代学徒制［EB/OL］.http：//www.sohu.com/a/199524876_489512，2017-10-22.

学层和起支撑作用的人工操作层三个层面构成。这三个层面组成的高职院校学生情境学习范式的结构图层是怎样的？三层的结构要素关系如何？这三层中的哪个结构要素对高职院校学生情境学习范式起决定性的作用？所构建的情境学习范式如何从其他学习范式转换而来？这些问题都属于范式基本结构的范畴，都需要作进一步的分析。

（一）高职院校学生情境学习范式的结构图层

哲学层、社会学层、人工操作层构成了范式的基本结构。学习观和知识观、学习理论、学习模式构成了学习范式的基本结构。主客一体的情境认知学习观、情境学习理论等以及相关的情境学习模式构成了高职院校学生情境学习范式的基本结构，其图层如图 3-3。

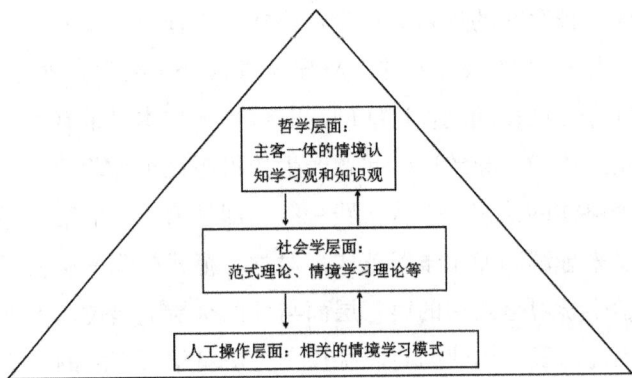

图 3-3　高职院校学生情境学习范式的结构图层[①]

整个图层由顶层起指引作用的哲学层、中层起衔接作用的社会学层和底层起支撑作用的人工操作层构成了一个稳定的三角形。越往上越抽象，越往下越具体，抽象与具体兼而有之，理论与实践相互结合。

（二）高职院校学生情境学习范式的结构要素关系

高职院校学生情境学习范式的第一个结构要素就是哲学层面的高职教育研究者和实践者共同体的共同信念，如前文所述，包括学习观和知识观两个

① 因为本章为"高职院校学生情境学习范式构建——基本结构"，所以在此仅给出根据托马斯·库恩的结构图层构建出的"高职院校学生情境学习范式的结构图层"，关于图层的具体内容见第四章"图4-6 高职院校学生情境学习范式图"，详细解释见第四章内容。

要素。这种信念体现为高职教育研究者和实践者共同体在哲学认识的高度上对高职学生学习基本问题的认识，是高职教育共同体进行学习研究和学习实践的指导思想、出发点。

高职院校学生情境学习范式的第二个结构要素是社会学层面的高职教育研究者和实践者共同体在其学习观和知识观等基本信念的指引下所形成和坚持的理论框架、理论取向等，用于指导高职学生的学习。这一层面是学习观和知识观的进一步体现，同时决定了高职学生学习理论与实践的不同形态。有什么样的学习观和知识观就会有什么样的理论取向。

高职院校学生情境学习范式的第三个结构要素是人工操作层面的关于高职院校学生怎样学习的操作模式，具体体现为相关的情境学习模式。这一层面是高职教育共同体学习观和知识观、情境学习理论等的具体化，一般表现为高职学生的情境学习模式。这种学习模式可以有不同的表现形式，但所包含的学习目标、主体、环境、活动、能力、评价与反馈这几个要素则是相同的，它们相辅相成，共同构成高职学生情境学习模式的基本内容，共同支撑模式的运行。

除每个层面包含的要素之外，高职院校学生情境学习范式结构的三个层面是互为关联的有机整体。其中，主客一体的情境认知学习观和知识观是高职学生情境学习范式的最高层，是该范式的指导思想，在其指引和统领下有与之相对应的情境学习理论、学习模式；情境学习理论是联结学习观、知识观与学生学习实践的桥梁，它将抽象的学习观、知识观外化为情境学习指导理论；情境学习模式位于底层的执行操作层面，具体负责学习观及其学习理论的落地实践，集中体现高职教育研究者和实践者共同体持有和坚持的学习观及学习理论的基本思想。三者是相互联系的有机整体。因此，分析高职院校学生情境学习范式也有两种思路：自上而下的分析和自下而上的分析。自上而下的分析是指从学习观入手，进行情境学习的理论界定，演绎其学习的基本模式；自下而上的分析是指从学习的具体操作模式入手，分析其背后坚持的学习的基本原理、学习观和知识观。

（三）高职院校学生情境学习范式的决定因素

依据上述对高职院校学生情境学习范式的基本结构界定看，学习观是关于学习的根本看法和基本信念，位于学习范式的哲学层面，是学习范式、情境学习范式的根本指导思想，它统领和指导高职学生情境学习的理论和实践，是高职学生情境学习范式的灵魂和根本所在。因此，有什么样的学习观就有什么样的学习范式形态，每一种高职学生的学习范式形态就是其相应的学习观的具体体现，是学习观的外化。基于此，学习观是高职院校学生情境学习范式的决定因素。

这种分析不仅适用于高职院校学生的学习，同样适用于普通学校学生的学习，且不论何种学习亦如此。简言之，学习观是学习范式的决定因素。但由于高职院校学生的学习不同于普通学校学生的学习，主要体现在学习内容上。高职院校学生不仅要学习一般知识，而且要学的专业知识占比更大；不仅要学习一般生活知识、科学理论知识，更要学习生产实践知识；在这些知识中，显性知识容易获得，更多的缄默知识则需要经过高职学生的体验和感悟获得。多重知识的获得才能加速高职学生技能、技艺的形成，促进高职学生学习智慧的生成。对高职院校学生知识的功用态度和偏好以及知识学习等行为中间接表现出来的对知识的看法，即知识观直接决定高职学生学习的内容，影响高职学生学习所使用的方法。

因此，相比而言，学习观是高职院校学生情境学习范式的直接决定因素，知识观是其间接决定因素。或者说，学习观是高职院校学生情境学习范式的决定因素，知识观是高职院校学生情境学习范式的受限因素。但高职院校学生学习范式转换的本质仍然是学习观的转变。

（四）高职院校学生情境学习范式的转换机理

从当前高职院校学生使用的学习范式转换到我们所构建的情境学习范式是需要满足范式转换条件的。从外部条件讲，高职院校学生学习范式间历时演变对新范式的产生提出了诉求，现存的高职院校学生学习范式内的共时冲突急需新的范式进行化解。信息时代的到来为高职学生的学习提供了更完善的条件，但后工业社会进入实质性阶段也对高职院校提出了新的需求。然而，高职院校学生现有学习范式存在低效问题，不适应新的发展需求，因此必须寻求新的学习范式。从内部条件看，主要体现在旧有的学习观遇到了危机。旧有学习范式导致高职院校学生的学习出现假性学习、表层学习、低效学习等现象，无法满足社会对高职院校提出的要求，人们开始反思、质疑这种学习范式。在新的学习信念的指引下，人们对学习有了新的认识，在这种新的学习理念的指引下，高职教育研究者和实践者积极进行探索，解决现实中的学习问题，促进学习范式的变革。

高职院校学生情境学习范式转换的本质是信念转变及其指引下的理论与模式的一体化革新，遵循范式转换的一般机理，如图3-4所示。在结构维度上体现为结构的一体化转变过程，一种是自上而下从理念到实践的转变：随着社会的发展、科技的进步和学习科学研究的进展，高职教育研究者开始确立新的、更符合高职教育的学习理念，对人类学的情境学习理论有了新的认识和界定，提出了基于工作情境的多种学习模式；另一种是自下而上的从实践到理念的转变：高职教育的一线实践者在指导学生学习的过程中，开始重新认识高职学生学习，探索提高学生职业能力、加强操作技能、促进知识获得的学习模式，分析其背后反映的学习理论，并进一步丰富和发展了位于顶层的学习观。

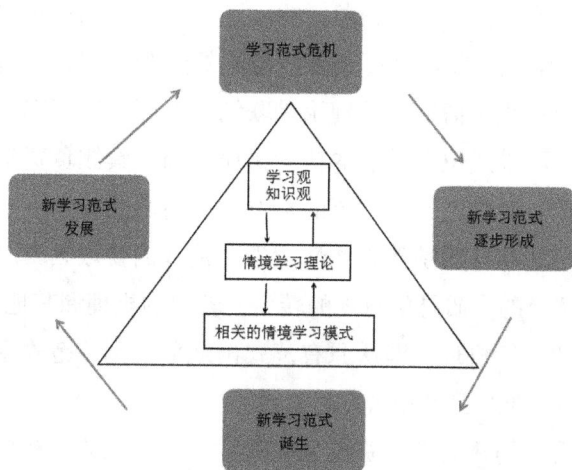

图3-4　高职院校学生情境学习范式的转换机理

本章小结

当前高职院校学生的学习范式面临诸多问题，严重影响着高职学生的学习与成长。但如若等待范式的自然转换，到建立新范式仍需一段时日。为避免高职院校学生受到原有学习范式较长时间的戕害，我们首先确立了构建新的高职院校学生学习范式的依据，在遵循托马斯·库恩的范式理论、我国高职教育的内在规律、高职学生的身心发展特征的基础上，构建适合高职院校学生学习使用的情境学习范式。

根据托马斯·库恩范式理论的基本结构，高职院校学生情境学习范式的基本结构由起顶层指引作用的哲学层、起中间衔接作用的社会学层和起底层支撑作用的人工操作层三个层面构成。高职院校学生情境学习范式的哲学层面是指高职教育研究者和实践者共同体的共同信念，即发展于建构主义学习观的主客一体的情境认知学习观和知识观；其社会学层面是指共同体在其共同信念指引下所形成的或认可的关于高职学生学习的情境学习理论、学派等；其人工操作层面是指相关的情境学习模式，这种学习模式可以有不同的表现形式，但都包含学习目标、学习主体、学习环境、学习活动、学习能力、学习评价与反馈等几个要素。

高职院校学生情境学习范式结构的三个层面是互为关联的有机整体，有着相辅相成、互为一体的关系，共同构成了一个稳定的三角状结构图层。其中，主客一体的情境认知学习观和知识观是高职学生情境学习范式的最高层，是该范式的指导思想；情境学习理论是联结学习观、知识观与学生学习实践的桥梁；情境学习模式位于底层的执行操作层面，具体负责学习观及其学习理论的落地实践。其中，位于顶层的学习观是高职院校学生情境学习范式的决定因素，知识观是高职院校学生情境学习范式的受限因素。高职院校学生情境学习范式转换的本质是学习观的转变，转换的机理和其他学习范式一样，遵循范式转换的一般机理，即从原有范式出现危机到新范式逐渐形成，再到新范式正式诞生，最后到新范式获得发展。

从形式上看，构建的高职院校学生情境学习范式的结构框架与库恩自然科学的范式框架是一致的，但它绝不是库恩自然科学范式的翻版。因为高职教育与学习的人文性、实践性、社会性和自然科学的性质不同，这决定了高职院校学生情境学习范式有着完全不同于库恩自然科学范式的内涵。

第四章 高职院校学生情境学习范式阐释
——基本内涵

从表面上看，所构建的高职院校学生情境学习范式的基本结构框架与库恩自然科学的范式框架是一致的，但它绝不是库恩自然科学范式的翻版；与其他学习范式的结构框架是相同的，但它绝不是对其他学习范式的照搬。因为高职教育与学习既具有人文社会科学的性质，又具有实践科学的性质，这一性质与研究自然现象、发现和揭示自然规律的自然科学的性质完全不同，自然高职院校学生情境学习范式与库恩的范式的内涵就会完全不同。同样，由于高职教育具有不同于其他教育的专业性、实践性、社会性等本体性特征，高职学生的学习也有别于其他类型和层次学校学生的学习，但都是学习范式，所以情境学习范式的基本结构沿袭学习范式的结构框架，与其他学习范式的基本结构相同，但在内涵上则完全不同。

在构建高职院校学生情境学习范式，从三个层面建构其基本框架时，已对高职学生原有学习范式的三个层面分别做了分析，并指出了每种学习范式在每个层面上存在的弊端，以及导致的危害，同时提出了所构建的情境学习范式三个层面的所指。下面将在解开情境学习范式中"情境"之谜后，详细阐释情境学习范式三个层面的具体内涵。

一、高职院校学生情境学习范式的"情境"之解

把为高职院校学生新构建的学习范式称之为"情境学习范式"，既是承袭了"行为主义学习范式""认知主义学习范式"和"行动学习范式"的传统，因为新范式的主要理论基础是情境学习理论，也是源于"情境"二字能直观

表达出新的学习范式所坚持的价值取向、所倡导的学习理念。如此一来，"情境"二字就身负重任。因此，在对情境学习范式三个层面的具体内涵进行阐释之前，必须先解"情境"二字之意，辨析"情境"与"情景"、"学习情境"与"学习情景"之异同，分析高职院校学生学习对情境的特殊要求，进而说明高职院校学生情境学习范式中的情境所指，划定本书中情境的边界。

（一）情境与情景之辨

最难与"情境"相区分的就是"情景"了。虽有一字之差，区别却很大。

从构成字的角度看，两者都包含一个相同的"情"字，"情"既有表示客观的"情况、情形、实情"等意义，又有表示主观的"感情、情义、情趣"[①]等意义以及由外界事物所引起的喜、怒、爱、憎、哀、惧等心理状态。两者所不同的地方在于后一个字。"情景"中的"景"，既有表示时间存在的"时光、光景、戏剧中的一幕"等含义，又有表示空间存在的"景致、景物、景观"等含义，且还有"景象、景况、年景"等表达主观对客观的观察含义；"情境"中的"境"，则除了表示与"景"相同的"景象、景物、景（境）况"外，还表示地理空间的"疆界、边界"等意义，且尤指表示由客观而升至主观的如"境遇、境界"[②]等认识意义或精神意义。

从合成词的角度看，情景一般指"情形、景象"，与英语中的"circumstance"一词对应。此外，情景还包含"感情和景色"[③]的意思，对应英语中的 feeling and scenery，含有情景交融之意。情境则一般指"情况、境遇、境地"，在一定时间内各种情况的相对的或结合的境况，与英语"situation"对应，包括戏剧情境、教学情境、社会情境、学习情境等，因此情境既包含主观的"情"和客观的"境"，也包含由"情"萌生的主观的"境"之意，与英语中的 feeling and context 对应。

从形式上看，情景倾向于微观，情境倾向于宏观。情景包含的信息量较小，多数指现实生活中的一个实景片段，是对某一处景物、某一个场景的描述，是可以游离于主体间而存在的。相反，情境则包容大量的信息，既可源自现实，

---

① 商务印书馆研究中心.古今汉语词典［Z］.北京：商务印书馆，2007：511.
② 商务印书馆研究中心.古今汉语词典［Z］.北京：商务印书馆，2007：301-305.
③ 姜大源.职业教育：情景与情境辨［J］.中国职业技术教育，2008（25）：1.

也可源自建构，是主观与客观的统一。在一个情境中，不仅包含客观存在的环境、多种实物等，也包含主体面对此产生的丰富情感，甚至包含这种环境下所隐含的氛围，如寂寞、热烈、友好等，它们相互交融、糅合存在于一个情境之中。

从内涵来看，情景相对单一，情境相对复合。[①] 因为"情景"中的"景"是具体的、直观的，即某一特定时空下的具体情形，具有较为稳定的静态性；而"情境"中的"境"则指包含了相互交织的情景中的多种因素，概括了某一段时间和某一空间下的诸多具体情形，并因因素、情形等的变化产生动态变化，因此具有复杂性、过程性、动态性等特征。所以，情境比情景丰富、复杂就不足为奇了。

通过以上四个角度对"情境"与"情景"的辨析可看出，情景侧重于指那些客观存在或依据客观而主观创设的"景"，是一种客体对主体产生刺激的现象，突出强调视觉效果和艺术色彩，凸显显性的表征，具有触景生情的功能；情境侧重于指那些更为广泛、宏观的客观环境、氛围，且强调由此升华形成的主观感受，凸显显性和隐性双重表征，具有身临其境的特征。在情景中，主体的我可有可无，景可在主体间游离；在情境中，主体的我则是必不可少的，境必须由我主。这就是说，情景与情境的区别在于"无我而在"和"有我而在"。这意味着，"有我"的"景"才能成为"境"，"无我"的"境"只能蜕变为"景"；"境"中有"景"，情景包含于情境中，情景服务于情境，而情境依赖于情景而存在。[②]在宏观的、复合的、复杂的情境中特别突出"我"的存在，强调人的主体性。

（二）学习情境与学习情景之辨

学习情景是情景的下位概念，依据情景的含义，学习情景是指时间跨度较短、活动空间较小的教学活动场景，在这种场景中开展的学习活动难度较低、涉及的要素比较少，如某堂课、针对某个具体问题进行的学习。学习情境是情境的下位概念，依据情境的含义，学习情境则是指时间跨度比较长、活动空间比较大的教学活动场景，在这样的场景下开展的学习活动难度比较大、

① 姜大源.职业教育要义［M］.北京：北京师范大学出版社，2017：185.
② 姜大源.职业教育：情景与情境辨［J］.中国职业技术教育，2008（25）：1.

涉及的要素比较多，如理论类的单元教学设计下的学习，实践类的较大型项目、案例等教学设计下的学习等。此外，由于情景与情境有"无我而在"和"有我而在"的区别，所以学习情景更强调"先于主体的'我'而生"的外部构成的静态的"景"，通过教师设计的外在的"景"来激发学生的学习兴趣，是一种被动的"他激"过程；而学习情境则是"且与主体的'我'共生"的内部生成的动态的"境"，即通过教师创设和学生内生的"境"来生成学生的学习动机，是一种主动的"自激"过程。[1] 由此看来，"学习情景"与"学习情境"的最大区别在于被动与主动。从一定程度上讲，在"学习情景"中加入主动的成分就可转变为"学习情境"，"学习情境"中蕴含着"学习情景"。教师在为学生创设学习情境时，需要比为学生设计学习情景时考虑更多、更全面的因素。在教学中，"学习情景"更多地体现为"教师引进门"，而"学习情境"则体现为"修行在个人"，强调学生自主发挥学习主动性。

（三）高职院校学生的学习情境之特

学习是一个参与情境的过程，一说到学习情境，人们首先想到的就是课堂、校园。但对个体来讲，有效的学习情境绝不只有课堂情境、学校情境，还有工作情境、生活情境、社会情境等。

普通学校学生的学习情境主要是课堂情境和学校情境。课堂情境是学校情境的核心，诸多的课堂情境构成了学生开展学习活动的学校情境的主体。课堂情境一般由每堂课的教师根据教学内容进行创设，以唤起学生的学习兴趣，激发探究知识的欲望。较课堂情境而言，在学校情境中，学生学习的场域变大，学习的内容增加，除了课堂上要掌握的知识，学生还要学会自主学习，在特定的校园文化中，学着遵守学生守则，遵从学校的规定，学会与同伴、老师等人相处等。也就是说，在课堂、学校这样的特定情境中，学生只能够学会求知（learning to know）、学会共处（learning to live together）（且这两个"学会"也并非全面），对于 21 世纪教育的四大支柱中的学会做事（learning to do）和学会做人（learning to be）则很难实现。

高职院校要把学生培养成高素质的技术技能型人才，技术技能的学习是

---

① 姜大源 . 职业教育要义［M］. 北京：北京师范大学出版社，2017：187.

高职院校学生和其他普通学校学生学习的区别所在。所以高职院校学生的学习情境除了课堂情境、学校情境之外，还有习得技能所需的情境。这种情境既有像实训基地这样的模拟情境，又有学生参加实习时所处的真实的工作情境，还有为避免影响正常生产、节省成本、提高安全性、增强学习效果利用高科技手段和现代信息技术创设的虚拟情境。但不论是模拟情境还是虚拟情境，其都是为了给学生尽可能地提供逼近真实的工作情境，所以可以说，工作情境是高职院校学生特有的学习情境。在真实的工作情境中，学生在教师或技术人员的组织指导下，参与一定的实际工作或生产操作，借以掌握相关技术、技能和综合运用于实践的知识，将知行结合起来，逐步养成良好的职业道德规范和职业行为习惯，树立自己的职业理想，同时学会与工作伙伴、师傅（教师）等相关人员相处，建立良好的工作关系。

（四）高职院校学生情境学习范式中的情境之指

高职院校学生学习的情境有课堂情境、学校情境以及模拟的、虚拟的、真实的工作情境。那么，本书所构建的高职院校学生情境学习范式中的情境到底指的是什么样的学习情境？这就需要根据高职教育的特征和高职学校学生学习的状况再认识各种学习情境的价值。

学校为学生提供的课堂情境、学校情境旨在将"客观"的、科学的、系统的学科知识输入学生头脑中，注重获得普遍认可的知识和经验，追求简约性和清晰性，解决的是认知范畴的问题，更多的是一种"心智工作"（mental work），最终通过纸笔测验定输赢，以获得他人知识的成果为目标和检验的标准，追求的是一种交换价值。

在工作情境中，学生学习的是专业技术、技能以及境脉化的推理能力，为解决问题而必须面对现实的复杂性，并需要在解决实际问题中发现独特的方法，涉及的是应用范畴的东西，生成的是实践智慧、意义和身份，最终通过会做不会做决胜负，即以问题的解决为目标和检验的标准，追求的是一种实用价值，培养学生成事的品质。

除此之外，我们还忽略了一个重要的学习情境，那就是生活情境。生活是每一个人都要回归的地方，是一个充满学问的情境。在生活情境中，学生学习的是生活常识，涉及的是做人的东西，接受的是公民教育、完人教育，生成的是生活智慧，考量的看似是行为表现，实则是潜藏于人深处的人品、人格、人性，追求的是一种终极价值，培养的是学生成人的品质。

正如诸多学者指出的那样，学生通过学校教育和学习，即课堂情境和学校情境获得的是惰性的知识与不扎实的技能。知识只有在具体的情境中才具有生命力，脱离特定的情境，知识就是死的。高职学生学习的知识更是情境化的，因此其学习多数是"场依存型"的，必须亲临在场、真实地卷入情境中才能学好。[1]对于技能而言，更是如此。高职院校学生不仅要掌握专业理论知识，更重要的是习得实际操作技能，锻炼职业实践能力。为此，高职院校都会安排学生进行实习，实习成为培养技术技能型人才的重要手段。但现实中，实习的效果并不尽如人意，多数停留于走过场、走形式，存在假实习、见而不习、观而不摩的现象。

学习是一个参与情境的过程，知识和技能通常是在个体运用知识和技能的"情境"中获得的。要符合高职教育的特点，改善高职学生当前的学习状况，为用人单位培养出他们希望招到的"招之即来，来即能干，干即干好"的学生，就必须摆脱当前只有课堂情境和学校情境（或以课堂情境和学校情境为主）的学习情境，将学生的学习置于一个工作情境中。让学生在工作情境中，熟悉工作环境，掌握岗位工作程序，了解岗位工作中的困难和问题，寻找完成工作任务、创造新的岗位业绩的途径，习得专业技术技能，同时通过在实际工作岗位上亲身接触经营管理、人际关系、法律规则、劳动纪律等，形成职业习惯，获得职业经验，建构职业身份和意义。所以，高职院校学生情境学习范式中的情境首先指的就是这样的工作情境。但对于一些特殊专业、危险性较高的岗位，一味地把学生完全置于工作情境中则是不理智的行为，这就需要充分利用现代科技，创设模仿真实工作情境的虚拟情境，让学生在这种模仿现实，但又加强现实的情境中学习。

然而，正如前文所述，不论是课堂情境、学校情境还是工作情境，高职院校学生作为一个个体的人存在，终究是要回归于生活情境中。只有在生活情境中，才能帮助学生实现成事和成人的双重目标，才能真实做到知行合一，才能实现人生的终极价值。但这是一个短期内无法完成的研究。就高职教育

---

① 张健.高等职业教育整合论［M］.北京：教育科学出版社，2015：74.

的特点和高职院校学生的学习而言，本书并不完全放弃致力于认知范畴的、旨在促进学生学科知识学习的课堂情境、学校情境，而是首要着力于工作情境，其次倡导从现在的课堂情境、学校情境为主的学习情境走向工作情境，并逐步融入生活情境。所以，高职院校学生情境学习范式中的情境首先指向的是工作情境，既包括真实的工作情境，也包括模拟的、虚拟的工作情境。

二、高职院校学生情境学习范式之哲学层面的阐释

高职院校学生情境学习范式的第一个层面就是具有顶层指引作用的哲学层，即从哲学的视角来考察学习观和知识观。之所以如此，一是因为这样能全面深刻地认识学习的本质，反思现实中学习异化的现象，正如桑新民教授所言："现实中学习的复杂性和异化问题需要在哲学层面上厘清"，从而祛除人们对学习的"刻板印象"，还学习本来面目，进而真正认识高职院校学生学习的特点，理解领会情境学习范式下的学习观和知识观；二是因为研究高职院校学生的学习定然绕不开学习心理学，而从西方学者的视角来看，其在本质上是哲学认识论的体现。从哲学认识论的角度出发，可帮我们认清主客二分认识论下的中心学习观的弊病，进一步认识高职院校学生情境学习范式所秉持的主客一体的情境学习观和与之对应的主客互动的实践知识观。

（一）摒弃主客二分的中心学习观

在哲学视野中，主体与客体是用以说明人的实践活动和认识活动的一对哲学范畴，主体指实践活动和认识活动的承担者，客体指主体实践活动和认识活动的对象。在人类历史的长河中，对于主客体关系的认识经历了从基于主客二分的客观主义、主观主义认识论，到基于主客一体认识论的发展历程。[①] 在主客二分认识论中，主体与客体是相互独立的，甚至是对立的，于是产生了主体符合客体的客观主义和客体符合主体的主观主义。这两种认识都是中心取向的，即以客体为中心或以主体为中心。

客观主义过于关注知识的客观性、普遍性，认为知识是经过验证了的对

① 贾巍.学习观视野下的教师网络学习范式研究［M］.北京：中国社会科学出版社，2016：74.

客观事物的唯一正确的解释,忽视了人的经验、情感等。由此一来,客观主义视野下的学习观在为何而学习的层面必然出现这样一种取向,即学习的主要动机是掌握客观世界知识,基于一种工具价值取向,学习以掌握科学知识为主,不关注人的情感、态度与价值观,导致了学习的人文精神危机。客观主义视野下的学习观在学习什么的层面表现为"客观主义知识观,实质上就是科学知识观,在其影响下,实践知识被排除在学校课程以外"①,科学知识体系成为学校教育的主要课程内容,个体知识、经验知识被排除在外。客观主义视野下的学习观在如何学习层面倡导呈现-接受式的学习方式,即学习就是教师呈现现成的知识,学生无须交往、互动,只要全盘接受即可。从哲学认识论的角度看,高职院校学生过去使用的行为主义学习范式下持有的注重刺激-反应联结的行为主义学习观和认知主义学习范式下注重信息输入-储存-提取的信息加工观都是典型的客观主义认识论。长期以来持有客观主义中心学习观,使得"教育总是把学生当作不成熟的人甚至当作非人来看待,于是产生机械训练式的教育,甚至动物训练式的教育,造成大量违背教育规律和僭越学习者生命的现象产生"②,这不仅不利于高职院校学生技能的习得,职业能力的培养,还压抑了高职院校学生的个性,导致厌学的产生,主体的丧失。

主观主义批判客观主义对外在客观实在的强调和对人的忽视与弱化,提出作为主体的人自身的存在、地位和价值等是哲学要研究的根本问题,把认识的视线从客观世界转向人的主观世界,认为认识对象与认识者的价值观念密不可分,强调客体对主体的符合。在关于知识的认识上,主观主义反对知识的客观、普遍和价值中立,认为知识是主观的、是特定社会和文化境遇的产物,具有价值特性,突出人在知识的生产与传播过程中的作用。主观主义视野下的学习观在为何而学习的层面上完全不同于客观主义,认为学习不是为了追求知识的获得,而是为了人的内在发展、情感体验、精神满足等;在学习什么的问题上,重视和强调人文知识、本土知识与个体知识的学习;在如何学习的问题上,主观主义视野中的学习反对被动地接收,强调主观理解、

---

① 徐国庆.职业教育课程、教学与教师[M].上海:上海教育出版社,2016:81.
② 陈理宣.知识教育论——基于多学科视域的知识观与知识教育理论研究[M].北京:人民出版社,2011:212.

诠释与自主建构，"讨论、体验、理解、反思、交流、对话"①等是学习的主要方式。主观主义中心学习观批判、解构了客观主义中心学习观，但却丢掉了客观主义学习观中的合理成分，走向了客观主义的另一个极端，导致其成了无根的浮萍，陷入了主观唯心主义的泥沼，很难在现实中行得通，无法真正指导学习实践，对于指导注重技术技能锻炼的高职院校学生的学习更是"力不从心"。因此，高职院校学生情境学习范式在哲学层面上毅然决然地放弃了主客二分的认识论，摒弃主客二分的以任何一方为中心的学习观，坚持主客一体的互动生成认识论。

（二）秉持主客一体的情境学习观

高职院校学生情境学习范式在哲学层面上秉持的学习观属于主客一体互动生成认识论，是基于主客一体的情境学习观，即学习是在真实或类似真实的情境中，学习者作为主体通过参与作为客体的真实或仿真的任务活动，在活动过程中，学习者将新的认识和经验与已有的知识经验相联系，同时在与其他个人、周围环境的交互作用中使知识情境化、条件化、内化，促进自身理解与建构，且对共同体中成员的行为、态度、认知、思维、情感和价值观都产生积极影响的一种有效学习方式。②这种学习观认为脱离个体生活的真实环境和一定的社会文化背景即"境遇"来谈学习是毫无意义的，学习需要社会中不同成员之间的交互与合作，是"情境、文化和学习活动的共同功能"③。这种观点与联合国教科文组织在《反思教育》中倡导的未来应持有的学习观，即"学习既是过程，也是这个过程的结果；既是手段，也是目的；既是个人行为，也是集体努力；学习是由环境决定的多方面的现实存在"相一致④，突出强调学习的过程性、集体性、多样性和情境性。

基于主客一体的情境学习观在为何而学习的层面上主张高职院校学生学

---

① 石中英. 知识转型与教育改革 [M]. 北京：教育科学出版社，2001：316.

② 梁影，倪其育. 基于情境学习理论的学习环境设计原则 [J]. 扬州大学学报（高教研究版），2009，13（01）：84.

③ 梁影，倪其育. 基于情境学习理论的学习环境设计原则 [J]. 扬州大学学报（高教研究版），2009，13（01）：83.

④ 联合国教科文组织. 反思教育：向"全球共同利益"的理念转变？[R]. 法国：联合国教科文组织，2015：16.

习是植根于情境之中的知识、技能、人文的统一，表现为两点：第一，既注重在课堂情境、学校情境中对高职学生专业知识的传授与实训实习等工作情境中对专业技能的培养，也重视在工作情境、生活情境中对学生生存、生命的关注，重视对其职业身份、职业信念、人格、工匠精神等的熏陶与培养。第二，既注重高职学生专业基本知识的掌握，更注重其迁移能力、解决问题能力、应对突发事件能力以及批判意识和合作意识的发展。高职院校学生未来将在充满复杂性和不确定性的环境中工作，因此他们现在的学习不应为了灌输知识、训练技能，这些在不久的人工智能社会中都可以交由机器人承担，而应让他们通过在各种情境中参与实践，释放活力、激活思维、启发思考、激发创造力，培育出能够应对未来多变、复杂、智能工作场境的具有极强综合能力的高职人才。

基于主客一体的情境学习观在学习什么的层面上倡导专业理论知识、专业技术技能知识、专家知识、个体知识、本土知识、信息技术知识等的综合化。专业理论知识和专家知识是职业教育专家长期研究的产物，具有系统性，能为学生的实践提供方向指引，但缺乏针对性和境遇性。学生的个体知识是其经验、实践的总结，具有针对性和情境性，但却是零散的、缄默的、个性的，如果指导得当，可以促进其发展成为学生的绝技和智慧。人文知识是精神引领与意义界定的知识。本土知识是喜闻乐见、容易接受的"草根"知识，但只有学生深入情境、加入共同体、参与当地实践才能获得。信息技术知识是信息时代学生的必备知识，是信息化、现代化的操作设备和工作环境对学生知识结构提出的新要求，但这对现今以出生于 2000 年左右为主的高职学生来说并不是难事，他们对此天生具有拥抱的态度。

基于主客一体的情境学习观在如何学习的层面上强调在情境参与中互动生成。首先是在情境中的学习。脱离情境进行的教育和学习，最终获得的是惰性的知识与不扎实的技能。只有存在于生活场境、问题情境中的知识才具有生命力。高职院校学生的学习是在主体与情境化的客体相互作用的过程中进行建构和习得的。其次是互动生成新的知识与技能。高职学生情境学习的实践共同体由教师（师傅）、同伴（其他工作人员）等组成，共同体中所有成员都是具有独立行为能力的平等主体，他们之间具有主体间平等交流、对话的互动生成的关系。学生的知识和技能正是在互动交流中生成的。

总而言之，高职院校学生情境学习范式在哲学层面上秉持的是一种基于主客一体的情境学习观，即强调学习是植根于情境之中的个体参与实践的主体与客体互动的社会协商。

（三）兼有主客互动的实践知识观

高职院校学生情境学习范式在哲学层面上秉持主客一体的情境学习观，兼有基于主客一体互动认识论的实践知识观，这种知识观在实践上源于高职院校学生学习内容的特殊性，在理论上基于波兰尼（Polanyi，M.）的缄默（隐性）知识观和威廉姆斯（Williams）的情境主义知识观。

高职院校学生学习的内容不仅包括一般知识，还包括专业知识以及一些心理学上所称的产生式规则，此外还有最具特殊性的专业知识。这种特殊性的专业知识是学生未来从事某一职业活动时必须具备的知识，多体现为生产经验、操作技能、技艺，是一种特殊的行动性知识。专业知识是一个人谋求职业、获得物质生存资料，获得精神意义和自我实现的主要途径；而一般知识则是一个人社会化生活的重要途径，旨在提高人的修养，使人的生活更加充实丰富而富有情趣，能够调节职业活动中枯燥、乏味、劳累的感觉与情绪，为职业活动增添活力。高职院校学生不仅要学习一般知识、专业知识，为成为一名技术技能型人才还需学习产生式规则。所谓产生式规则，是指某种技能的行为过程及规则的知识心理存储形式，某些复杂技能需要多种规则才能完成，这种复杂技能知识的存储就表现为一个产生式规则系统。产生式规则中既有认知成分的知识，也有自动化成分的知识。[①]

此外，从知识的结构形式来说，即根据反映对象的思维形式不同，知识可分为科学理论知识、生产实践知识和一般生活知识三种基本结构形式。一个人处于科学研究情境还是生产实践情境、一般生活情境，其对待客观世界对象或社会对象、个人对象所用的知识及其结构形式是不同的。[②] 高职院校学生学习的知识以实践结构形式的知识为主。这类知识指向具体操作，通常以

① 陈理宣. 知识教育论——基于多学科视域的知识观与知识教育理论研究［M］. 北京：人民出版社，2011：245.
② 陈理宣. 知识教育论——基于多学科视域的知识观与知识教育理论研究［M］. 北京：人民出版社，2011：297.

通俗的语言表达，组织结构以操作过程为顺序，如工程施工、设计图纸、机器操作技术等知识。它是解决作为行为的程序性和规范性知识，其目的在于解决实践中"做什么"和"怎么做"等问题。

很多实践结构形式的知识是无法通过教材、文字、符号等可见的形式表达出来的，属于隐性知识，但却在人的思维与行动中发挥着重要作用。英国的波兰尼（Polanyi，M.）对此有详细论述："人类有两种知识，通常所说的知识是用书面文字来表达的，还有一种知识是不能系统表达的，例如有关自己行为的某种知识，如果将前一种知识称为显性知识，后一种知识则可称为缄默知识"[1]。高职院校学生要学习的很多知识都属于隐性知识，要习得的技能也是无法用语言符号表现出来的知识。多数技能是个体主体的劳动创造能力，它不是机械性操作的能力，而是体现在技艺中凭借经验和规律领悟所获得的缄默知识。就比如庖丁解牛的过程，庖丁与自己的刀和牛的经络等联系在一起的体验是不可言传的知识，然而我们又不可能说这里面没有对劳动工具和劳动对象的认识，甚至我们可以说是一种整体的把握和领悟。但是，这种知识只能与主体个体联系在一起，绝对不可以分离，也绝对不可能用概念表达出来传授给别人，其他人如果要获得这种知识，就必须通过劳动对劳动工具和劳动对象以及同自身统一在一起的场境进行领悟。[2]

因此，很多缄默知识都是依赖于境遇或与境遇有关的，不具有 $2 \times 2 = 4$ 这样的知识的客观性和可言表性。要恢复知识的意义，就需要"致力于在学习过程中将知识与知识得以产生和应用的情境加以关联，努力让学习者在探究、解决问题的过程中产生知识，并建立关联"。[3]

霍普金斯大学威廉姆斯（Williams）的情境主义知识观为此作了更好的诠释。他认为"知识总是来自一个情境脉络，这个情境脉络由一个复杂的通常是非常默会的进行赋权的背景所建制"[4]。同时，知识总是和认知者相关，与其在特定情境中的求知过程相连，因此，知识总是包括认知者对知识的渴求、

① Polanyi，M. The study of man [M].London：Routledge & Kegan Paul，1957：12.
② 陈理宣.知识教育论——基于多学科视域的知识观与知识教育理论研究 [M].北京：人民出版社，2011：127.
③ 郑太年.学校学习的反思与重构——知识意义的视角 [M].上海：上海教育出版社，2006：82.
④ 郑太年.学校学习的反思与重构——知识意义的视角 [M].上海：上海教育出版社，2006：30.

对知识的建构与理解以及所有这一切发生的情境脉络。[①]

　　既然高职院校学生所要学习的知识具有以上所述的情境性、缄默性、实践性等复杂特征，那么我们所构建的高职院校学生情境学习范式在哲学层面上就应该兼有基于主客一体互动认识论的实践知识观。这种知识观强调知识是基于社会情境的一种主体客体化和客体主体化的实践活动；是在主体与客体之间的互动中生成的，而不是对头脑的灌输；只有在情境中进行知识实践才能获得丰富的缄默知识。因此，知识的情境化尤为重要。[②] 在高职院校学生学习的过程中，把知识情境化不仅仅是为了提高知识习得的效率，还能够使知识的内涵丰富地呈现在学生面前。

　　概而言之，高职院校学生情境学习范式在哲学层面上兼有的主客互动的实践知识观认为，知识具有情境性、默会性、生成性、实践性等特征，要想高效地获取知识就需要对知识进行情境化处理。

三、高职院校学生情境学习范式之社会学层面的阐释

　　高职院校学生情境学习范式的第二个层面是具有中层衔接作用的社会学层，即高职教育研究者和实践者共同体在其学习观、知识观的基本信念指引下所形成的或认可的关于高职学生学习的理论框架、理论取向等，解决的是学生学习理论问题，用于指导高职院校学生的学习实践。主要包括两大方面：一是理论基础。这一方面是对学习观和知识观的进一步体现，是对哲学层面的学习观和知识观的反映，是开展高职院校学生学习时所坚持的学习理论，根据前文高职院校学生情境学习范式之哲学层面的阐释，高职院校学生学习时所坚持的学习理论为情境学习理论。二是基础理论。这是关于如何设计高职院校学生学习的基本原理，为高职院校学生情境学习范式的实践提供理论指导，主要指阐明高职院校学生学习认知性知识的原理的认知灵活性理论。

---

① ［美］雷纳特·凯恩，杰弗里·凯恩.创设联结：教学与人脑［M］.吕林海，译.上海：华东师范大学出版社，2004：总序 10.

② 所谓知识的情境化，是指在学生学习的过程中有意识地引入或创设一定的情境，把知识转化为与知识产生或运用的情境具有相似性结构的组织形式，让学生参与、体验类似知识产生或运用过程的情境，从而直观地理解知识或发现问题乃至创造知识。——引自陈理宣.知识教育论——基于多学科视域的知识观与知识教育理论研究［M］.北京：人民出版社，2011：306-307.

（一）理论基础：情境学习理论

在行为主义学习理论的指导下，学习是一种"刺激－反应"联结，导致高职院校学生学习趋于机械化；在认知主义学习理论的指导下，学习是获得由符号化的心理表征组成的知识，是信息输入－储存－提取的过程，导致高职院校学生学习狭窄化；在行动调节理论的指导下，学习是完成"资讯、计划、决策、实施、检查、评价"这一完整序列的行动过程，导致高职院校学生学习浅层化。随着社会的发展、学习科学研究的深入以及技术手段的改进，这些理论都逐渐无法指导高职院校学生的学习。学术界方兴未艾的情境化运动越来越受到研究者们的关注。我们所构建的高职院校学生情境学习范式在社会学层面的理论基础就是这一运动的核心理论——情境学习理论，该理论对高职院校学生当前及未来的学习具有重要的指导作用。

在本书的理论基础部分已对情境学习理论作了详细的介绍，此处不再做过多的论述。但因学习范式在社会学层面发挥的是中间衔接作用，所以为对照情境学习范式哲学层面上坚持的情境学习观和实践知识观，此处总结了情境学习理论的关键观点（见表4-1），以分析情境学习范式在社会学层面上所依据的情境学习理论对学习与知识的理解。并在此基础上，通过重点区分情境学习与传统学习的不同，进一步理解和体味情境学习理论这一理论基础，从而确定情境学习范式在人工操作层面包含的内容。

表 4-1　情境学习理论的关键观点 [1]

关键词	关键点
情境脉络中的学习	思维和学习只有在特定的情境中才有意义。所有的思维、学习和认知都是处在特定的情境脉络中的，不存在非情境化的学习
实践共同体	人们在实践共同体中行动和建构意义。这些共同体是意义的有力的储存处和传递者，并使行动合法化。共同体建构和定义了适当的对话实践
作为积极参与的学习	从属于和参与实践共同体的角度去看学习。学习被看作是与他人、工具和物质世界互动的辩证过程。要理解学到了什么就要看在活动境脉中是如何学习的
行动中的知识	知识存在于个体和群体的行动中。随着个人参与到新的情境中并在新情境中进行协商，知识产生了。知识和能力的发展，就像语言的发展，发生于真实情境中不断进行的利用知识的活动中

[1]　参考改编自"戴维·H·乔纳森.学习环境的理论基础［M］.郑太年，任友群，译.上海：华东师范大学出版社，2002：66."对情境认知的关键观点的总结。

续表

关键词	关键点
历史	情境在历史脉络中才有意义，包括了过去的经验和参与者之间的互动，以及预期的需要和事件
互动主义	正如情境造就个体的认知，个体的思维和行动也造就着情境
身份和自我的建构	人们的自我观念是一个建构出来的东西，它有许多用处，它是一个持续前进的身份，把自己和别人区分开来，又归属于一个群体。人们有多种身份，它们可以作为思维和行动的工具

情境学习理论认为，学习是一种情境性的活动，是"实践共同体中合法的边缘性参与"。在实践共同体中，学习者都是沿着"旁观者→参与者→熟练实践的示范者"的轨迹发展，从"合法的边缘性参与者"逐步成为"实践共同体的核心成员"。因此，学习的本质是个体参与实践，是个体与他人、环境，与群体合作、互动的过程。莱夫和温格强调学习同其发生的情境紧密相连，人类学习的重要形式是特定形式的社会性合作参与。这种学习观引发了几个方面的转变，一是通过这种学习获得的知识和技能具有高度的交互性和生产性；二是学习发生在参与过程中，学习活动分布在合作参与者之间。"学习总是嵌入在一个社会性的情境之中的，该情境激发了学习且设定了学习的框架"[①]。

情境学习理论对知识进行了新的界定，认为知识是一种高度基于情境的实践活动，是个体在与环境作用中建构的一种交互状态，是个人和社会情境之间联系的属性及互动的产物。该理论将学习研究的焦点移至实践共同体中学习者社会参与的特征，从而将参与视作学习的关键部分。

从情境学习理论对学习和知识的界定可以看出，情境学习与传统学习在学习目的、知识论、心智论、学习过程、影响学习的因素等方面存在巨大差异。行为学派倾向于从行为、技能的获得来看学习，认知学派倾向于从概念理解、记忆和认知的增长来看学习。情境学习则倾向于从更有效地参与探究和对话的实践来看学习，特别重视学习的情境性、社会性、实践性。这些实践包括概念意义、身份的建构和技能的使用。正如赫施巴赫所说："技术知识

---

① ［丹麦］克努兹·伊列雷斯.我们如何学习：全视角学习理论［M］.孙玫璐，译.北京：教育科学出版社，2014：20.

在本质上是与活动紧密联系的,是情境的"[①]。高职院校学生学习是以实践知识、技术知识为主的,在建构这些知识的同时还要习得技能,建构职业身份。因此,情境学习恰好为高职院校学生放弃行为主义学习范式和认知主义学习范式,选择情境学习范式提供了理论依据。

虽然情境学习理论为弥补正规学校教育与真实情境生活之间的差距提供了可参考的理论框架,是高职院校学生情境学习范式的理论基础,但对于如何开展情境学习实践尚缺乏足够的理论指导。因此,需要相关的基础理论为学习实践中如何设计高职院校学生学习,创设适合高职院校学生学习的真实或仿真的工作情境以及开展情境学习实践提供指导。

(二)基础理论:认知灵活性理论

斯皮罗(R.J.Spiro)等提出的认知灵活性理论(cognitive flexibility theory),重点解释了如何通过多维理解的深化促进知识的灵活迁移,是指导高职院校学生情境学习范式使用的基础理论。

认知灵活理论反对传统的机械学习,主张在提供建构理解所需的基础的同时,留出广阔的建构空间,让学生针对具体情境采取恰当策略。该理论认为知识可以分为两种,一种是有规律可循的、可以直接套用的结构良好领域的知识(well-structure domain knowledge),一种是没有确定规律的,需要结合问题情境,建构新的理解方式和解决方案的结构不良领域的知识(ill-structure domain knowledge)。高职院校学生在课堂情境、学校情境中学到的知识大多数都属于结构良好领域的知识,但在其走向工作岗位后遇到的问题则多数是结构不良领域的问题,使用学校学到的结构良好领域的知识是很难解决的,需要他们根据具体的情境,采取适当的策略,设计新的解决方案。

据此,斯皮罗等人将学习分为两种:初级知识的获得(introductory knowledge acquisition)与高级知识的获得(advanced knowledge acquisition)。前者主要涉及结构良好领域的知识,后者主要涉及结构不良领域的问题。

乔纳生(D.H.Jonassen)在此基础上提出了知识获得的三阶段:初级知识获得、高级知识获得和专门知识学习。在初级阶段,学生主要涉及结构良好

---

① 徐国庆.职业教育课程、教学与教师[M].上海:上海教育出版社,2016:84.

领域的问题。高级知识获得阶段则涉及大量结构不良领域的知识，学生要相互联系各种知识才可能准确解题。专门知识学习则涉及复杂结构的问题，学习者必须积累丰富的经验，掌握大量的图示化模式，而且之间要有丰富的联系。斯皮罗认为，传统的学习混淆了高级学习与初级学习之间的界限。初级学习只需要学习一般原则、概念，而高级学习则需要结合具体情境灵活地应用知识。高职院校学生的学习亦如此。高职学生不能止于学校情境中初级知识的获得，还应在工作情境中获得高级知识，学习专门知识。

由于高级知识的复杂性和实例的差异性，学习过程中对信息意义的建构需要从不同角度入手，获得对不同方面的理解。该理论提出的随机通达教学就是对此最好的诠释，其核心主张是，对同一内容的学习，要在不同时间、多重情境下，从不同角度多次进行。这样的学习可以帮助学习者从多角度理解概念，并与具体情境联系起来，形成背景性经验。但要做到训练多样性，学习反复但不重复，情境具体丰富但互不重合，这就大大增加了情境创设难度，需要充分利用现代发达的技术工具，在情境学习范式中创设虚拟的工作情境，促进高职学生针对情境建构用于指引问题解决的图式，以提高其在真实工作情境中解决实际问题的能力。

四、高职院校学生情境学习范式之人工操作层面的阐释

高职院校学生情境学习范式的第三个层面是具有支撑作用的人工操作层，是关于如何操作的问题，是哲学层面、理论层面的具体落地，即在高职教育研究者和实践者共同体的主客一体情境学习观和主客互动实践知识观指引下，在情境学习理论提供的理论模型和认知灵活性理论提供的解决问题的框架内形成的，关于高职院校学生怎样学习的操作模式、操作方法，如学习模式、学习方式等以及具体的成功案例、范例等。情境学习范式在人工操作层面包含很多学习模式，但这些学习模式都体现了情境学习范式的理念（主客一体情境学习观和主客互动实践知识观），且具有情境学习范式在具体操作层面上包括的几大内容或要素。也正是通过对每种学习模式中是否具有这几大内容，是否体现了情境学习范式的理念来确定该种学习模式是否属于情境学习范式的范畴。虽然每种学习模式都有自己的模式名称，但因都是情境学习范式下

的具体模式，是情境学习范式在人工操作层面的体现，所以本书将其统称为相关情境学习模式。在这些模式下有着较为成功或理想的实践范例，通过对某些范例的分析，可以深刻体味本书所构建的高职院校学生情境学习范式所指，深切体知情境学习范式在现实中的样态。

（一）情境学习范式操作层内容

人工操作层面是高职院校学生学习的实践操作层面，是在高职院校学生学习的实践过程中将基本信念、基本理论等转化成的具体操作模式、方法等。离开了这一层面的具体操作模型的运行，高职院校学生情境学习范式就成了空中楼阁、水中浮萍。根据前文高职院校学生情境学习范式在哲学层面的内涵，即主客一体情境学习观和主客互动实践知识观，和社会学层面的情境学习理论提供的理论模型以及认知灵活性理论提供的解决问题的框架，高职院校学生情境学习范式人工操作层面的内容包括 7 大方面、19 项内容。这些内容也成了考察现实中、实践一线高职院校学生学习范式是否属于情境学习范式的 7 个一级维度和 19 个二级维度。

1.学习目标

学习目标是指高职院校学生通过学习要达到的诸多方面的要求。在传统的或原有的学习范式下，高职院校学生学习要达到的目标是单一的，如获得知识、操作技能熟练和自动化等，导致"应试高职教育"把教学异化为知识的死记硬背与技能的强化训练。[①] 但在情境学习范式下，学生要达到的学习目标是知识积累、技能获得和身份认同三个维度的综合，不是其中某一个或某两个目标的实现，且每个目标都有具体的所指。知识方面要求高职学生掌握够用的专业理论知识和专业实践知识，积累丰富的程序性知识、实践性知识，并通过专业实践掌握大量的默会知识；技能方面要求高职学生通过学习获得可迁移技能和本专业的核心技能，并能够用掌握的技能技巧初步解决实际场境中遇到的相关专业问题，而不仅仅以操作技能的熟练为目标；身份认同是情境学习范式理念的集中体现，是对高职院校学生在学习目标上的特殊要求，

---

① 陈理宣 . 知识教育论——基于多学科视域的知识观与知识教育理论研究［M］. 北京 : 人民出版社，2011 : 45.

要求高职学生通过各种学习活动了解所学专业对应的工作岗位和职业规范，在专业知识的学习中获得对专业的认同，在专业技能锻炼和专业实践中，逐渐获得对自身职业身份的认识。

2. 学习主体

学习主体包括学习个体和群体两类。情境学习范式不仅强调积极发挥学生的主体性，促进客体主体化，实现主体与客体的双重情境化，而且重视学习个体之间的合作与学习群体内部的协作。通过学习者之间、师生个体之间、学习者群体之间以及教师与学习者群体之间的人际交互促进学习的发生和知识的迁移。所以学习主体重点包括学习者个体和学习者群体两大主体。情境学习范式要求在高职学生学习过程中充分发挥每个学生的积极主动性，让每个学生充分参与到专业实践中，让学生在解决问题的过程中成为学习的主人，而且，高职教师提供的学习任务注重学生的群体参与，布置的学习任务适合合作学习，高职教师还要根据整个小组的学习情况给予适当的激励。

3. 学习环境

理想的学习环境是"教师、学生、知识等中介相互作用创造知识意义显现的环境"，这需要"教师在师生相互作用过程中创造知识与人相遇的场景，促使知识与人相互作用，生成人的智慧、生命"[①]。高职院校学生情境学习范式主张为高职学生的学习提供内化的条件，即情境学习的环境。在学习环境中创设情境，根据学习目标将学习安排在技术或资源支持的真实或逼近真实的活动中，以促进学生知识的内化、技能的获得和身份意义的建构。因为主体之外的知识要转化为主体内的知识，需要一个内化过程，在此过程中主体必然要赋予客观知识、技能更为丰富的内涵。

高职院校学生情境学习范式下的学习环境包括学校真实情境创设、实习环境和学习资源三个方面的内容。其中，学校真实情境创设主要指高职学生应该在知识或技能最终得以应用的场境中学习，学习的场所应体现现实生活的复杂性，不能脱离实际生活，学生的学习环境不应是对其以后工作环境的抽离、肢解或简化等；实习是高职院校学生情境学习的主要实现途径，实习

---

① 陈理宣. 知识教育论——基于多学科视域的知识观与知识教育理论研究 [M]. 北京：人民出版社，2011：44.

环境对其来说至关重要，所以要求高职学生的实习岗位应与其专业对口，实习环境应利于其专业技能的掌握，实习场所应利于开展学生专业实践活动；学习资源主要指学习环境中真实活动设计的情况以及教育者的指导，如应充分保证高职学生开展专业实践活动的时间，为高职学生提供丰富的学习资源，以确保学生在学习中可以从不同视角对已学知识和技能进行检验，应根据高职学生的专业为学生设计需要在真实情境中完成的任务，高职教师应在关键时刻为学生提供有效指导，且应该指导学生之间互相协作、互相帮助，完成复杂的操作任务等。

4. 学习活动

学习活动是情境学习范式在人工操作层面的支撑点，其他操作层的内容都需要通过学习活动贯穿起来或得以实现。高职院校学生情境学习范式下的学习活动主要包括在反映知识、技能被实际应用的物理情境中进行活动的体现学生自主性、主体性的元认知监控和活动的参与度。元认知监控是指个体在认知活动中，为达到预定目标，运用元认知知识对认知活动不断进行积极、自觉的监控和调节。[1]高职院校学生情境学习范式下学习活动中的元认知监控体现为高职学生要能根据自身专业特点对自己的学习活动做好计划；能积极、自觉地对自己的专业学习进行监视和控制；能根据具体情况对自己的专业学习适时进行调整。情境学习理论主张学习者在学习活动中沿着"旁观者→参与者→熟练实践的示范者"的轨迹发展。因此，高职院校学生情境学习范式下的学习活动参与度主要体现为高职学生在学习活动中是否有条件观察专家、老师或师傅解决问题的过程；是否有机会接触不同经验水平的学习者和相关专业人员；能否步入与专业对口工作的边缘，以观察相关人员所处的现实工作场景和工作过程；以及高职学生的学习是否是从与专业对口工作岗位的边缘逐步趋向中心等。

5. 学习方法

学习方法是指在学习过程中，一切为达到学习目标、掌握学习内容而采取的手段、方式、途径、策略等。[2]情境学习范式提倡的学习方法有参观法、

---

① 桑新民.学习科学与技术［M］.北京：高等教育出版社，2013：106.
② 郭清顺，苏顺开.现代学习理论与技术［M］.广州：中山大学出版社，2007：230.

体验法、任务驱动法、案例分析法等，期望学生通过参与真实的情境积累学习的经验和策略。高职院校学生情境学习范式下的学习方法主要包括两方面的内容，即具体的学习方法和学习策略。在具体的学习方法方面，主张高职学生在真实场境中的观摩与模仿中学习，给学生在体验中学习的机会。在学习策略方面认为，高职学生专业技能的学习策略和诀窍多数源自经验的积累，难以言传。所以正确恰当的、适合高职学生的学习方法才能促进其学习策略的生成。

6. 学习能力

鉴于高职教育的特点和高职学生学习的目标、内容等，高职院校学生情境学习范式下的学习能力包括认知能力、实践能力、表达能力、反思能力和创新能力五大能力。认知能力是任何一种学习范式下都要求具备的一种能力，但情境学习范式对学生认知能力的要求并不仅仅指对普遍事物、知识的认知，更强调在真实工作情境中对专业问题的敏锐认知，如高职学生通过学习能够在真实情境中发现、识别专业问题，能够运用所学专业知识对真实情境中的专业问题进行分析，并能够（部分）解决真实情境中出现的专业问题。实践能力是情境学习范式突出强调的，也是高职学生学习的一种特别重要的能力，该能力指学生通过学习能够熟练地在真实情境中完成专业操作或任务，能够和专家或师傅进行交流、共同工作，能够和老师进行交流，共同进行专业实践。表达不仅能够促进学习主体之间的对话和交流，对于以获得实践知识、缄默知识、隐性技能为主的高职学生来说，表达还能使思维过程可见，促进默会知识外显，识别技能的组成部分，使学生更有效地学习知识和技能。所以情境学习范式强调为学生提供锻炼表达能力的学习情境，如为高职学生提供陈述完成复杂任务详细过程的机会，展示专业作品、表达专业观点的机会，公开技能演示或辩论演讲的机会等。杜威特别强调反思，认为"反思是一个不断探究（inquiry）的过程，每一个情境都是不确定的，它只给反思者一个未解决的困难"。反思就在于求得一个新情境，使困难、疑虑得以排除，问题得以解决。一旦情境确定了，问题解决了，任何特定的思维过程就暂时结束了。情境学习的重要作用就在于培养实践者的反思能力。在真实的工作情境中，学生会置身复杂情境、遭遇突发事件、遇到各种困难、面对诸多问题，这些特殊的情境、事件、困难和问题，为学生提供了异例，会成为学生反思的"扳机"

（trigger）[①]，使高职学生能够在真实工作场景中对专业实践和实际问题的解决及时进行反思。此外，在知识社会还有一个非常重要的学习能力就是创新能力。高职学生情境学习范式下的创新能力主要体现为在高职学生专业学习活动中，根据专业对应岗位的实际情况，为学生提供质疑的机会，鼓励高职学生将新思想进行应用、探索和转化，鼓励高职学生在专业实践中摸索、尝试新方法等。

7.学习评价与反馈

情境学习范式操作层的最后一大内容包括相辅相成的两个方面，即学习评价与反馈。学习评价是对学习者学习效果进行的价值判断。[②] 具体来说，是依据学习目标对学习的内容、进展、结果进行观察、测量，做出鉴定和价值判断，进而反思和修订学习目标。[③] 重要的是，在学习评价结束后及时给予学习者个体和群体反馈，以便学习者及时了解自身学习和发展存在的优势与不足，对学习过程进行有效的调节和控制，不断提高学习效率，使学习活动进入良性循环。情境学习范式主张高职院校学生的学习评价应是真实的、重视实践能力的情境化评价，要求评价成为一面镜子，能够反映出学生们在真实生活工作情境中解决问题的能力和成就。这与多元智能理论强调的一致，该理论强调"智能是一个人在现实生活情境中解决问题的能力，评价要为培养这种能力服务"[④]。由此，高职院校学生情境学习范式下的学习评价注重对高职学生专业技能的现场评价，而不倚重纸笔测验；关注学习结果的可迁移性；考查学生在面对实际复杂工作任务时作出的判断和行动；注重从态度、投入的精力等方面，评价学生与他人合作的过程；在对高职学生评价后，强调及时给予言语或书面反馈；且要求高职教师在专业知识的学习过程中，根据学生的学习情况，及时给予反馈；高职学生在专业技能锻炼中要根据师傅或指导教师给予的反馈，适时调整专业实践等。此外，教师在给予学生反馈时，要注意以下几条规则：第一，作出真正有帮助、有促进意义的反馈，无建设意义的反馈会打击学生的学习积极性和自信心；第二，作出实事求是的反馈，教师

① Donald A.Schon.反映回观——教育实践的个案研究［M］.夏林清，等，译.台北：远流出版事业股份有限公司，2003：148.

② 郭清顺，苏顺开.现代学习理论与技术［M］.广州：中山大学出版社，2007：337.

③ 桑新民.学习科学与技术［M］.北京：高等教育出版社，2013：173.

④ 桑新民.学习科学与技术［M］.北京：高等教育出版社，2013：178.

的反馈应反映实际情况，是对学生学习的客观评价；第三，作出精确的反馈，一般性的描述对学生没有太大帮助，学生有权知道自己在哪些地方做得对，哪些地方做错了，教师的反馈应尽可能细致。教师还应仔细观察学生的复述和模仿行为，并给出客观的反馈。[①]

以上七个方面是高职院校学生情境学习范式人工操作层面的主体，具体体现在这七大方面的十九项内容中。从对这些内容的介绍中可以看出，这些操作层内容不仅贯彻落实了高职院校学生情境学习范式主客一体的情境学习观和主客互动的实践知识观，演绎了该学习范式在社会学层面的诸多理论，而且具有非常强的操作性、实践性和指导性。因此，在本书的实证研究部分将把这七大方面的内容作为实证考察的一级维度，十九项内容作为实践调查的二级维度。

（二）相关情境学习模式举要

高职院校学生情境学习范式在人工操作层面的内容主要包括上述七大方面，但其主要表现形式是相关的情境学习模式。通过学习模式，操作层的七大内容整合在一起，产生合力效应，发挥情境学习模式的效力，促进高职院校学生情境学习范式的转换与应用。然而，相关的情境学习模式并不是全然一新的模式，不是我们凭空构建的新型模式，相反，很多模式都来源于实践，现实中我国高职院校学生正在使用的某些模式就具有情境学习模式的某些特点，西方职业教育领域中学生学习的很多模式都属于情境学习范式。但由于我国高职教育实践者缺乏对模式所倚的相关理论的理解和研究，对这些模式的认识存在偏差，导致其在使用中存在盲从乱用、机械套用现象；还因为我国职业教育体制原因，国外一些原本属于情境学习范式的模式在引入我国进行实践时做了太大的调整，导致其失去了最精华的部分。对这些学习模式进行全面系统的改造完善，可以很快、很好地满足当下高职院校学生学习的需求，不致像全新的学习模式那样遭到排斥或浪费太多时间适应。下面主要列举和介绍三种改造后的或原本就是的情境学习模式。

---

① 赵志群，海尔比特·罗什.职业教育行动导向的教学［M］.北京：清华大学出版社，2016：128-129.

1.改良的行动导向学习模式

高职院校学生原来使用的行动导向学习模式属于行动学习范式，其理论基础是行动调节理论，是"为了行动而学习""通过行动来学习"和"行动即学习"等理念的实践延伸。若完全用情境学习范式的理念来考量这一学习模式，自然无法划归到情境学习范式之下，但该模式具有的某些特点不仅符合高职教育、高职院校学生学习的规律，也满足情境学习范式在人工操作层面上的要求。如在学习目标方面，行动导向学习模式的目标在于促进学习者职业能力的发展；在学习主体方面，改变了高职教育中教师的中心地位，提高了学生的主体性地位；在学习活动方面，强调学习者通过解决职业活动中出现的问题来获得相关职业活动所需的知识和能力等。[①]这些都是行动导向学习模式的优点所在，也是符合情境学习范式理念之处。

行动导向学习模式的不足之处有以下几点：首先过于强调遵循"资讯、计划、决策、实施、检查、评价"这一完整的"行动"过程序列，导致学生的学习有机械化倾向，无视甚至漠视学习情境中出现的突发事件；第二，虽然以基于职业情境的行动过程为途径，但学生的行动不是在真实的或接近真实的情境中进行的，不利于实践知识、缄默知识的获得，不利于技术技能锻炼，更无法谈及将所学技能转化为诀窍、绝技，不利于走向实践共同体，感知职业岗位，形成自己独有的职业认同；第三，在整个的行动导向学习中缺乏对学生元认知监控的锻炼，学生自己做不到控制、反思整个行动过程；第四，行动导向学习模式未突出学习群体的作用，缺乏学习个体与群体之间的交互。

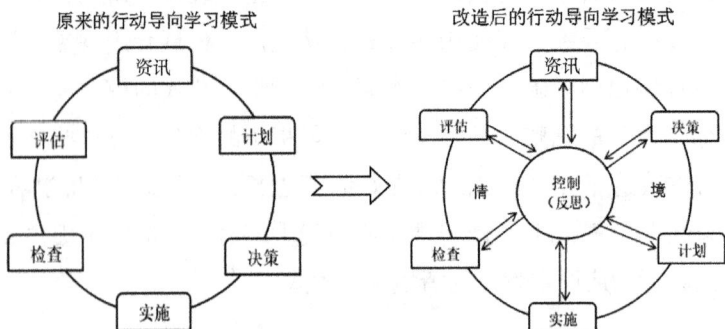

图 4-1　行动导向学习模式的改造

① 姜大源.职业教育要义［M］.北京：北京师范大学出版社，2017：25.

行动导向学习模式的这些不足之处，正是情境学习范式关注的重点。但我们不能"把孩子连同洗澡水一起泼掉"，应当根据情境学习范式的理念和操作层内容对行动导向学习模式进行改造，如图4-1，留下其原有优点，加强行动导向学习模式在应用中的情境创设，将学生的行动学习置于群体学习、群体工作的情境中，而不是束于课堂情境、学校情境，同时根据实际的学习情况，允许学生在遵循"行动"过程序列的同时可以灵活后退或前进。此外，还要注重培养学生对整个行动学习过程的控制和反思。

2.工作整合型学习模式

在高职院校学生的学习模式中，有一些与工作相关的学习模式，最常见的就是工作过程导向学习模式，其次是工作导向学习模式。工作过程导向学习模式以工作过程知识为主要的学习内容，强调从培养学生的适应能力转向培养学生参与建构工作世界的能力，所学习的内容主要是借鉴德国的学习领域课程。这种课程解构了传统的以分科为基础的学科课程，以典型的职业工作任务为核心组织、建构学习的内容。一个学习领域课程对应的是完成一个典型的职业工作任务所要学习的内容。学生通过若干个相互关联的所有学习领域的学习，就可以获得从事某一职业的能力。[①]学生在学习时也是按照资讯、决策、计划、实施、检查和评价等程序进行，原本也属于行动学习范式。这种学习模式不论在理论上还是实践中都得到了职业教育共同体的广泛关注。工作导向学习模式则没有工作过程导向学习模式成熟，仅仅指高职院校学生的"学习内容是指向工作的，并以尽可能真实的工作结构来学习"，但实际上学生的学习地点与其日后的工作地点，甚至顶岗实习地点，都是互相独立的，两者之间没有必然的联系，较为典型的例子就是目前高职院校学生在学习工厂、校内实训基地里的学习。[②]由此可以看出，这些与工作相关的学习模式已注意到了高职院校学生学习与其工作内容、工作岗位、工作技能等具有的不可分割性，只有在高职学生的学习中关照专业所对应工作岗位的内容才能促进高职院校学生职业能力的提升，实现学生从学校到工作的平稳、顺利、高效过渡。但这一理想与高职院校学生学习的现实之间仍然存在一条很宽的鸿沟。

---

① 徐涵.工作过程导向的职业教育理论与实证研究［M］.北京：商务印书馆，2013：3-4.

② 姜大源.职业教育学研究新论［M］.北京：教育科学出版社，2007：260.

　　以实践中已有的与工作相关的学习模式为基础，以本书构建的高职院校学生情境学习范式哲学层的理念、社会学层的内涵和人工操作层的内容为指导，构建出了一种新的情境学习模式，即工作整合型学习模式。在这种学习模式下学生的学习地点有一部分是和工作地点整合在一起的，有一部分仍放在校园内。学习的内容与工作岗位紧密联系，在工作地点学习实践性知识、技术技能，逐步认识自己的职业岗位，获得职业认同，构建职业身份意义，在学校学习与工作岗位相关的专业理论知识和人文教育知识。学习时间上，学生根据自己的情况有"5+2"和"5+夜"两种选择，"5"是指5个工作日学生在工作岗位上学习，"2"和"夜"是指学生选择在2个休息日或者晚上的时间在学校学习。这种学习模式自然带来了学习环境上的巨大变化，即高职学生是在真实的工作情境中进行学习，但学校的教学安排、教师指导等学习资源则要在时间上进行较大的调整，要为学生在工作情境中的学习服务。学习主体上，学生在工作情境中学习不仅能发挥学生自身的主体性作用，而且会从实践共同体的边缘逐步走向中心，在这一过程中学习群体与学生个体之间会有不断的交互，学生与其他人共同协作完成工作任务。学习活动上，学生参加的活动是真实的工作任务，活动的参与度是逐步提高的。学习方法上，在刚进入工作情境时，学生主要是观摩师傅、其他相关工作人员，了解岗位，然后进行模仿，参与一些简单的实践，随着对岗位认识的不断提高，对工作任务的熟悉，学生开始实践性操作，开展体验式学习。学习能力上，在工作情境中主要培养的是学生的实践能力、反思能力和创新能力，认知能力和表达能力的培养则渗透于工作情境和学校情境中。学习评价与反馈主要来自工作情境，在体验学习、实践操作的过程中，师傅和同伴会根据实际情况作出切合实际的、情境性的评价与反馈，在学习结束后，学生也会得到来自企业和学校的较为综合的评价。

　　总的来说，工作整合型学习模式是将学生的学习置于真实的工作情境之中，将工作与学习相整合，是未来高职院校学生学习范式的走向，目前国外很多职业学校学生的学习已采用这种模式，但这一学习模式的采用，需要通过变革高职院校人才培养模式进行配合，因此，推行起来颇为困难。对此，可以选择的变通方式是缩短目前高职院校学生在学校学习的时间，相应地增加实习的时间，通过实习实现工作情境中的学习。

3. 西方现代学徒制学习模式

从宏观的职业教育人才培养制度的角度来看，西方的现代学徒制是一种人才培养制度、人才培养模式，但从学生学习的角度来看，现代学徒制则是一种学习模式。这种学习模式符合情境学习范式的理念和操作要求，是情境学习范式社会学层面中情境学习理论的典型样例的现代化版本。莱夫和温格正是通过对五个学徒制案例的分析提出了情境学习理论。

当今美国许多领域的学习都保留了学徒制，特别是需要高水平知识和技能的领域，如医学、职业运动、艺术等领域。[①]学徒制的人种学研究也指出了学习与工作实践的不可分割性。师傅就像是"大鱼"，其他人就像是"小鱼"，大鱼前导，小鱼尾随，"从游既久，其濡染观摩之效，自不求而至，不为而成"也！[②]学生们在实践共团体的生活中，通过合法性的边缘参与，逐渐从新手成长为熟手，从边缘的参与者成为核心的参与者，在"从游"中学会了工程设计和施工，学会了实验，学会了研讨。学生们学会的其实是师傅正在过的、自己未来也将要过的共同体的生活方式。[③]

西方现代学徒制包括英国 1993 年改革学徒制形成的现代学徒制、美国的注册学徒制和澳大利亚的新学徒制等。各个国家的现代学徒制虽不完全相同，但核心理念和关键的操作模式基本一致。现代学徒制把学校的知识和理论学习与企业的技能学习相整合，"双元育人""双元学习""双重身份"是其最为本质的特征。但在西方现代学徒制中，起关键作用和主体作用的不是学校，也不是政府，而是企业，表现在两个方面：第一，企业负责制订职业能力标准，并将其作为学生（学徒）学习的目标；第二，企业是学生（学徒）学习的主要场所，70%-80% 的学习时间用于工作情境中的学习，发生在真实的工作场所中。在工作情境中，学生（学徒）主要通过观察、模仿、行动等方式丰富对职业生活的认识，熟练掌握复杂的职业技能，形成职业认同，从而达到企业制订的职业能力标准，实现职业学校培养专门人才的目的。莱夫曾说过："学

---

① J·莱夫，E·温格.情境学习：合法的边缘性参与［M］.王文静，译.上海：华东师范大学出版社，2004：23.
② 梅贻琦.大学一解［G］// 北京大学，等.国立西南联合大学史料一：总览卷.昆明：云南教育出版社，1998：22.
③ 李伟.实践范式转换与实践教学改革［M］.北京：教育科学出版社，2010：57.

徒学习要融入'师傅－学徒（或帮工）'的实践共同体之中，是从边缘逐渐到中心的参与，学徒逐渐从一个新手成长为熟手，从外行成为准内行，再从准内行成为专家。在形成师徒关系的过程中，授予合法性的问题要比提供教学的问题更为重要。"[①]西方现代学徒制在操作模式上很好地解决了学徒的合法性身份问题，基本都要求学生先获得在企业学习的身份，签订固定的学徒制合同，期限为3–4年，[②] 获得学徒岗位，然后再获得在职业学校学习的身份，在学习结束后可以参加学徒制认证的外部考试，获得国家认可的职业资格。在西方，无论是传统学徒制，还是现代学徒制，技能学习和身份认同是相辅相成的两个重要内容，学徒（学生）学习的过程，不仅是习得复杂劳动技能的过程，还是获得身份的过程。[③]

我国现代学徒制试点工作已实施两年多了，但从试点的实际情况看，并没有达到西方现代学徒制实施的效果，学生的学习遭遇了失败。其最主要的原因是，我国企业职业教育环境缺失，现代学徒制中有大量劳动密集型企业，大量流水线岗位成为学徒培训岗位，现代学徒制更多的时候是包装职业学校旧成绩的新概念，学生的学习模式大多照旧。而离开了企业这一真实有效的工作实践情境，现代学徒制作为一种学习模式的有效性自然大打折扣。针对这一问题，本书将在情境学习范式实践范例中呈现较为理想的，基于真实情境的现代学徒制学习模式范例。

（三）情境学习范式实践范例

高职院校学生情境学习范式在人工操作层面上主要体现为相关的情境学习模式，但学习模式终究还是较为中观的，不够具体。在此，特列出较为微观、具体的实践范例。只因为真实的工作情境不仅难觅，而且对于一些特殊专业、危险性较高的岗位，一味地把学生完全置于工作情境中也会导致意外发生。这就需要充分利用现代信息技术，创设模仿真实工作情境的虚拟情境，

---

① J·莱夫，E·温格.情境学习：合法的边缘性参与［M］.王文静，译.上海：华东师范大学出版社，2004：41.

② 关晶，石伟平.西方现代学徒制的特征及启示［J］.职业技术教育，2011（31）：81.说明：英国的现代学徒制不签订正式的合同。

③ 李伟.实践范式转换与实践教学改革［M］.北京：教育科学出版社，2010：64.

让学生在这种模仿现实，但又加强现实的情境中学习。

1. 真实情境：企业职教体制下的现代学徒制学习模式

如前文所述，我国高职院校学生的现代学徒制学习遭遇失败，其最主要的原因是我国缺失企业职业教育环境。现代学徒制中，"在工作情境中学习"区别于学校职业教育，相当于企业进行的在岗培训，学生在真实工作场所中通过真实工作学习，这是现代学徒制的灵魂，可以称之为企业职业教育体制的现代学徒制，与目前我国学校职业教育体制的现代学徒制不同。前者是通过企业真实工作环境中的"在岗学习"这一有效形式实现的。即使是高职院校理实一体化教学下进行的学习也无法替代，自然真实的工作环境能有效促进学生关键能力的发展。

在企业职教体制下的现代学徒制中，学生的学习始于与企业签订的合同，明确自身"学生"和"准员工"或叫"学徒"的双重身份。学习的具体内容依据企业和高职院校共同制定的人才培养方案，主要包括职业素养养成、技术技能锻炼、岗位群技能积累和职业生涯可持续发展四大块内容。学习分为三大段：第一大段为学生学习的第一年，在这一年中，采取一周在学校进行理论学习，一周在企业初步了解工作岗位、熟悉工作环境的工学交替学习模式；第二大段为学生学习的第二年，学生进入工作岗位，开展工作岗位的学习，企业派专职培训师傅对学生进行岗位基础技能培训；第三大段为学生学习的第三年，学生开始工作情境中的深度学习，与专门的师傅同班同岗工作，跟着师傅学习岗位群技术技能，参与生产实践，把前期所学应用到实践中，同时，根据师傅在指导过程中作出的评价适时调整学习。在这个过程中，学生（学徒）、师傅、高职专业课教师都有自己的职责。学生（学徒）要按照制定的学习目标努力学习，有计划地圆满完成学习任务。师傅承担着对学徒的全面培养工作，既要负责学徒的技术技能培养，还要承担其岗位职业素养养成、促进其职业身份构建等职责。高职院校的专业课教师在学生的整个学习过程中进行巡回指导，在关键时候配合企业师傅为学生提供帮助。此外，每个学生都不是单独的学徒，在前两段中，共同学习的同伴有 5–10 人，但到第三段，为保证师傅的指导效果，保障工作过程中的协作与配合，每个师傅同时指导的徒弟最多不得超过 3 个，最少不得少于 2 个，因此，一般为 3 个。最后，学生（学徒）的评价考核由平时表现和终期考核两部分组成，采取的形式有理论考试、实际操作、作品展示、技能大赛、答辩等多种形式。协议期满后，学生"学徒"考评合格并达到《师徒协议》的要求，认定为"合格出师"；表现优秀者可选择留职签署正式劳动合同；考评不合格的，认定为"不予出师"。

高职院校学生就是在这样的有意义的职业行动情境中进行学习，合法地参与到具体的工作实践中的。但学生(学徒)置身于由专职培训师傅、专门师傅、企业工作人员和其他同伴组成的"实践共同体"之中所进行的参与式学习是多层面的立体参与、社会化学习，与单纯教授知识与训练技能的学校学习有着本质区别。在真实工作情境中的学习，不仅师傅与师徒的关系是学生(学徒)学习的重要资源，学徒之间形成的同伴关系也提供了很多学习机会。这些是仅仅依靠职业学校里的知识传授与技能训练所无法完成的。

2. 虚拟情境：基于网络的情境学习模式

随着计算机技术、多媒体技术、网络技术以及虚拟现实技术和人工智能技术的发展，情境学习范式获得了广泛的技术支撑，应用范围不断扩大，例如国际有名的 CTGV 小组贾斯珀问题项目[1]，在此基础上做了改进的 SMART 项目[2]，近年来兴起的基于 Blog 的共同体项目等（见表 4-2）。人机交互式的、基于网络的虚拟情境学习模式如泛在学习、混合式学习等大量涌现，弥补了真实情境学习的不足和不便，混合情境学习已成为情境学习研究的热潮。如果我国无法建立企业职业教育体制，无法让现代学徒制学习模式在企业真实的一线工作情境下开展，无法尽快从课堂情境、学校情境走向工作情境的话，可以尝试基于网络的虚拟情境学习模式。

至此，本书理论构建与阐释部分的内容都已完成，所构建的高职院校学生情境学习范式兼具结构和内涵，既有骨骼又有血肉，形成了较为完善的"高职院校学生情境学习范式图"，见图 4-2。

---

[1] 学习者处在贾斯帕录像插片提供的复杂问题情境中，ASK 作为技术上的加强工具被用来支撑问题解决的过程，事先设计制作好的多媒体数据库为学生提供支持问题解决的附加资源。

[2] 将多媒体教学软件中数学问题的解决与当地电视台的真实工作问题结合起来，形成实践共同体。

表 4-2 基于技术的情境学习实践范例 [①]

类别	研究项目	软件平台	项目特点
多媒体互动教学软件	贾斯帕系列 1—基于情境认知的美国数学学习案例	录像编制历险故事,内嵌情境性的数学问题	所解决问题包括初步性问题、拓展性问题以及与其他学科统合的数学问题,专家支持来自校内
	贾斯帕系列 1—SMART 项目	改善思维的专用多媒体舞台	实验室、工具箱、流动报告书、解决当地电视台直播系统问题
基于网络的实践共同体	基于 Blog 的师范生实习共同体、基于网络的教师专业发展共同体	联结学校内外学习者的 Blog、群组 Blog、网络	与真实生活情境联系紧密,强调校内外成员的自组织,技术含量高,使用者易于操作,专家绩效支持的技术性低
	基于协作平台的网络探究学习、研究性学习、PBL 学习等	网络协作学习平台、网络课程平台	选择开放性的探究问题,技术含量高,构建可视化学习工具,协作平台等工具,资源丰富,校内外专家绩效支持的技术性高

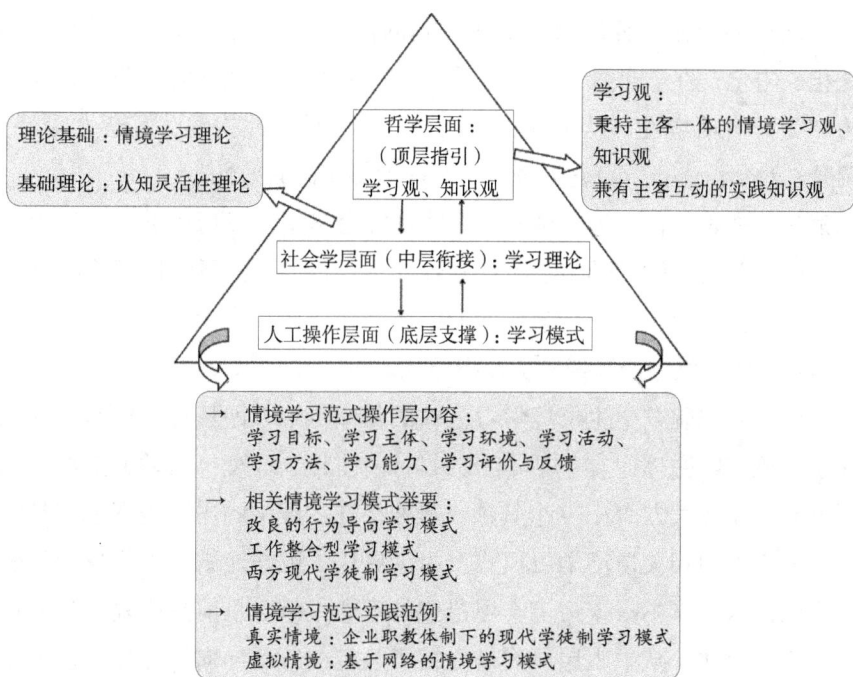

图 4-2 高职院校学生情境学习范式图

---

① 李翠白.西方情境学习理论的发展与应用反思［J］.电化教育研究,2006（9）:23.

本章小结

高职院校学生情境学习范式虽然建基于库恩的范式结构之上，与其他学习范式有着相似的结构框架，但却具有完全不同于两者的内涵。

首先，"情境"是该范式的灵魂所系。它不同于我们常见的"情景"，相比，不仅形式上更为宏观，内涵上具有复合性，而且两者最大的区别在于情景的"无我而在"和情境"有我而在"。相应地，学习情境更强调"与主体的'我'共生"的内部生成的动态的"境"。高职院校学生情境学习范式中的情境指向的是工作情境，既包括真实的工作情境，也包括模拟的、虚拟的工作情境。

其次，高职院校学生情境学习范式在具有顶层指引作用的哲学层上，秉持主客一体的情境学习观，即学习是在真实或类似真实的情境中，学习者作为主体通过参与作为客体的真实或仿真的任务活动，使知识、技能情境化、条件化、内化，促进自身理解与建构。其中兼有主客互动的实践知识观，即认为知识具有情境性、默会性、生成性、实践性、建构性、复杂性等特征，强调通过对知识进行情境化处理，提高获取知识的有效性。

第三，高职院校学生情境学习范式在社会学层上以情境学习理论为理论基础，以阐明高职院校学生学习认知性知识原理的认知灵活性理论为基础理论，充分发挥学习范式社会学层面的中层衔接作用，为设计和实践高职院校情境学习范式提供理论框架和实践指导。

最后是高职院校学生情境学习范式的具体落地，即具有支撑作用的人工操作层。该层的主体内容包括学习的目标、主体、环境、活动、方法、能力和评价与反馈7大方面，19个具项。操作层在实践中的主要表现形式是整合了这7大方面的相关情境学习模式。为了更快、更好地满足当下高职院校学生学习的需求，本书根据情境学习范式的理念，结合目前高职院校学生正在使用的学习模式，从中观层面列举介绍了改良的行动导向学习模式、工作整合型学习模式、西方现代学徒制学习模式等几个重要的情境学习模式，从微观层面详述了基于真实情境的企业职教体制下的现代学徒制学习模式和虚拟情境下的基于网络的情境学习模式。

然而，不论理论上构建的高职院校学生情境学习范式的结构如何优良，内涵如何丰富，都需要接受现实考察，进行实践检验。高职院校学生情境学习范式哲学层和社会学层的理念和理论将成为深度访谈的主要内容，而操作层面的内容，即 7 大方面，19 个具项，将成为问卷调查、田野考察的重要维度和指标。

第五章　高职院校学生情境学习范式的认同度分析

　　所构建的高职院校学生情境学习范式能否成为高职主流的学习范式，在很大程度上取决于共同体对该学习范式的认同度。这一共同体既包括高职教育研究的理论开拓者，又包括高职教育的实践探索者和指导者，以及最为重要的范式使用者——高职学生。以前文论述的高职院校学生情境学习范式内涵为调查内容，以高职教育研究者、高职专业课教师、企业指导教师和高职学生为调查对象，首先设计高职院校学生情境学习范式认同度调查工具，在对调查工具的可行性、科学性论证之后，借此考察高职教育研究者和实践者共同体对本书构建的情境学习范式的认同程度。

一、高职院校学生情境学习范式认同度调查设计

　　本部分的调查目的有二，一是通过访谈了解高职教育研究者、高职专业课教师和企业指导教师对情境学习理论的理解、对情境学习范式的认识，以及对高职院校学生采用情境学习范式的看法；二是通过问卷调查量化高职教育共同体对情境学习范式认同的程度。

　　依据本书的相关理论基础和对研究内容的把握，提出如下研究假设：

　　假设 1：高职教育研究者、高职专业课教师、企业指导教师和学生对情境学习范式的认同度都处于高等水平；

　　假设 2：高职教育研究者、高职专业课教师、企业指导教师和学生对情境学习范式的认同度存在显著差异，且高职教育研究者的认同度显著高于其他人员；

假设3：研究者的人口统计学变量如职称、最终学位、所在单位类型等会影响其对情境学习范式的认同度；

假设4：高职专业课教师的专业类别、学校层次、所在学校是否是国家示范性或骨干型高职院校等会影响其对情境学习范式的认同度；

假设5：企业指导教师的人口统计学变量如年龄、学历、所指导学生的专业类别等会影响其对情境学习范式的认同度；

假设6：学生的专业类别、年级、所在学校层次、所在学校是否是国家示范性或骨干高职院校等会影响其对情境学习范式的认同度。

基于以上调查目的和研究假设，需要使用的工具有两大类，一类是进行调查所使用的自编访谈提纲和调查问卷；一类是对所收集的调查数据进行统计分析的软件，有AMOS22.0、SPSS21.0。下面就访谈提纲和调查问卷的设计进行详细介绍。

（一）高职院校学生情境学习范式访谈提纲设计

高职院校学生情境学习范式包括哲学层、社会学层和人工操作层三个层面，具有丰富的内涵。其中，人工操作层面的内容具有可操作性、可观察性，通过实践考察、问卷调查方便获得信息，易于量化。虽说人工操作层面的内容会折射、体现出其背后的哲学理念和学习理论，但具有指引作用的哲学层和理论指导作用的社会学层的内容仍旧无法直观体现，不便通过一个"折射镜"和一组数据对其"妄加揣测"。因此，这两个层面的内容主要通过半结构化访谈进行调查。此外，借助访谈还可以进一步了解在人工操作层面通过问卷调查无法了解到的内容。根据研究内容的需要，访谈的对象有三类人群，高职教育研究者、高职专业课教师和企业指导教师。访谈的目的虽一样，但因对象的不同访谈内容略有差异。

根据访谈要获取的信息，遵循访谈提纲设计的原则，设计访谈提纲。访谈提纲设计完成后，先选取2名研究者、2名高职专业课教师和1名企业指导教师进行预访谈，根据访谈过程中出现的问题和访谈结果对访谈提纲进行修改，形成正式的访谈提纲（见附录2）。最后，选取20名从事高职教育研究的研究者、10名高职院校专业课教师（包括专业理论课和专业实践课）、5名与高职院校长期合作的企业指导教师进行正式访谈。

（二）高职院校学生情境学习范式认同度调查问卷设计

本书采用的调查问卷为自编问卷，共四套。四套问卷中都有调查高职教育共同体对高职院校学生情境学习范式认同度的内容，分别对应高职教育研究者、高职专业课教师、企业指导教师和高职学生四个群体。调查问卷的维度都参照前文所构建的高职院校学生情境学习范式在人工操作层的内容，即 7 个一级维度、19 个二级维度，题项基本一致，以便验证假设 2。之所以分成四套，首先是因为需要获取不同人群的人口统计学资料，便于后期对四个人群分别作以人口统计学资料为变量的情境学习范式认同度的差异分析，以验证假设 3、4、5、6；其次是因为人群不一样，问题的问法需要作适当的调整，便于调查对象对问题的理解，以提高问卷的科学性。在四套问卷中，单独对情境学习范式认同度调查的问卷是研究者问卷，在其他三套问卷中，除有关于认同度调查的内容，还有关于高职院校学生情境学习情况的内容。本章重点分析高职院校学生情境学习范式的认同度，高职院校学生情境学习状况的分析将在下一章单独进行。四套情境学习范式认同度调查问卷的设计同时进行，下面以研究者的问卷为例介绍编制过程。

1. 问卷维度的理论构建

如前文所述，情境学习范式的哲学层和社会学层很难通过问卷进行调查，需要进行深度访谈，但第三个层面人工操作层是前两个层面的具体落地、是其实践操作表征。因此，本书的问卷调查主要是针对情境学习范式的人工操作层，其维度采用的是本书所构建的高职院校学生情境学习范式在人工操作层面上阐释的 7 大方面、19 项内容，即 7 个一级维度，19 个二级维度，具体见图 5–1。

2. 初步编制问卷

在编制问卷时，首先根据研究的需要和提出的假设设计了性别、所在单位类型、职称、最终学位等基本信息，然后在具体的题项设计上，以每个二级维度的具体内涵为主，同时参照国外 Herrington 和 Oliver（2000）情境学习范式的应用指标，一共设计了 65 个题项，初步编制了《高职院校学生情境学习范式认同度调查问卷》。

3. 专家访谈与修订

将初步编制的问卷发给 2 位专家、5 位普通高职教育研究者，征求他们的意见，请他们对问卷各个方面[1]进行评估。根据评估结果对问卷进行修订，删除不合理的题项，修改有歧义、不易理解的题项。最后形成的《高职院校学生情境学习范式认同度调查问卷》主体内容包括 7 个维度，62 个题项（见表 5-1）。

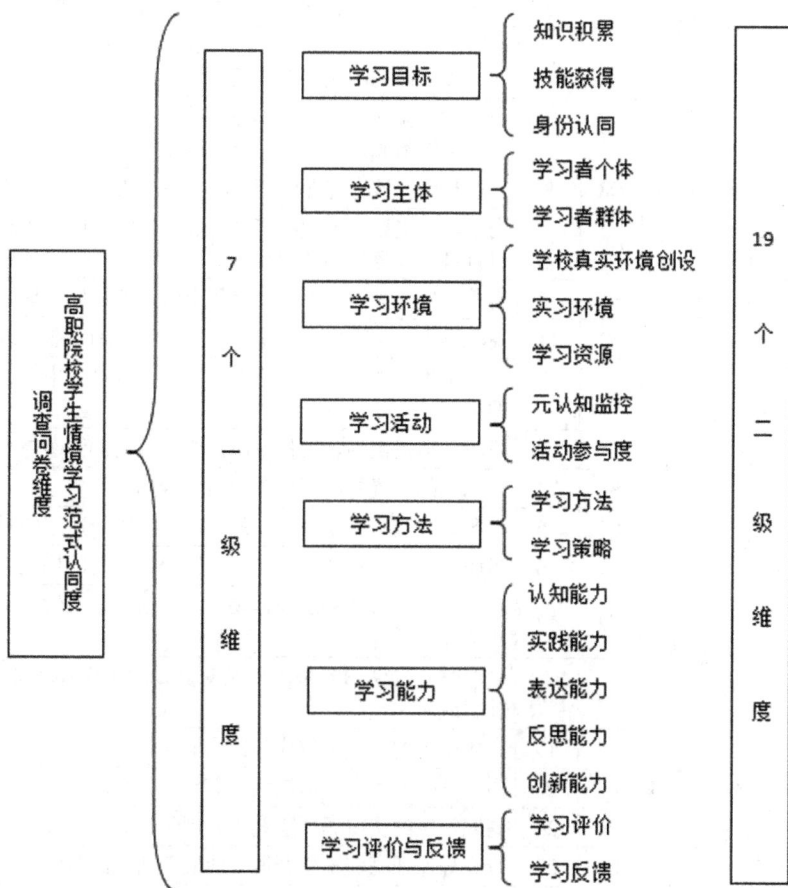

图 5-1 高职院校学生情境学习范式认同度调查问卷维度设计

---

[1] 包括问卷的整体结构、每个题项意义的明确性和内容的可读性，以及格式编排等。

表 5-1　高职院校学生情境学习范式认同度调查预测问卷条目

一级指标	二级指标	题项	题号	操作性题目
学习目标 （O）	知识积累	O1	1	高职学生应该掌握够用的专业理论知识和专业实践知识
		O2	2	高职学生应该积累丰富的程序性知识
		O3	3	高职学生应该通过专业实践掌握大量的默会知识
	技能获得	O4	4	高职学生应该通过学习获得可迁移技能
		O5	5	高职学生应该通过学习获得本专业的核心技能
		O6	6	高职学生应该通过学习，用掌握的技能技巧初步解决实际场境中遇到的相关专业问题
	身份认同	O7	7	高职学生应该通过各种学习活动，了解所学专业对应的工作岗位和职业规范
		O8	8	高职学生应该在专业知识的学习中获得对专业的认同
		O9	9	高职学生应该在专业技能锻炼和专业实践中，逐渐获得对自身职业身份的认识
学习主体 （S）	学习者 个体	S1	10	高职学生的学习应充分发挥每个学生的积极主动性
		S2	11	高职学生的学习应让每个学生充分参与到专业实践中
		S3	12	高职学生的学习应让学生在解决问题的过程中成为学习的主人
	学习者 群体	S4	13	高职教师提供的学习任务应注重学生的群体参与
		S5	14	高职教师布置的学习任务应适合合作学习
		S6	15	高职教师应根据整个小组的学习情况给予适当的激励
学习环境 （E）	学校真实 环境创设	E1	16	高职学生应该在知识或技能最终得以应用的场境中学习
		E2	17	高职学生学习的场所应体现现实生活的复杂性，不能脱离实际生活
		E3	18	高职学生的学习环境不应是对其以后工作环境的抽离、肢解或简化
	实习环境	E4	19	高职学生的实习岗位应与其专业对口
		E5	20	高职学生的实习环境应利于其专业技能的掌握
		E6	21	高职学生的实习场所应利于开展学生专业实践活动
	学习资源	E7	22	应充分保证高职学生开展专业实践活动的时间
		E8	23	应该为高职学生提供丰富的学习资源，以确保学生在学习中可以从不同视角对已学知识和技能进行检验
		E9	24	应根据高职学生的专业，为学生设计需要在真实情境中完成的任务
		E10	25	高职教师应该先让学生自己摸索，不应该直接为学生提供指导
		E11	26	高职教师应该在关键时刻为学生提供有效的指导
		E12	27	高职教师应该指导学生之间互相协作、互相帮助，完成复杂的操作任务

续表

一级指标	二级指标	题项	题号	操作性题目
学习活动（A）	元认知监控	A1	28	高职学生应根据自身专业特点对自己的学习活动做好计划
		A2	29	高职学生应积极、自觉地对自己的专业学习进行监视和控制
		A3	30	高职学生应根据具体情况对自己的专业学习进行适时调整
	活动参与度	A4	31	高职学生在学习活动中应能够有条件观察专家、老师或师傅解决问题的过程
		A5	32	高职学生在学习活动中应有接触不同经验水平的学习者和相关专业人员的机会
		A6	33	高职学生的学习应该步入与专业对口工作的边缘，以观察相关人员所处的现实工作场景和工作过程
		A7	34	高职学生的学习应该从与专业对口工作岗位的边缘逐步趋向中心
学习方法与策略（M）	学习方法	M1	35	高职学生的学习离不开在真实场境中的观摩与模仿
		M2	36	高职学生应经常在体验中进行学习
		M3	37	高职学生的很多学习是通过动手实践实现的
	学习策略	M4	38	高职学生专业技能的学习方法、策略和诀窍多数源自经验的积累，难以言传
		M5	39	高职学生在实习中可以从师傅、同伴身上学习到一些策略
		M6	40	高职学生的学习技巧来自于真实任务的完成
学习能力（B）	认知能力	B1	41	高职学生通过学习应该能够在真实情境中发现、识别专业问题
		B2	42	高职学生通过学习应该能够运用所学专业知识对真实情境中的专业问题进行分析
		B3	43	高职学生通过学习应该能够运用所学专业知识（部分）解决真实情境中出现的专业问题
	实践能力	B4	44	高职学生通过学习应该能够熟练地在真实情境中完成专业操作或任务
		B5	45	高职学生通过学习应该能够和专家或师傅进行交流、共同工作
		B6	46	高职学生通过学习应该能够和老师进行交流，共同进行专业实践

续表

一级指标	二级指标	题项	题号	操作性题目
学习能力 （B）	反思能力	B7	47	高职学生通过学习应该能够在真实工作场景中对专业实践及时进行反思
		B8	48	在团队协作中应该确保高职学生有意识地进行反思
		B9	49	高职学生通过专业学习和实践，应该能够对实际问题的解决进行反思
	表达能力	B10	50	应该为高职学生提供陈述完成复杂任务详细过程的机会
		B11	51	应该为高职学生提供展示专业作品、表达专业观点的机会
		B12	52	应该为高职学生提供公开的技能演示或辩论演讲机会
	创新能力	B13	53	在高职学生的专业学习活动中，应根据专业对应岗位的实际情况，为学生提供质疑的机会
		B14	54	在专业实践中，应该鼓励高职学生将新思想进行应用、探索和转化
		B15	55	应该鼓励高职学生在专业实践中摸索、尝试新方法
学习评价 与反馈 （F）	学习评价	F1	56	在对高职学生评价时，应该关注学习结果的可迁移性
		F2	57	应该注重对高职学生专业技能的现场评价，不能倚重纸笔测验
		F3	58	应该考察高职学生在面对实际复杂工作任务时作出的判断和行动
		F4	59	应该从态度、投入的精力等方面，评价学生与他人合作的过程
	学习反馈	F5	60	在对高职学生评价后，应该及时给予言语或书面反馈
		F6	61	在专业知识的学习过程中，高职教师应根据学生的学习情况，及时给予反馈
		F7	62	高职学生在专业技能锻炼中应该能及时得到师傅或指导教师给予的反馈，并适时调整专业实践

问卷采用 Likert5 点自评量表，"完全不认同""比较不认同""一般认同""比较认同""完全认同"依次记为 1 分、2 分、3 分、4 分和 5 分。

4. 问卷项目的预测与筛选

为确保自编问卷的科学性，确定问卷潜在的结构，需对《高职院校学生情境学习范式认同度调查问卷》进行预测，旨在获得一个兼具科学性和优越性的高职院校学生情境学习范式认同度调查问卷结构模型。这需要两步，首先需要对问卷项目进行探索性因子分析（exploration factor analysis，EFA）；其次，基于探索性研究结果，进一步展开验证性因子分析（confirmation factor analysis，CFA）。预测的样本是高职教育研究者，既有来自职业教育研究机构的研究人员，高职院校的一线研究者兼实践者，又有来自具有职业技术教育学硕士或博士点的高等学校的硕博研究生和硕博导师。通过问卷星发放问卷100份，有效问卷回收率92%。为确保后续探索性因子分析和验证性因子分析的独立性和科学性，将92份问卷中的有效数据随机分为两半，前一半用于探索性因子分析（N=46），后一半用于验证性因子分析（N=46）。

（1）探索性因子分析

为保证相关较大的题项能准确测出所在维度的真实情况，各个维度之间独立而不具有干扰性，本书采用SPSS21.0对前46份有效问卷展开探索性研究，以确定最合适的因子结构。

因子分析采用极大似然法抽取因素，并用方差极大斜交旋转对上述7个维度62个题项做主成分因子分析。结果显示，KMO值为0.813>0.8，Bartlett球形检验的近似卡方值为6450.799（p=0.000<0.0001）。根据Kaiser（1974）的观点[1]，表明该数据适合做因子分析。根据特征值大于1的原则[2]，应提出6个因子，M3在因子2和因子4上有相近的载荷值，M5和M6的载荷值小于0.4，因此，删除M3、M5和M6这3道题。[3] 删除上述3道题后对保留的59个题目重新做主成分因子分析。

表 5–2　KMO 和 Bartlett 的检验

取样足够度的 Kaiser–Meyer–Olkin 度量		0.845
Bartlett 的球形度检验	近似卡方	8065.352
	df	711
	Sig.	.000

第二次主成分因子分析的结果（见表5–2）表明：KMO度量值为0.845>0.8，Bartlett球形检验值为8065.352（df=711，p=0.000<0.01），达到了显著水平，

---

① 依据 Kaiser（1974）的观点，当 KMO 值愈大时，表示变量间的共同因素愈多，愈适合做因子分析，KMO 值大于 0.9 是最好的，大于 0.8 是比较好的，大于 0.7 是中等水平，大于 0.6 较差，大于 0.5 是最低水平，如果 KMO 值小于 0.5，则较不宜作因子分析。
② 特征值越大，表示该因子的解释力越强。确定因子的个数以特征值 1 为参照。
③ 根据主成分因子分析的意义，需要根据以下三个基本原则对不合适的题目进行删减：①删除在两个或两个以上的公共因子上具有接近因子载荷的题目；②某个公因子下只有 1 个题目，这样的题目要删除；③删除在公共因子上的最大载荷小于 0.35，公共度小于 0.4 的题目。——引自张奇 .SPSS for Windows 在心理学与教育学中的应用 [M] .北京：北京大学出版社，2009：301.

说明测量题项之间存在公共因子，即适合作探索性因子分析。按照特征值大于 1 提取公因子的原则，共提取了 6 个公因子，这 6 个公因子的累积方差贡献率达到了 71.577，解释了总变异的 71.577%，达到 70% 的可接受水平（如表 5-3）。

表 5-3　各因子的特征根与变异解释贡献率

因子	1	2	3	4	5	6
特征值	32.156	3.305	2.063	1.967	1.551	1.188
贡献率	54.502	5.601	3.497	3.335	2.629	2.014
累积贡献率	54.502	60.103	63.600	66.934	69.563	71.577

分析斜交旋转后的因子负荷矩阵以及对应的题项和操作性条目，将其与原先问卷设计的 7 个维度相比发现，因子 4 将维度 4（学习活动）和维度 5（学习方法）合成了一个共同因子，因子 5 包含的题项与原先问卷设计中维度 6 的题项基本一致，因子 6 对应原先问卷设计中的维度 7，其他因子与原有维度基本吻合。以此为基础，删除 M3、M5、M6 这 3 道题后，将初始问卷进行调整，根据每个因子涵盖的题项，结合原先 7 个维度的名称，将新的 6 个因子分别命名为学习目标、学习主体、学习环境、学习活动、学习能力和学习评价与反馈。使用主成分因子分析法所提取出的这 6 个因子能较好地反映各原始变量的信息。

因此，根据探索性因子分析的结果，高职院校学生情境学习范式认同度调查问卷由 6 个相互独立的维度、59 个题项构成。

（2）验证性因子分析

如前所述，探索性因子分析结果表明，高职院校学生情境学习范式认同度调查问卷主要由 6 个维度构成。为探索 6 维度结构的合理性和优越性以及 6 维度之间的关系，需要进行验证性因子分析。本书采用 AMOS22.0 对高职院校学生情境学习范式认同度调查问卷的六因子结构模型进行验证性因子分析，样本为上文所述的后 46 份有效问卷。

在验证性因子分析中，主要用以下几个指标评价模型的适合性：① χ^2/df，一般认为，χ^2/df 值小于 2，RMSEA 小于 0.08，模型拟合较好；② NFI、IFI、TLI、CFI 等拟合指数的取值越接近 1，表示模型的拟合程度越好。

表 5-4　高职院校学生情境学习范式认同度调查问卷六因子结构模型拟合指数

χ^2	df	P	χ^2/df	NFI	IFI	TLI	CFI	RMSEA
80.37	45	.000	1.786	0.879	0.861	0.811	0.887	0.073

本书采用 AMOS22.0 进行验证性因子分析，具体结果见图 5-2，模型的拟合指数见表 5-4。χ^2/df=1.786，即卡方值除以自由度为 1.786，说明模型拟合度很好。从图 5-2 也可以看出高职院校学生情境学习范式认同度调查问卷由六个因子构成，是一个较有竞争力的结构模型，学习目标、学习主体、学习环境、学习活动、学习能力、学习评价与反馈这六个因子之间存在较高的相关度，且每个因子里的题项的负荷都大于 0.6，题项的误差值小于 0.5。此结构与探索性因子分析所得结果相吻合，说明可以采用 6 因子、59 题项的问卷设计。

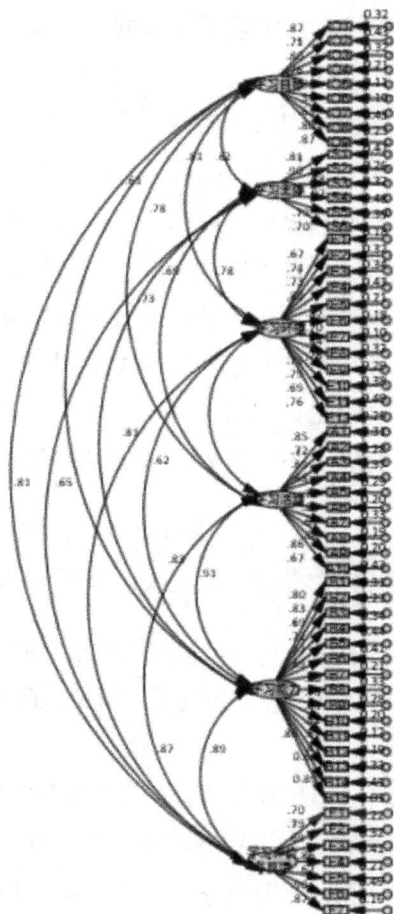

图 5-2　高职院校学生情境学习范式认同度调查问卷六因子结构模型及路径系数

5.形成正式问卷

在问卷维度理论构建基础上初步编制问卷，后经过专家访谈对部分题项进行修订，再进行问卷项目的预测，利用 92 份预测问卷分半进行探索性因子分析和验证性因子分析，最终得到了拟合度很好的高职院校学生情境学习范式认同度调查问卷六因子结构模型。至此，形成了本书的正式问卷《高职院校学生情境学习范式认同度调查问卷（研究者问卷）》，见附录 1.1。在研究者问卷基础上，对各个题项的问法进行调整，形成了高职专业课教师问卷、企业指导教师问卷和学生问卷中的认同度调查部分，分别见附录 1.2、1.3 第二部分，附录 1.4 第三部分。

二、研究者对高职院校学生情境学习范式认同度的调查结果与分析

研究者是高职教育共同体中的一类重要人群，能宏观把握高职教育的规律和特点，凭借对心理学知识、学习心理学理论的掌握，对高职院校学生的学习有着深刻的认识和独到的见解。因此，在考察高职教育共同体对本书所构建的高职院校学生情境学习范式的认同度时，高职教育研究者是首要的调查对象。本部分利用已设计并通过论证的、科学的《高职院校学生情境学习范式认同度调查问卷（研究者问卷）》对高职教育研究者进行调查，在对调查获取的样本数据进行科学性论证之后，不仅整体描述研究者对情境学习范式的认同程度，而且从研究者的不同类型特征出发，深入分析其对该范式各项内容认同的差异。

（一）研究者对高职学生情境学习范式认同度的调查介绍

利用设计好的问卷（附录 1.1）进行正式测试。为保障研究结果正确、后续分析科学，在确保测试样本有效的情况下，对测试问卷的信效度进行检验。

1.有效样本情况

由于高职教育研究者分布比较分散，包括各高职院校的领导、管理人员，各级高教所和职教所的研究人员，在有职业技术教育学硕士点或博士点攻读学位和工作的研究者、高职教育专家等，本书利用问卷星平台进行问卷发放。共随机发放 300 份，回收有效问卷 288 份，有效率为 96%。有效样本的具体

情况见表5-5。将有效样本的数据资料录入SPSS21.0统计软件,进行统计、分析。

表5-5 "高职院校学生情境学习范式认同度调查问卷(研究者问卷)"

正式测试有效样本基本情况一览表

人口统计学变量	类别	人数	百分比(%)	总数(N)
性别	男	126	43.8	288
	女	162	56.2	
所在单位类型	专科层次的高职院校	108	37.5	288
	本科层次的高职院校(技术应用型本科高校)	20	7.0	
	各省市县职业教育研究机构	9	3.1	
	具有职业技术教育学硕士或博士点的高等学校	106	36.8	
	其他	45	15.6	
职称	无	126	43.8	288
	初级—助教/实习研究员	27	9.4	
	中级—讲师/助理研究员	58	20.1	
	副高—副教授/副研究员	47	16.3	
	正高—教授/研究员	30	10.4	
最终学位	学士	42	14.6	288
	硕士(含在读)	176	61.1	
	博士(含在读)	61	21.2	
	其他	9	3.1	

2. 信度检验

研究者问卷的测量结果采用Likert五点计分法,用克伦巴赫内部一致性系数(Cronbach α系数)作为信度检验的指标,结果见表5-6。由表5-6可知,该问卷中的6个子维度和总问卷的Cronbach α系数都在0.9以上。一般来说,问卷信度系数在0.9以上表明问卷信度很高,非常理想,具有很高的使用价值。

表5-6 "高职院校学生情境学习范式认同度调查问卷(研究者问卷)"的内部一致性信度

检验内容	维度1	维度2	维度3	维度4	维度5	维度6	总问卷
项目数	9	6	12	10	15	7	59
Cronbach α 系数	0.911	0.905	0.934	0.933	0.973	0.942	0.985

3. 效度检验

问卷的效度检验主要从内容效度和结构效度两个方面进行。内容效度检验：首先请 5 名身边的高职教育研究者对问卷内容提出相关建议并做出修改，然后请 2 位相关专家对问卷题目进行最终审核，确保该问卷的内容效度。结构效度检验：研究者问卷的主体内容是量表式题目，可以通过对问卷 6 个维度之间以及各维度与总问卷之间的相关分析进行结构效度检验。分析结果见表 5-7。

表 5-7 "高职院校学生情境学习范式认同度调查问卷（研究者问卷）"维度间相关系数

构成维度	维度 1	维度 2	维度 3	维度 4	维度 5	维度 6	总问卷
维度 1	1.000						
维度 2	0.774**	1.000					
维度 3	0.714**	0.810**	1.000				
维度 4	0.633**	0.758**	0.828**	1.000			
维度 5	0.681**	0.744**	0.822**	0.896**	1.000		
维度 6	0.680**	0.783**	0.846**	0.780**	0.785**	1.000	
总问卷	0.828**	0.900**	0.966**	0.906**	0.914**	0.919**	1.000

注：**p<0.01

从表 5-7 可以看出，各维度与总问卷之间的相关系数在 0.633-0.966（p<0.01）之间，属于中高度相关。问卷 6 个维度之间的相关系数介于 0.633-0.896（p<0.01）之间，属于中度相关，表明问卷 6 个维度之间的鉴别度较为合理，所测评的构念在大方向上较一致，但每两个维度之间又有区别；问卷 6 个维度与总问卷之间的相关系数介于 0.828-0.966（p<0.01）之间，属于高度相关，表明每个维度的测评构念都与总问卷保持一致。因此，总体来看，这份问卷具有较好的结构效度。

（二）研究者对高职学生情境学习范式认同度的描述性统计分析

表 5-8 列出了样本在"高职院校学生情境学习范式认同度调查问卷（研究者问卷）"6 个因子上的最小值、最大值、均值和标准差。据此可以发现：

表 5-8 研究者对高职院校学生情境学习范式认同度的描述性统计

维度	N	Min	Max	M	SD
学习目标	288	1	5	4.01	.714
学习主体	288	1	5	4.08	.727
学习环境	288	1	5	4.03	.655
学习活动	288	1	5	3.95	.716

续表

维度	N	Min	Max	M	SD
学习能力	288	1	5	3.94	.782
学习评价与反馈	288	1	5	4.07	.687
总问卷	288	1	5	4.01	.643

第一，从总体来看，高职教育研究者对本书构建的高职院校学生情境学习范式的认同度较高。总问卷的均值为4.01，不仅远远高于3（一般认同）中间水平，还略高于4（比较认同）。这部分验证了假设1，即高职教育研究者对情境学习范式的认同度处于高等水平。

第二，从各个维度的均值来看，研究者对高职院校学生情境学习范式内容的认同程度排序为学习主体 > 学习评价与反馈 > 学习环境 > 学习目标 > 学习活动 > 学习能力。研究者对情境学习范式下学习主体、学习评价与反馈、学习环境和学习目标四个方面的理念和主张比较认同，相比，对学习活动和学习能力方面倡导的认同度则略低一点，但也都高于3（一般认同）。这说明，高职教育研究者也认为，对于高职院校学生来讲，学习必须要激发学生自己的积极主动性，发挥学生个体和群体的主体性作用，不能像普通教育中太过注重教师的主导作用，淡化学生群体内的合作；针对高职学生学习的评价，他们认为应该加强对学生专业技能的现场评价，不能倚重纸笔测验。此外，在学习环境方面，研究者们不仅主张高职学生的实习岗位要与其专业对口，实习环境要利于其专业技能的掌握，而且倡导高职学生在知识或技能最终得以应用的场境中学习，不能束缚于课堂和校园。值得一提的是，在学习目标方面，一向被忽视的学生职业身份的构建与认同在此次调查中得到了研究者们的普遍认同，体现这一内容的三个题项O7、O8、O9的均值达到了4.10，而意义的构建和身份的认同正是情境学习的精髓所在。需要说明的是均值最低的学习能力，在数据统计结果中，研究者们对学习能力认同度存在差异，其中实践能力的认同度得分最高，为4.09，而创新能力的认同度得分最低，低至3.80，这一结果与访谈得到的信息一致。

［Y1］我觉得高职学生最重要的能力就是动手操作能力，对他们来说，让其创新似乎很难做到。

［Y2］虽然国家提出了大众创业、万众创新，但要求高职学生拥有创新

能力那很难，不能期盼他们在工作岗位上进行技术创新的，对小问题的认识、解决能有创新思维就够了。

（三）不同单位类型研究者对高职学生情境学习范式认同度的差异分析

按照本书研究边界的划定，高职教育研究者分布在不同的单位中，既有身居专科、本科层次高职院校一线的研究者，又有居于研究机构和高校对高职教育进行研究的人员。以研究者的单位类型为自变量，以研究者对高职院校学生情境学习范式在六个维度上的认同程度为因变量，进行单因素方差分析。表 5-9 分别列出了专科层次高职院校、本科层次高职院校（技术应用型本科）、各省市县职教研究机构和具有职业技术教育学硕士或博士点的高校这几种单位类型的研究者在"高职院校学生情境学习范式认同度调查问卷（研究者问卷）"六个维度上的平均得分、标准差以及单因素方差分析 F 检验之后的结果。

表 5-9　不同单位类型研究者对高职学生情境学习范式认同度的差异情况

维度	单位类型	N	M	SD	Sig.	F	LSD
学习目标	专科层次的高职院校	108	4.41	.737	0.015	3.15*	A>B，A>E，D>B，D>E
	本科层次的高职院校（技术应用型本科）	20	3.78	.778			
	各省市县职教研究机构	9	3.97	.556			
	具有职业技术教育学硕或博士点的高校	106	4.14	.693			
	其他	45	3.81	.630			
学习主体	专科层次的高职院校	108	4.03	.732	0.020	2.95*	D>A，D>B
	本科层次的高职院校（技术应用型本科）	20	3.71	.649			
	各省市县职教研究机构	9	4.24	.842			
	具有职业技术教育学硕或博士点的高校	106	4.23	.706			
	其他	45	3.98	.712			

续表

维度	单位类型	N	M	SD	Sig.	F	LSD
学习环境	专科层次的高职院校	108	4.04	.636	0.021	2.94*	A>E，D>E
	本科层次的高职院校（技术应用型本科）	20	3.95	.634			
	各省市县职教研究机构	9	3.82	.873			
	具有职业技术教育学硕或博士点的高校	106	4.15	.659			
	其他	45	3.78	.590			
学习活动	专科层次的高职院校	108	3.91	.762	0.109	1.91	n.s.
	本科层次的高职院校（技术应用型本科）	20	3.88	.800			
	各省市县职教研究机构	9	3.87	.800			
	具有职业技术教育学硕或博士点的高校	106	4.09	.690			
	其他	45	3.77	.558			
学习能力	专科层次的高职院校	108	3.91	.831	0.286	1.26	n.s.
	本科层次的高职院校（技术应用型本科）	20	3.93	.859			
	各省市县职教研究机构	9	3.94	.805			
	具有职业技术教育学硕或博士点的高校	106	4.06	.772			
	其他	45	3.76	.620			
学习评价与反馈	专科层次的高职院校	108	4.09	.653	0.048	2.43*	A>E，D>E
	本科层次的高职院校（技术应用型本科）	20	4.04	.692			
	各省市县职教研究机构	9	3.76	.878			
	具有职业技术教育学硕或博士点的高校	106	4.18	.698			
	其他	45	3.84	.652			

n.s. $p>0.05$，*$p<0.05$
　　备注：A 专科层次的高职院校；B 本科层次的高职院校（技术应用型本科）；C 各省市县职教研究机构；D 具有职业技术教育学硕或博士点的高校；E 其他

　　如表 5-9 所示，不同单位类型研究者对高职院校学生情境学习范式中学习目标、学习主体、学习环境、学习评价与反馈这四个方面的认同度存在显著差异。具体来看，学习目标维度上，F 值为 3.15，显著性概率 Sig. 值为 0.015，即 $p<0.05$，且事后检验 LSD 结果显示，A>B，D>B，这表明，在专科层次高职院校和具有职业技术教育学硕士或博士点的高校工作的研究者对情境学习范式的认同度显著高于本科层次高职院校的研究者。这与技术应用型本科高校还处于转型阶段有关，其相关研究人员还未对高职教育快速准确地定位，自然对高职学生的学习目标不甚了解，因此，对情境学习范式下强调知识积累、技能获得和身份认同的综合学习目标认同度较低。学习主体维度上，不同单位类型研究者对情境学习范式的认同度也存在显著差异（Sig.=0.02<0.05），从事后检验 LSD 来看，具有职业技术教育学硕士或博士点的高校研究者对情境学习范式的认同度显著高于专科和本科层次的高职院校研究者，从其均值来看，达到了 4.23 的高认同度水平。学习环境和学习评价与反馈这两个维度上，专科层次高职院校研究者和具有职业技术教育学硕士或博士点的高校研究者对情境学习范式的认同度都显著高于其他研究者。但在学习活动和学习能力维度上，显著性概率 Sig. 值都大于 0.05，说明在这两个维度上，不同单位类型研究者的认同度并不存在显著差异。

总的来看，相比其他研究者，尤其是转型做高职教育的技术应用型本科高校研究者，专科层次高职院校研究者和具有职业技术教育学硕士或博士点的高校研究者对情境学习范式的认同度更高。

（四）不同职称研究者对高职学生情境学习范式认同度的差异分析

职称对于专业技术人员来说，能够反映其技术水平、工作能力；就学术而言，能够反映研究人员的学术水平。因此，从理论上讲，具有不同职称的研究者，对高职院校学生学习的理解也会不同，对情境学习范式的认同度也会存在差异。但差异是否达到了显著水平，则需要进行统计学上的检验。表 5–10分别列出了不同职称研究者对情境学习范式六个方面认同度的平均得分、标准差以及单因素方差分析 F 检验之后的结果。需要说明的是，在职称一列有"无"这一选项，但并不意味选择该选项的研究者无高职教育研究经验或高职教育研究能力最低，选择这一选项的被试大多数都是具有职业技术教育学硕士或博士点的高校的研究生，他们中很多人已达到了初级，甚至中级职称研究者的研究水平。

表 5-10　不同职称研究者对高职学生情境学习范式认同度的差异情况

维度	职称	N	M	SD	Sig.	F	LSD
学习目标	无	126	4.08	.722	0.044	2.25*	A>E，B>E
	初级—助教/实习研究员	27	4.17	.544			
	中级—讲师/助理研究员	58	3.90	.523			
	副高—副教授/副研究员	47	4.00	.701			
	正高—教授/研究员	30	3.73	1.026			
学习主体	无	126	4.15	.754	0.075	2.15	n.s.
	初级—助教/实习研究员	27	4.20	.619			
	中级—讲师/助理研究员	58	3.89	.642			
	副高—副教授/副研究员	47	4.17	.715			
	正高—教授/研究员	30	3.89	.817			
学习环境	无	126	4.06	.659	0.299	1.23	n.s.
	初级—助教/实习研究员	27	4.14	.638			
	中级—讲师/助理研究员	58	3.91	.613			
	副高—副教授/副研究员	47	4.09	.626			
	正高—教授/研究员	30	3.89	.763			
学习活动	无	126	3.95	.701	0.123	1.83	n.s.
	初级—助教/实习研究员	27	4.14	.628			
	中级—讲师/助理研究员	58	3.89	.682			
	副高—副教授/副研究员	47	4.07	.723			
	正高—教授/研究员	30	3.70	.850			
学习能力	无	126	3.99	.750	0.036	2.23*	E>C，E>A
	初级—助教/实习研究员	27	4.14	.711			
	中级—讲师/助理研究员	58	3.96	.688			
	副高—副教授/副研究员	47	3.92	.855			
	正高—教授/研究员	30	4.00	.750			
学习评价与反馈	无	126	4.11	.694	0.544	0.77	n.s.
	初级—助教/实习研究员	27	4.19	.764			
	中级—讲师/助理研究员	58	3.98	.615			
	副高—副教授/副研究员	47	4.09	.626			
	正高—教授/研究员	30	3.95	.808			

n.s. $p>0.05$，*$p<0.05$

备注：A 无；B 初级—助教/实习研究员；C 中级—讲师/助理研究员；D 副高—副教授/副研究员；E 正高—教授/研究员

　　从表 5-10 可以看出，不同职称研究者对高职学生情境学习范式六个维度的认同度存在差异，在学习目标和学习能力两个维度上，差异显著性概率 Sig. 值都小于 0.05，而在其他四个维度上，差异显著性概率 Sig. 值都大于 0.05。这表明，无职称、具有初级、中级、副高和正高等不同职称的研究者，对高职院校学生情境学习范式中学习目标和学习能力这两个维度的认同度存在显著差异，而对学习主体、学习环境、学习活动和学习评价与反馈这四个维度的认同度不存在显著差异。存在显著差异的两个维度的具体情况需要查看其对应的事后检验 LSD。在学习目标维度上，LSD 显示 A>E，B>E，说明无职称和具有初级职称的研究者对情境学习范式的认同度显著高于具有正高职称的研究者，这一结果虽出乎意料，但通过访谈便可理解。在访谈中，具有高级职称的研究者谈到，在当今时代，高职学生不仅要掌握专业方面的知识和技能，获得对职业身份的认同，还要让他们学习人文知识，接受人文熏陶，践行企业文化，不能成为技术的奴隶。高级职称的研究者们对高职学生的学习目标有着更高的期待。由此，相比其他研究者，高级职称研究者对学生情境学习范式下的学习目标的认同度（均值 3.73>3 一般认同）较低就可以理解了。在学习能力维度上，LSD 显示 E>C，E>A，说明具有高级职称的研究者对情境学习范式下学生学习能力的认同度显著高于具有中级职称的研究者和无职称的研究者。通过对学习能力二级维度的深入分析，发现具有高级职称的研究者在学习能力五个二级维度上的认同度得分都比较高，注重在情境学习中培养学生的认知能力、实践能力、表达能力、反思能力和创新能力，而其他研究者则只强调这五种能力中的部分能力。

（五）不同学位研究者对高职学生情境学习范式认同度的差异分析

　　与不同职称研究者对高职学生情境学习范式认同度存在差异的道理一样，获得不同学位的研究者对情境学习范式的认同度也会存在差异。表 5-11 分别列出了不同学位研究者对情境学习范式六个方面认同度的平均得分、标准差以及单因素方差分析 F 检验之后的结果。

表 5-11　不同学位研究者对高职学生情境学习范式认同度的差异情况

维度	最终学位	N	M	SD	Sig.	F	LSD
学习目标	学士	42	3.65	.747	0.184	6.30	n.s.
	硕士（含在读）	176	4.11	.664			
	博士（含在读）	61	4.03	.744			
	其他	9	3.52	.709			
学习主体	学士	42	3.63	.748	0.455	8.24	n.s.
	硕士（含在读）	176	4.22	.663			
	博士（含在读）	61	4.03	.752			
	其他	9	3.89	.856			
学习环境	学士	42	3.57	.581	0.003	9.98**	B>A，C>A
	硕士（含在读）	176	4.12	.600			
	博士（含在读）	61	4.10	.675			
	其他	9	3.72	.958			
学习活动	学士	42	3.47	.596	0.004	8.27**	B>A，C>A
	硕士（含在读）	176	4.04	.671			
	博士（含在读）	61	4.05	.774			
	其他	9	3.87	.854			
学习能力	学士	42	3.40	.684	0.208	9.50	n.s.
	硕士（含在读）	176	4.07	.744			
	博士（含在读）	61	4.00	.780			
	其他	9	3.76	.933			
学习评价与反馈	学士	42	3.61	.622	0.035	9.63*	B>A，B>D，C>A，C>D
	硕士（含在读）	176	4.16	.639			
	博士（含在读）	61	4.19	.681			
	其他	9	3.71	.966			

n.s. $p > 0.05$，*$p < 0.05$，**$p < 0.01$
备注：A 学士；B 硕士（含在读）；C 博士（含在读）；D 其他

从表 5-11 可以看出，不同学位研究者在学习目标、学习主体和学习能力这三个维度上的 Sig. 值都大于 0.05，在学习环境、学习活动和学习评价与反馈这三个维度上的 Sig. 值分别为 0.003、0.004、0.035，都小于 0.05。也就是说，具有学士、硕士（含在读）、博士（含在读）和其他学位的研究者对高职学生情境学习范式下学习环境、学习活动和学习评价与反馈的认同度存在显著差异。从事后检验 LSD 的具体结果来看，在学习环境、学习活动和学习评价与反馈三个方面，硕士和博士研究者的认同度都显著高于获得学士学位的研究者（在三个维度上，LSD 中都有 B>A，C>A），且在学习环境和学习活动上的差异极其显著（p<0.01），这表明具有较高学位的研究者因对莱夫和温格情境学习理论的理解更为透彻，因此更倡导高职学生在真实情境中，通过对真实活动的从边缘到中心的参与进行学习；在学习评价与反馈上，LSD 一栏显示 B>D，C>D，说明在此维度上，硕士和博士研究者对情境学习范式的认同度显著高于除获得学士学位以外的研究者，前者更主张对学生在面对实际复杂工作任务时作出的判断和行动进行评价，同时给学生及时有效的反馈，而不倚重学习结束后的纸笔测验。总体而言，具有较高学位的研究者对高职院校学生情境学习范式的认同度更高。

至此，已验证了假设 1 中与研究者相关的部分，即高职教育研究者对情境学习范式的认同度处于高等水平；验证了假设 3 中的全部，即研究者的人口统计学变量如所在单位类型、职称、最终学位等会影响其对情境学习范式的认同度：不同单位类型、不同职称、不同学位的研究者虽对本书构建的高职学生情境学习范式的认同度很高，总问卷均值达到了 4.01，但对情境学习范式中学习目标、学习主体、学习能力、学习环境、学习活动和学习评价与反馈这六个方面的认同度存在显著差异。

三、教师对高职院校学生情境学习范式认同度的调查结果与分析

高职专业课教师和企业指导教师是高职院校学生学校学习和企业实习的直接指导教师，他们对学生的学习更了解，对高职学生在实践中采用什么样的学习模式、什么样的学习范式更适合当前高职学生等更有发言权。因此，本书所构建的高职院校学生情境学习范式能否获得这两类教师的较高认同至关重要。本部分利用在《高职院校学生情境学习范式认同度调查问卷（研究者问卷）》基础上，专门针对高职专业课教师和企业指导教师修订的问卷（见

附录 1.2 和 1.3 第二部分）^①，对教师进行正式调查，在对调查获取的样本数据进行科学性论证之后，不仅分别描述两类教师对情境学习范式的认同程度，而且从两类教师的不同类型特征出发，深入分析其对该范式各项内容认同的差异，同时以访谈结果为辅助解释差异原因。

（一）教师对高职学生情境学习范式认同度的调查介绍

利用高职专业课教师和企业指导教师问卷进行正式测试。在确保两套问卷测试样本都有效的情况下，对测试问卷中认同度调查部分的信效度进行检验。

1. 有效样本情况

教师的样本主要分两大类，一类是高职专业课教师，包括专业理论课教师和实践课教师；一类是企业指导教师，包括在高职院校教授专业理论课或专业实践课和在企业指导学生实习的企业师傅。高职专业课教师问卷共发放300 份，回收有效问卷 285 份，有效率为 95%。由于企业指导教师相对较少，取样也比较难，只通过学生实习、高职教师企业挂职锻炼、企业老师到高职代课等途径发放 100 份问卷，回收有效问卷 91 份，有效率为 91%。有效样本的具体情况见表 5-12。

表 5-12 "高职院校学生情境学习范式认同度调查问卷（教师问卷）"
正式测试有效样本基本情况一览表

问卷	人口统计学变量	类别	人数	百分比（%）	总数（N）
高职专业课教师问卷	性别	男	143	50.2	285
		女	142	49.8	
	年龄	年龄 ≤ 25 周岁	14	4.9	285
		25 周岁 < 年龄 ≤ 35 周岁	132	46.4	
		35 周岁 < 年龄 ≤ 45 周岁	105	36.8	
		45 周岁 < 年龄	34	11.9	

① 附录 1.2 和 1.3 第二部分是《高职院校学生情境学习范式调查问卷》高职专业课教师问卷和企业指导教师问卷中的"高职院校学生情境学习范式认同度情况"部分。本章中的教师问卷如未特别说明都指附录中高职专业课教师问卷和企业指导教师问卷中的认同度调查部分。此外，为与本章标题保持一致，与下一章标题和图表标题相区别，在本章图表标题中称其为"高职院校学生情境学习范式认同度调查问卷（教师问卷）"。

续表

问卷	人口统计学变量	类别	人数	百分比(%)	总数（N）
高职专业课教师问卷	学历	专科以下	0	0	285
		专科	12	4.2	
		大学本科	86	30.2	
		研究生（含硕士、博士）	187	65.6	
	职称	无	14	4.9	285
		初级—助教/实习研究员	46	16.2	
		中级—讲师/助理研究员	132	46.3	
		副高—副教授/副研究员	79	27.7	
		正高—教授/研究员	14	4.9	
高职专业课教师问卷	专业类别	文科	99	34.7	285
		理科	66	23.2	
		工科	102	35.8	
		其他	18	6.3	
	学校层次	本科层次高职院校（技术应用型本科高校）	57	20.0	285
		专科层次高职院校	228	80.0	
	学校类型	国家示范性或骨干校	85	29.8	228
		非国家示范性或骨干校	143	50.2	
企业指导教师问卷	性别	男	73	80.2	91
		女	18	19.8	
	年龄	年龄 ≤ 25 周岁	0	0	91
		25 周岁 < 年龄 ≤ 35 周岁	27	29.7	
		35 周岁 < 年龄 ≤ 45 周岁	28	30.8	
		45 周岁 < 年龄	36	39.6	
	学历	专科以下	0	0	91
		专科	36	39.5	
		大学本科	45	49.5	
		研究生（含硕士、博士）	10	11.0	
	专业类别	文科	18	19.8	91
		理科	21	23.1	
		工科	24	26.4	
		其他	28	30.8	

有效样本中，高职专业课教师和企业指导教师都以中青年教师为主，高职教师中具有研究生学历的是多数，企业教师则以专科和本科学历为主。在285名高职专业课教师样本中，84%的教师教授专业理论课，只有92人（32%）既教授专业理论课，又教授指导专业实践课，是名副其实的"双师型"教师。以男性为主（80.2%）的企业教师则是以教授专业实践课和指导实习为主，在91名企业指导教师样本中，81%的教师指导学生实习，75%的教师教授、指导专业实践课。这说明企业指导教师在高职学生专业学习实践中具有举足轻重的地位。

2. 信度检验

调查两类教师对高职学生情境学习范式认同度的问卷是量表式问卷，因此可用克伦巴赫内部一致性系数作为信度检验的指标，结果见表5–13。由表5–13可知，两套问卷中6个一级维度和总问卷的Cronbach α系数都在0.9以上。说明两套教师问卷都具备很高的信度。

表 5–13 "高职院校学生情境学习范式认同度调查问卷（教师问卷）"的内部一致性信度

问卷	检验内容	维度1	维度2	维度3	维度4	维度5	维度6	总问卷
高职专业课教师问卷	项目数	9	6	12	10	15	7	59
	Cronbach α 系数	0.909	0.940	0.946	0.931	0.968	0.931	0.986
企业指导教师问卷	项目数	9	6	12	10	15	7	59
	Cronbach α 系数	0.946	0.918	0.941	0.920	0.950	0.926	0.988

3. 效度检验

教师问卷的内容效度检验方法与研究者问卷相同。结构效度检验同样采用的是皮尔逊（Pearson）相关分析，分别分析两套问卷中6个维度之间以及各维度与总问卷之间的相关程度。相关系数见表5–14。从表中可以看出，高职专业课教师问卷中，各维度与总问卷之间的相关系数在0.654–0.953（$p<0.01$）之间，属于中高度相关；问卷6个维度之间的相关系数介于0.654–0.893（$p<0.01$）之间，属于中度相关；问卷6个维度与总问卷之间的相关系数介于0.865–0.953（$p<0.01$）之间，属于高度相关。企业指导教师问卷中，各维度之间以及各维度与总问卷之间的相关系数更高，在0.832–0.978（$p<0.01$）之间，属于高度相关。因此，总体来看，两套问卷具有很好的结构效度，符合测量要求。

表 5-14　"高职院校学生情境学习范式认同度调查问卷（教师问卷）"维度间相关系数

问卷	构成维度	维度1	维度2	维度3	维度4	维度5	维度6	总问卷
高职专业课教师问卷	维度1	1.000						
	维度2	0.840**	1.000					
	维度3	0.790**	0.855**	1.000				
	维度4	0.718**	0.700**	0.886**	1.000			
	维度5	0.701**	0.699**	0.859**	0.891**	1.000		
	维度6	0.654**	0.689**	0.798**	0.814**	0.893**	1.000	
	总问卷	0.865**	0.882*	0.953**	0.923**	0.930**	0.891**	1.000
企业指导教师问卷	维度1	1.000						
	维度2	0.899**	1.000					
	维度3	0.876**	0.942**	1.000				
	维度4	0.869**	0.897**	0.959**	1.000			
	维度5	0.832**	0.901**	0.969**	0.961**	1.000		
	维度6	0.872**	0.852**	0.894**	0.948**	0.925**	1.000	
	总问卷	0.932**	0.954**	0.978**	0.977**	0.968**	0.953**	1.000

注：**p<0.01

通过对测试问卷的信度和效度检验，两套教师问卷都具备很高的信效度，可以对问卷调查结果进行深入分析。

（二）高职教师对高职学生情境学习范式认同度的调查结果与分析

作为直接指导学生学习的高职专业课教师，他们是如何认识情境学习范式的？对高职学生应用情境学习范式的认同程度又如何？我们通过访谈和问卷对此进行了调查，下面先呈现问卷调查结果，然后结合访谈中获取的信息，利用相关知识，从各种角度对调查数据进行分析。

1.高职专业课教师对高职学生情境学习范式认同度的描述性统计

表 5-15 列出了高职专业课教师样本在"高职院校学生情境学习范式认同度调查问卷"6 个因子上的最小值、最大值、均值和标准差。据此可以发现：

表 5-15　高职专业课教师对高职学生情境学习范式认同度的描述性统计

维度	N	Min	Max	M	SD
学习目标	285	1	5	4.04	.744
学习主体	285	1	5	4.18	.810

续表

维度	N	Min	Max	M	SD
学习环境	285	1	5	4.07	.752
学习活动	285	1	5	3.98	.746
学习能力	285	1	5	4.07	.752
学习评价与反馈	285	1	5	4.07	.767
总问卷	285	1	5	4.07	.691

第一，从总体来看，高职专业课教师对高职学生情境学习范式的认同度较高。总问卷均值为4.07，高于4比较认同的水平。这部分验证了假设1，即高职专业课教师对情境学习范式的认同度处于高等水平。

第二，从各个维度的均值来看，高职专业课教师对情境学习范式内容的认同程度排序为学习主体＞学习环境＝学习能力＝学习评价与反馈＞学习目标＞学习活动。高职专业课教师对情境学习范式下学习主体的认同度最高，对学习环境、学习能力、学习评价与反馈以及学习目标这四个方面的理念和主张也比较认同，相比，对学习活动的认同度则略低一点，但也高于3一般认同的水平。学习活动下包括元认知监控、方法与策略、活动参与度三个二级维度，在这三个维度中，拉低学习活动总体得分的是元认知监控这个维度。高职学生情境学习范式主张学生应根据自身专业特点对自己的学习活动做好计划，积极、自觉地对自己的专业学习进行监视和控制等，但在访谈中，当问及"您是如何看待高职院校学生的学习的？"时，多数老师不仅没主动说高职学生与普通学校学生学习特点的不同，反而讲到高职学生自我管理能力比较弱，自主学习意识不强，需要老师的监督等（访谈记录片段见下文）。教师对高职学生学习的这种认识必定会影响其对学习活动下元认知监控的认同程度。

〔我〕您是如何看待高职院校学生的学习的？您觉得高职学生的学习与普通学校学生的学习有什么不同？

〔G1〕怎么说呢，我觉得最大的不同应该是我们的学生大多没有学习的渴求，更没有学习的动力，能完成基本的学习任务就够不错了，这都得我们当老师的逼迫着、督促着……

2.不同专业类别高职教师对情境学习范式认同度的差异分析

专业不同，对学习方法、学习环境、学习活动等的要求也会不同。自然，不同专业类别的高职专业课教师对情境学习范式的认同度也会存在差异。以高职教师的专业类别为自变量，以其对高职院校学生情境学习范式在六个维度上的认同程度为因变量，进行单因素方差分析。表 5-16 分别列出了文科、理科、工科和其他四大类专业教师在"高职院校学生情境学习范式认同度调查问卷（高职专业课教师问卷）"六个维度上的平均得分、标准差以及单因素方差分析 F 检验之后的结果。

表 5-16　不同专业类别高职教师对情境学习范式认同度的差异情况

维度	专业类别	N	M	SD	Sig.	F	LSD
学习目标	文科	99	3.75	.802	0.046	2.43*	B>A，C>A
	理科	66	4.19	.700			
	工科	102	4.10	.721			
	其他	18	3.95	.592			
学习主体	文科	99	4.22	.842	0.720	0.45	n.s.
	理科	66	4.24	.836			
	工科	102	4.13	.779			
	其他	18	4.17	.719			
学习环境	文科	99	4.02	.698	0.039	2.82*	C>D
	理科	66	4.05	.759			
	工科	102	4.25	.756			
	其他	18	3.71	.869			
学习活动	文科	99	3.95	.714	0.204	1.54	n.s.
	理科	66	4.08	.772			
	工科	102	4.00	.752			
	其他	18	3.67	.758			
学习能力	文科	99	4.06	.705	0.515	0.77	n.s.
	理科	66	4.16	.770			
	工科	102	4.07	.772			
	其他	18	3.86	.843			
学习评价与反馈	文科	99	4.11	.749	0.082	2.56	n.s.
	理科	66	4.17	.740			
	工科	102	4.03	.782			
	其他	18	3.67	.796			

n.s. $p>0.05$，*$p<0.05$
备注：A 文科；B 理科；C 工科；D 其他

从表 5-16 可以看出，不同专业类别高职教师对情境学习范式中学习目标和学习环境这两个方面的认同度存在显著差异。具体来看，学习目标维度上，F 值为 2.43，显著性概率 Sig. 值为 0.046，即 p<0.05，事后检验 LSD 结果为 B>A，C>A，这表明，理工科专业高职教师对情境学习范式的认同度显著高于文科专业教师的认可度。这与理工科专业更要求学生掌握专业实践知识、程序性知识、缄默知识以及专业核心技能，尽快获得对专业所对应职业身份的认同有着密切关系。在学习环境维度上，理科和工科专业高职教师对情境学习范式的认同度也存在显著差异（Sig.=0.039<0.05），从事后检验 LSD 来看，工科专业教师对情境学习范式的认同度显著高于理科专业教师，从其均值来看，达到了 4.25 的高认同度水平。这表明，相比理科专业，工科专业教师更认为高职学生应该在真实工作情境中学习，这利于学生加深对专业知识的理解，更快习得专业技能。但在其他维度上，显著性概率 Sig. 值都大于 0.05，说明除学习目标和学习环境之外，不同专业类别高职教师对情境学习范式的认同度虽不同，但并未达到显著水平。

3. 不同层次学校高职教师对情境学习范式认同度的差异分析

在本书中，高职院校包括本科和专科两个层次，专科层次高职院校是我们熟知的后缀为"职业技术学院""职业学院""高等专科学校"等的全日制普通高等学校，本科层次高职院校是指 2014 年转型做职业教育的 600 多所地方本科院校，也被称为技术应用型本科高校。学校层次不同，其教师对情境学习范式的认同度也会存在差异。本书对两种层次学校的专业课教师都进行了调查，为探知两类教师对情境学习范式的认同度是否存在显著差异，还对两类教师的认同度均值进行了独立样本 t 检验。表 5-17 分别列出了不同学校层次高职专业课教师对学生情境学习范式六个维度的认同度平均得分、标准差以及独立样本 t 检验之后的结果。

表 5-17　不同层次学校高职教师对情境学习范式认同度的差异情况

维度	学校层次	N	M	SD	t	Sig.（2-tailed）
学习目标	本科层次高职院校（技术应用型本科高校）	57	3.22	.443	−11.23**	0.001
	专科层次高职院校	228	4.25	.657		

续表

维度	学校层次	N	M	SD	t	Sig.（2-tailed）
学习主体	本科层次高职院校（技术应用型本科高校）	57	3.15	.520	−14.11**	0.000
	专科层次高职院校	228	4.44	.643		
学习环境	本科层次高职院校（技术应用型本科高校）	57	3.02	.364	−16.01**	0.000
	专科层次高职院校	228	4.32	.581		
学习活动	本科层次高职院校（技术应用型本科高校）	57	3.10	.344	−12.29**	0.000
	专科层次高职院校	228	4.20	.652		
学习能力	本科层次高职院校（技术应用型本科高校）	57	3.16	.371	−16.05**	0.000
	专科层次高职院校	228	4.30	.642		
学习评价与反馈	本科层次高职院校（技术应用型本科高校）	57	3.10	.416	−13.83**	0.000
	专科层次高职院校	228	4.31	.629		

注：**$p<0.01$

从表 5-17 可以明显地看出，在六个维度上，双侧检验 p（Sig）值都小于 0.01，说明本科层次和专科层次高职院校专业课教师对情境学习范式六个方面的认同度都存在极其显著的差异。从均值 M 可以看出，专科层次高职院校教师对情境学习范式的认同度极其显著地高于本科层次。这一结果从侧面说明了，转型高校目前对高职院校学生的学习理念了解还不够深入。虽然这些高校转型做现代职业教育已有 6 年，但对自身的定位仍然不准，转型高校的宏观层面研究比较多，深入到转型高校内部研究学生学习的却鲜有，导致学校教师对学生的培养仍然定位于原来的学术型人才，甚至对技术技能型人才的培养有所排斥。而专科层次高职教师对自己培养的学生一直以来都定位于技术技能型人才，期盼他们成为能工巧匠，而要培养这样的人才就需要在工作情境中学习。所以，他们对情境学习范式的认同度会显著高于本科层次的教师。

4. 不同类型学校高职教师对情境学习范式认同度的差异分析

近些年国家大力发展职业教育，2006 年底启动了"国家示范性高等职业院校建设计划"，2010 年又实施了"国家骨干高职院校建设计划"。这两项"国家计划"极大地带动了我国高职院校的改革发展，我国高职院校也因此被分成了发展水平大不相同的两类。为了解国家示范性或骨干型高职院校专业课教师对情境学习范式的认可度是否显著高于普通高职院校的专业课教师，本书在 285 名教师样本中选出属于专科层次高职院校的 228 名教师，并将这些教师按所在学校类型是否是国家示范性或骨干型高职院校进行分类，在此基础上做独立样本 t 检验，看其在统计学上是否存在显著差异。表 5-18 分别列出了国家示范性或骨干型高职院校和普通高职院校教师对情境学习范式六个方面认同度的平均得分、标准差以及独立样本 t 检验之后的结果。

表 5-18　不同类型学校高职教师对情境学习范式认同度的差异情况

维度	学校类型	N	M	SD	t	Sig.（2-tailed）
学习目标	示范 / 骨干高职院校	85	4.60	.582	-14.53**	0.001
	普通高职院校	143	3.66	.395		
学习主体	示范 / 骨干高职院校	85	4.78	.345	-13.81**	0.000
	普通高职院校	143	3.88	.636		
学习环境	示范 / 骨干高职院校	85	4.68	.324	-20.31**	0.000
	普通高职院校	143	3.72	.381		
学习活动	示范 / 骨干高职院校	85	4.57	.419	-16.72**	0.000
	普通高职院校	143	3.57	.466		
学习能力	示范 / 骨干高职院校	85	4.70	.349	-20.15**	0.000
	普通高职院校	143	3.63	.439		
学习评价与反馈	示范 / 骨干高职院校	85	4.64	.415	-14.51**	0.000
	普通高职院校	143	3.74	.513		

注：**p<0.01

从表 5-18 可以看出，国家示范性或骨干型高职院校和普通高职院校教师在情境学习范式六个维度上的双侧检验 p（Sig）值都小于 0.01，存在极其显著的差异，且示范 / 骨干高职院校每个维度的均值都高于普通高职院校，表明国家示范性或骨干型高职院校专业课教师对高职学生情境学习范式中学习目标、主体、环境、活动、能力和评价与反馈的认可度都极其显著地高于普通高职院校的教师。

至此，已验证了假设 1 中与高职专业课教师相关的部分，即高职专业课教师对情境学习范式的认同度处于高等水平；验证了假设 4 中的全部，即高职专业课教师的专业类别、学校层次、所在学校是否是国家示范性或骨干型高职院校等会影响其对情境学习范式的认同度：虽然不同专业类别、不同层次学校、不同类型学校专业课教师对本书构建的高职学生情境学习范式的认同度都很高，总问卷均值达到了4.07，但对情境学习范式中六个方面的认同度存在显著差异。

（三）企业指导教师对高职学生情境学习范式认同度的调查结果与分析

校企合作是发展职业教育的重要途径，也是高职重要的人才培养模式。校企合作是一种互动式的合作，既包括高职院校的师生到企业挂职锻炼、实习、学习等，也包括企业相关人员到高职院校走访、任教等。其中，最为普遍的一种合作就是高职院校学生到企业一线进行不同阶段的实习，企业技术人员到高职院校教授专业理论课、专业实践课或在企业中指导来企学生实习。这种合作对高职学生技术技能的学习、高职人才的培养起着至关重要的作用。企业指导教师作为这一合作的关键性人物，对高职学生的专业学习非常熟悉。因此，对高职院校学生情境学习范式的认同度进行调查，企业指导教师这一样本必不可少。而且，企业指导教师的年龄、学历、指导学生的专业类别等不同，对情境学习范式的认同度也会存在差异。

1.企业指导教师对高职学生情境学习范式认同度的描述性统计分析

表5-19列出了91个企业指导教师样本在"高职院校学生情境学习范式认同度调查问卷（企业指导教师问卷）"6个因子上的最小值、最大值、均值和标准差。据此可发现：

表5-19　企业指导教师对高职学生情境学习范式认同度的描述性统计

维度	N	Min	Max	M	SD
学习目标	91	1	5	4.24	.686
学习主体	91	1	5	4.23	.630
学习环境	91	1	5	4.28	.617
学习活动	91	1	5	4.22	.607
学习能力	91	1	5	4.27	.571
学习评价与反馈	91	1	5	4.27	.648
总问卷	91	1	5	4.25	.601

第一，从总体来看，企业指导教师对高职学生情境学习范式的认同度很高。总问卷均值为4.25，比研究者（4.01）和高职专业课教师（4.07）对情境学习

范式的认同度都高。这部分验证了假设 1，即企业指导教师对情境学习范式的认同度处于高等水平。

第二，从各个维度的均值来看，企业指导教师对情境学习范式内容的认同程度排序为学习环境 > 学习能力 = 学习评价与反馈 > 学习目标 > 学习主体 > 学习活动。企业指导教师对情境学习范式下学习环境的认同度最高，他们认为学生要学会技术、掌握技能必须进行真刀真枪的实战，在真实情境中通过任务的完成来学习，这与访谈得到的信息相一致（访谈记录片段见下文）。但对情境学习范式主张的，学习是学生在实践共同体中从边缘到中心的参与，即学习活动的参与度，多数企业指导教师都谈到，学生在企业实习中要做到中心参与很难，在实习期间只能是边缘参与。因此，学习活动维度的认可度在六个维度中是最低的（4.22）。

［我］您如何看待公共实训基地、校内实训基地、高度仿真学习环境以及真实工作环境等对高职院校学生学习的作用的？

［Q1］仿真学习环境我不太懂，但什么样的实训基地都替代不了企业里的真实环境，我们这里很多学生在下来之前（到企业之前）都在学校的实训基地里学习过，可技术还是不行，来了还是上不了手，我们还得手把手教，在车间这种环境里待上个一年半载才能真正学到点技术，但是能领悟多少，还得看小孩的悟性啊，技术这种东西很多是讲不明白的……

2. 不同年龄企业教师对高职学生情境学习范式认同度的差异分析

对企业师傅来讲，年龄在一定程度上代表了他们从事某一职业的经验。因此，不同年龄企业指导教师对高职学生情境学习范式的认同度也会存在差异。以企业指导教师的人口统计学变量年龄为自变量，以其对高职院校学生情境学习范式在六个维度上的认同程度为因变量，进行单因素方差分析。表 5-20 分别列出了三个主要年龄段企业指导教师在"高职院校学生情境学习范式认同度调查问卷（企业指导教师问卷）"六个维度上的平均得分、标准差以及单因素方差分析 F 检验之后的结果。

表 5-20　不同年龄企业指导教师对高职学生情境学习范式认同度的差异情况

维度	年龄	N	M	SD	Sig.	F	LSD
学习目标	25 周岁 < 年龄 ≤ 35 周岁	27	4.09	.607	0.358	1.04	n.s.
	35 周岁 < 年龄 ≤ 45 周岁	28	4.25	.769			
	45 周岁 < 年龄	36	4.34	.671			
学习主体	25 周岁 < 年龄 ≤ 35 周岁	27	3.92	.365	0.001	7.64**	C>A, C>B
	35 周岁 < 年龄 ≤ 45 周岁	28	4.18	.751			
	45 周岁 < 年龄	36	4.50	.579			
学习环境	25 周岁 < 年龄 ≤ 35 周岁	27	4.06	.464	0.001	7.53**	C>A, C>B
	35 周岁 < 年龄 ≤ 45 周岁	28	4.10	.732			
	45 周岁 < 年龄	36	4.56	.512			
学习活动	25 周岁 < 年龄 ≤ 35 周岁	27	4.23	.418	0.100	2.36	n.s.
	35 周岁 < 年龄 ≤ 45 周岁	28	4.04	.723			
	45 周岁 < 年龄	36	4.37	.604			
学习能力	25 周岁 < 年龄 ≤ 35 周岁	27	4.23	.287	0.003	6.34**	C>A, C>B
	35 周岁 < 年龄 ≤ 45 周岁	28	4.03	.689			
	45 周岁 < 年龄	36	4.51	.552			
学习评价与反馈	25 周岁 < 年龄 ≤ 35 周岁	27	4.39	.381	0.110	2.26	n.s.
	35 周岁 < 年龄 ≤ 45 周岁	28	4.06	.726			
	45 周岁 < 年龄	36	4.35	.716			

n.s. p>0.05, *p<0.05
备注：A 25 周岁 < 年龄 ≤ 35 周岁；B 35 周岁 < 年龄 ≤ 45 周岁；C 45 周岁 < 年龄

　　从表 5-20 可以看出，学习主体、学习环境和学习能力这三个维度上的显著性概率 Sig. 值都小于 0.01，表明不同年龄段企业指导教师对情境学习范式中以上三个方面的认同度存在极其显著的差异。且事后检验 LSD 结果都为 C>A，C>B，说明年龄大于 45 周岁的企业指导教师对情境学习范式的认同度极其显著地高于年龄低于 45 周岁的企业教师。也就是说，年龄大的企业指导教师由于有更丰富的专业实践经验和生活经验，更认同高职学生在工作情境中学习，他们强调学生个体能动性的发挥和学生群体之间的合作，注重从长远出发培养学生的认知能力、实践能力、反思能力等综合能力。但在其他维度上，显著性概率 Sig. 值都大于 0.05，说明除这三方面之外，不同年龄段企业指导教师对情境学习范式的认同度虽有差异，但并未达到显著水平。

3. 不同学历企业教师对高职学生情境学习范式认同度的差异分析

虽说经验对于企业指导教师来说至关重要，但拥有较高的学历，具备更扎实、全面的理论知识能更好地指导实践，促进理论与实践之前的相互论证与转化，生成更丰富宝贵的经验。同时，学历不同，企业指导教师对高职学生的学习也会持不同看法，对高职学生情境学习范式的认同度也会存在差异。表 5-21 分别列出了不同学历企业指导教师对情境学习范式六个方面认同度的平均得分、标准差以及单因素方差分析 F 检验之后的结果。

表 5-21　不同学历企业指导教师对高职学生情境学习范式认同度的差异情况

维度	学历	N	M	SD	Sig.	F	LSD
学习目标	专科	36	4.07	.646			
	大学本科	45	4.37	.678	0.001	6.15**	C>A, C>B
	研究生（含硕博）	10	4.89	.091			
学习主体	专科	36	4.03	.558			
	大学本科	45	4.34	.534	0.060	2.57	n.s.
	研究生（含硕博）	10	4.58	.226			
学习环境	专科	36	4.11	.515			
	大学本科	45	4.40	.451	0.003	5.13**	C>A
	研究生（含硕博）	10	4.78	.815			
学习活动	专科	36	4.12	.392			
	大学本科	45	4.31	.605	0.012	3.89*	C>A
	研究生（含硕博）	10	4.68	.103			
学习能力	专科	36	4.29	.397			
	大学本科	45	4.28	.458	0.027	3.21*	C>A, C>B
	研究生（含硕博）	10	4.71	.032			
学习评价与反馈	专科	36	4.41	.430			
	大学本科	45	4.21	.682	0.002	5.17**	C>B
	研究生（含硕博）	10	4.80	.074			

n.s. $p>0.05$，*$p<0.05$，**$p<0.01$
备注：A 专科；B 大学本科；C 研究生（含硕博）

从表 5-21 可以看出，除学习主体维度外，不同学历企业指导教师对情境学习范式的认同度都存在显著差异。在学习目标、学习环境和学习评价与反馈这三个维度上的 Sig. 值分别为 0.001、0.003、0.002，都小于 0.01，差异达到了极其显著的水平；在学习活动和学习能力这两个维度上，Sig. 值大于 0.01，但小于 0.05，差异达到了显著水平。从事后检验 LSD 的结果来看，获得研究生学历的企业指导教师相比其他企业教师因对莱夫和温格情境学习理论的理解更深刻，因此更认同本书构建的高职院校学生情境学习范式。

4. 不同专业类别企业教师对高职学生情境学习范式认同度的差异分析

企业指导教师所指导学生的专业类别不同，也会影响其对情境学习范式的认同程度。以企业指导教师指导学生的专业类别为自变量，以其对高职院校学生情境学习范式在六个维度上的认同程度为因变量，进行单因素方差分析。表 5-22 分别列出了文科、理科、工科和其他四大类专业企业指导教师在"高职院校学生情境学习范式认同度调查问卷（企业指导教师问卷）"六个维度上的平均得分、标准差以及单因素方差分析 F 检验之后的结果。

表 5-22　不同专业类别企业指导教师对高职学生情境学习范式认同度的差异情况

维度	专业类别	N	M	SD	Sig.	F	LSD
学习目标	文科	18	3.62	.175	0.000	71.12**	C>A，B>A，B>D，C>D
	理科	21	4.79	.297			
	工科	24	4.83	.098			
	其他	28	3.69	.601			
学习主体	文科	18	3.68	.194	0.000	24.23**	C>A，B>A
	理科	21	4.59	.282			
	工科	24	4.70	.251			
	其他	28	3.92	.764			
学习环境	文科	18	3.90	.364	0.000	22.29**	C>A，B>A，B>D，C>D
	理科	21	4.67	.296			
	工科	24	4.69	.154			
	其他	28	3.85	.741			
学习活动	文科	18	4.03	.351	0.000	26.88**	C>A，B>A，B>D，C>D
	理科	21	4.56	.196			
	工科	24	4.69	.162			
	其他	28	3.70	.713			
学习能力	文科	18	4.13	.214	0.000	15.88**	C>A，B>A，
	理科	21	4.64	.295			
	工科	24	4.57	.215			
	其他	28	3.85	.755			

续表

维度	专业类别	N	M	SD	Sig.	F	LSD
学习评价与反馈	文科	18	4.06	.197	0.000	41.30**	C>A，B>A，B>D，C>D
	理科	21	4.83	.057			
	工科	24	4.67	.177			
	其他	28	3.64	.724			

**p<0.01
备注：A 文科；B 理科；C 工科；D 其他

从表 5-22 可以清楚地看出，六个维度上的显著性概率 Sig. 值都为 0.000，小于 0.01，表明不同专业类别企业指导教师对情境学习范式六个方面的认同度都存在极其显著的差异。事后检验 LSD 结果虽不完全一致，但总的来看，指导理工科专业类别的企业指导教师对情境学习范式的认同度要显著高于文科和其他专业指导教师的认可度。这一结果与不同专业类别高职专业课教师对情境学习范式认同度的差异结果基本相同。这说明，不论是高职院校专业课教师还是企业指导教师都认为，理工科专业类别学生更适合采用情境学习范式进行学习。

本部分验证了假设 1 中与企业指导教师相关的部分，即企业指导教师对情境学习范式的认同度处于高等水平；验证了假设 5 中的全部，即企业指导教师的人口统计学变量如年龄、学历、所指导学生专业类别等会影响其对情境学习范式的认同度：虽然不同年龄段、不同学历、指导学生专业类别不同的企业指导教师对本书构建的高职学生情境学习范式的认同度都很高，总问卷均值达到了 4.25，但对情境学习范式中学习目标、学习主体、学习能力、学习环境、学习活动和学习评价与反馈这六个方面的认同度存在显著差异。

四、学生对情境学习范式认同度的调查结果与分析

高职学生虽然对学习理论不甚了解，但他们是自己学习的主人，经过长达十多年学习的积累，对学习方法、学习技巧、诀窍等也有自己的理解。考察高职院校学生情境学习范式的认同度，对这一范式的主要使用者——高职学生进行调查自然是必不可少的。本部分利用在《高职院校学生情境学习范式认同度调查问卷（研究者问卷）》基础上，专门针对高职学生修订的问卷（见

附录 1.4 第三部分）^①，对高职学生进行大范围的正式调查，在确定问卷和数据科学性之后，先整体描述高职学生对情境学习范式的认同程度，然后从学生的不同类型特征出发，深入分析其对该范式各项内容认同的差异。

（一）学生对情境学习范式认同度的调查介绍

利用学生问卷在全国范围内对本科层次高职院校（技术应用型本科高校）和专科层次高职院校进行正式测试，覆盖了哈尔滨、辽宁、山东、江苏、上海、浙江、广东、内蒙古、山西、安徽、江西、广西、四川、贵州、陕西等东中西大部分省份。在确保问卷测试样本有效的前提下，对测试问卷中认同度调查部分的信效度进行检验。

1.有效样本情况

高职学生问卷共发放 2000 份，回收有效问卷 1861 份，有效率为 93%。有效样本的具体情况见表 5-23。将有效样本的数据资料录入 SPSS21.0 统计软件，进行统计分析。

表 5-23　"高职院校学生情境学习范式认同度调查问卷（学生问卷）"
正式测试有效样本基本情况一览表

人口统计学变量	类别	人数	百分比（%）	总数（N）
性别	男	701	37.7	1861
	女	1160	62.3	
生源地	城市	496	26.7	1861
	农村	1365	73.3	
专业类别	文科	680	36.5	1861
	理科	594	31.9	
	工科	169	9.1	
	其他	418	22.5	
学校层次	本科层次高职院校（技术应用型本科高校）	895	48.1	1861
	专科层次高职院校	966	51.9	

---

① 附录 1.4 第三部分是《高职院校学生情境学习范式调查问卷》（学生问卷）中的"高职院校学生情境学习范式认同度情况"部分。为与本章标题保持一致，与下一章标题和图表标题相区别，在本章图表标题中称其为"高职院校学生情境学习范式认同度调查问卷（学生问卷）"。

续表

人口统计学变量	类别	人数	百分比（%）	总数（N）
学校类型	示范/骨干高职院校	557	29.9	966
	普通高职院校	409	22.0	
所在年级	大一	978	52.6	1861
	大二	563	30.3	
	大三	119	6.4	
	大四	201	10.8	
实习情况	认识实习	594	61.0	978
	跟岗实习	205	23.2	883
	顶岗实习	189	21.4	883

2. 信度检验

"高职院校学生情境学习范式认同度调查问卷（学生问卷）"采用的是 Likert 五点自评量表，因此可用 Cronbach α 系数作为信度检验的指标，结果见表 5-24。由表 5-24 可知，问卷中 6 个一级维度和总问卷的 Cronbach α 系数都在 0.9 以上。说明该问卷具备很高的信度。

表 5-24　"高职院校学生情境学习范式认同度调查问卷（学生问卷）"的内部一致性信度

检验内容	维度1	维度2	维度3	维度4	维度5	维度6	总问卷
项目数	9	6	12	10	15	7	59
Cronbach α 系数	0.933	0.924	0.954	0.947	0.956	0.932	0.987

3. 效度检验

学生问卷的内容效度检验采用的是专家检验法。结构效度检验借助的是 SPSS21.0 得出的皮尔逊（Pearson）相关系数。皮尔逊（Pearson）相关分析主要是分析问卷中维度之间以及各维度与总问卷之间的相关程度。相关系数见表 5-25。从表中可以看出，各维度与总问卷之间的相关系数在 0.770-0.975（p<0.01）之间，属于中高度相关；问卷 6 个维度之间的相关系数介于 0.770-0.887（p<0.01）之间，属于中度相关；问卷 6 个维度与总问卷之间的相关系数介于 0.892-0.975（p<0.01）之间，属于高度相关。表明问卷具有很好的结构效度。

表 5-25　"高职院校学生情境学习范式认同度调查问卷（学生问卷）"维度间相关系数

构成维度	维度1	维度2	维度3	维度4	维度5	维度6	总问卷
维度1	1.000						
维度2	0.835**	1.000					

续表

构成维度	维度1	维度2	维度3	维度4	维度5	维度6	总问卷
维度3	0.815**	0.887**	1.000				
维度4	0.772**	0.821**	0.869**	1.000			
维度5	0.770**	0.821**	0.854**	0.802**	1.000		
维度6	0.800**	0.882**	0.864**	0.839**	0.831**	1.000	
总问卷	0.892**	0.938*	0.975**	0.929**	0.924**	0.952**	1.000

（二）学生对情境学习范式认同度的描述性统计分析

表5-26列出了样本在"高职院校学生情境学习范式认同度调查问卷（学生问卷）"6个维度上的最小值、最大值、均值和标准差。据此可发现：

表5-26 学生对情境学习范式认同度的描述性统计

维度	N	Min	Max	M	SD
学习目标	1861	1	5	3.49	.686
学习主体	1861	1	5	3.54	.723
学习环境	1861	1	5	3.52	.678
学习活动	1861	1	5	3.52	.682
学习能力	1861	1	5	3.54	.682
学习评价与反馈	1861	1	5	3.51	.702
总问卷	1861	1	5	3.52	.646

第一，从总体来看，高职学生对本书构建的高职院校学生情境学习范式的认同度比较高。总问卷的均值为3.52，高于3（一般认同）中间水平。这部分验证了假设1，即学生对情境学习范式的认同度处于高等水平。

第二，从各个维度的均值来看，高职学生对情境学习范式内容的认同程度排序为学习主体＝学习能力＞学习环境＞＝学习活动＞学习能力学习评价与反馈＞学习目标。学生对情境学习范式下学习主体和学习能力这两个方面的理念和主张比较认同，希望在学习中充分发挥自己的积极主动性，充分参与到群体的专业实践中，希望通过学习增强自己的认知能力、实践能力等。然而，在学习目标方面的认同度则略低一点，是所有维度中最低的（3.49），但也高于3一般认同的水平。这主要有两方面的原因：一是，在学生样本中，有48.1%（见表5-24）的学生属于本科层次的转型高校，学校转型尚未成功，学生注重知识积累，强调认知能力的传统尚未转变；二是，在追求高学历的当今社会，即使是专科层次的高职院校，很多学生也将自己的学习目标定位于升学，在学习上比较注重知识的积累，所以对情境学习强调技能获得和身份认同与知识积累综合发展的这一理念认同度不够高。

（三）不同年级学生对情境学习范式认同度的差异分析

随着高职学生年级的升高，他们对高职教育阶段的学习也会有新的认识和更为深刻的理解。因此，不同年级高职学生对情境学习范式的认同度也会存在差异。以高职学生的年级为自变量，以其对高职院校学生情境学习范式在六个维度上的认同程度为因变量，进行单因素方差分析。表5-27分别列出了大一、大二、大三和大四（技术应用型本科为四年制）四个年级高职学生在"高职院校学生情境学习范式认同度调查问卷（学生问卷）"六个维度上的平均得分、标准差以及单因素方差分析F检验之后的结果。

表 5-27 不同年级学生对情境学习范式认同度的差异情况

维度	年级	N	M	SD	Sig.	F	LSD
学习目标	大一	978	3.49	.702	0.045	2.69*	C>A，C>B
	大二	563	3.46	.638			
	大三	119	3.64	.701			
	大四	201	3.54	.724			
学习主体	大一	978	3.51	.722	0.001	5.23**	C>A，C>B
	大二	563	3.52	.695			
	大三	119	3.77	.824			
	大四	201	3.60	.715			
学习环境	大一	978	3.50	.685	0.009	3.90**	C>A，C>B
	大二	563	3.48	.649			
	大三	119	3.68	.683			
	大四	201	3.59	.709			
学习活动	大一	978	3.50	.676	0.002	4.80**	C>A，C>B，D>A，D>B
	大二	563	3.49	.675			
	大三	119	3.69	.681			
	大四	201	3.62	.715			

续表

维度	年级	N	M	SD	Sig.	F	LSD
学习能力	大一	978	3.52	.686	0.028	3.51*	D>A，D>B
	大二	563	3.52	.656			
	大三	119	3.62	.730			
	大四	201	3.66	.690			
学习评价与反馈	大一	978	3.51	.711	0.015	3.51*	C>A，C>B
	大二	563	3.47	.678			
	大三	119	3.69	.727			
	大四	201	3.57	.697			

*p<0.05；**p<0.01

备注：A 大一；B 大二；C 大三；D 大四

从表 5-27 可以看出，不同年级高职学生对情境学习范式六个维度的认同度都存在显著差异。其中，学习主体、学习环境和学习活动这三个维度上的显著性概率 Sig. 值都小于 0.01，表明不同年级学生对情境学习范式以上三个方面的认同度存在极其显著的差异。且事后检验 LSD 结果都有 C>A，C>B，说明不论是专科层次还是本科层次的高职院校，大三年级学生对情境学习范式的认同度都极其显著地高于大一和大二的学生。在学习活动方面，LSD 中有 D>A，D>B，说明技术应用型本科高校大四学生对情境学习范式的认同度也极其显著地高于大一和大二的学生。其他三个维度上的显著性概率 Sig. 值都大于 0.01，但小于 0.05，从 LSD 的结果可以看出，都是大三年级的学生对情境学习范式的认同度显著高于大一、大二的学生。也就是说，年级较高的学生，尤其是大三、大四的学生，由于有了一定的高职学习经验和专业实践经历，更认同情境学习范式。

（四）不同专业类别学生对情境学习范式认同度的差异分析

专业类别不同对学习环境、学习方式方法等的要求也不同，因此，不同专业类别学生对情境学习范式也会有不同的认同程度。以高职学生的专业类别为自变量，以其对高职院校学生情境学习范式在六个维度上的认同程度为因变量，进行单因素方差分析。表 5-28 分别列出了学习文科、理科、工科和其他四大类专业学生在"高职院校学生情境学习范式认同度调查问卷（学生问卷）"六个维度上的平均得分、标准差以及单因素方差分析 F 检验之后的结果。

表 5-28　不同专业类别学生对情境学习范式认同度的差异情况

维度	专业类别	N	M	SD	Sig.	F	LSD
学习目标	文科	680	3.47	.656	0.001	5.89**	C>A, C>B, C>D
	理科	594	3.49	.701			
	工科	169	3.70	.754			
	其他	418	3.47	.674			
学习主体	文科	680	3.51	.194	0.021	3.26*	C>A, C>B
	理科	594	3.52	.282			
	工科	169	3.69	.251			
	其他	418	3.56	.764			
学习环境	文科	680	3.48	.668	0.003	3.58**	C>A, C>B
	理科	594	3.49	.674			
	工科	169	3.66	.705			
	其他	418	3.55	.685			
学习活动	文科	680	3.47	.664	0.000	7.05**	C>A, C>B
	理科	594	3.49	.678			
	工科	169	3.70	.752			
	其他	418	3.58	.673			
学习能力	文科	680	3.48	.669	0.000	6.96**	C>A, C>B
	理科	594	3.52	.667			
	工科	169	3.72	.722			
	其他	418	3.59	.676			
学习评价与反馈	文科	680	3.49	.695	0.048	2.64*	C>A, C>B
	理科	594	3.49	.699			
	工科	169	3.64	.736			
	其他	418	3.54	.689			

*$p<0.05$；**$p<0.01$

备注：A 文科；B 理科；C 工科；D 其他

从表 5-28 可以看出，六个维度上的显著性概率 Sig. 值都小于 0.05，表明不同专业类别高职学生对情境学习范式六个方面的认同度都存在显著差异。在情境学习范式的学习目标、学习环境、学习活动和学习能力方面，Sig. 值分别为 0.001、0.003、0.000、0.000，都小于 0.01，事后检验 LSD 结果虽不完全一致，但都有 C>A，C>B，说明工科专业的学生对情境学习范式的认同度与文科和理科专业的学生有极其显著的差异，且前者极其显著地高于后两者，这一结果与工科专业的学习具有较强实践性和情境性有关。在学习主体和学习评价与反馈方面，工科专业学生对情境学习范式的认同度也要显著高于文科和理科专业学生的认可度。总的来看，不同专业类别学生对情境学习范式认同度的差异情况与不同专业类别高职专业课教师、企业指导教师对情境学习范式认同度的差异境况基本相同。

（五）不同层次学校学生对情境学习范式认同度的差异分析

学校层次不同，其学生对情境学习范式的认同度也会存在差异。本书对本科层次高职院校（技术应用型本科高校）和专科层次高职院校的学生都进行了调查。本科高职院校参与调查的学生有 895 名，占问卷总数的 48.1%，专科层次参与的学生有 966 名，占问卷总数的 51.9%。为探知不同层次学校学生对情境学习范式的认同度是否存在显著差异，对两种层次学校学生的认同度均值进行了独立样本 t 检验。表 5-29 分别列出了不同层次学校学生对情境学习范式六个维度的认同度平均得分、标准差以及独立样本 t 检验之后的 t 值和双侧检验的 Sig. 值。

表 5-29　不同层次学校学生对情境学习范式认同度的差异情况

维度	学校层次	N	M	SD	t	Sig.（2-tailed）
学习目标	本科层次高职院校（技术应用型本科高校）	895	3.02	.272	-38.50**	0.000
	专科层次高职院校	966	3.93	.661		
学习主体	本科层次高职院校（技术应用型本科高校）	895	3.01	.265	-42.50**	0.000
	专科层次高职院校	966	4.03	.667		
学习环境	本科层次高职院校（技术应用型本科高校）	895	3.02	.244	-43.00**	0.000
	专科层次高职院校	966	3.98	.624		
学习活动	本科层次高职院校（技术应用型本科高校）	895	3.03	.240	-41.43**	0.000
	专科层次高职院校	966	3.98	.642		
学习能力	本科层次高职院校（技术应用型本科高校）	895	3.03	.234	-44.39**	0.000
	专科层次高职院校	966	4.01	.619		

续表

维度	学校层次	N	M	SD	t	Sig.（2-tailed）
学习评价与反馈	本科层次高职院校（技术应用型本科高校）	895	3.00	.258	-42.32**	0.000
	专科层次高职院校	966	3.99	.650		

注：**p<0.01

从上表可以明显地看出，六个维度上的显著性概率 Sig. 值都为 0.000，小于 0.01，表明本科层次和专科层次高职院校学生对情境学习范式六个方面的认同度都存在极其显著的差异。从均值 M 可以看出，在六个维度上，专科层次学生对情境学习范式的认同度都极其显著地高于本科层次的。这一结果虽出乎意料，但深入实践对这一结果就不难理解。从高职院校学生学习的一线来看，专科层次高职院校学生虽有选择专升本的，但与本科层次的技术应用型高校考研大军相比，通过学习，掌握技术，毕业选择就业的学生还是占多数。选择就业对于专科层次高职学生来讲就是要有上岗就能上手的技术技能。而技术技能的学习是离不开实践环境的，这与情境学习的理念不谋而合。因此，从总体来看，专科层次高职院校学生对情境学习范式的认同度就会显著高于本科层次的学生。

（六）不同类型学校学生对情境学习范式认同度的差异分析

为了解国家示范性或骨干型高职院校学生对情境学习范式的认可度是否显著高于普通高职院校的学生，本书在 1861 名学生样本中选出属于专科层次高职院校的 966 名学生，并将这些学生按所在学校类型是否是国家示范性或骨干型高职院校进行分类。在此基础上做独立样本 t 检验，看其在统计学上是否存在显著差异。表 5-30 分别列出了国家示范性或骨干型高职院校和普通高职院校学生对情境学习范式六个方面认同度的平均得分、标准差以及独立样本 t 检验之后的结果。

表 5-30　不同类型学校学生对情境学习范式认同度的差异情况

维度	学校类型	N	M	SD	t	Sig.（2-tailed）
学习目标	示范/骨干高职院校	557	4.26	.597	21.55**	0.000
	普通高职院校	409	3.49	.460		

续表

维度	学校类型	N	M	SD	t	Sig.（2-tailed）
学习主体	示范/骨干高职院校	557	4.39	.544	24.73**	0.000
	普通高职院校	409	3.54	.491		
学习环境	示范/骨干高职院校	557	4.34	.503	27.891**	0.000
	普通高职院校	409	3.49	.407		
学习活动	示范/骨干高职院校	557	4.36	.505	29.79**	0.000
	普通高职院校	409	3.46	.401		
学习能力	示范/骨干高职院校	557	4.37	.508	28.34**	0.000
	普通高职院校	409	3.52	.379		
学习评价与反馈	示范/骨干高职院校	557	4.34	.535	25.281**	0.000
	普通高职院校	409	3.51	.458		

注：**p<0.01

从表 5-30 可以清楚地看到，国家示范性或骨干型高职院校和普通高职院校学生在情境学习范式六个维度上的双侧检验 p（Sig）值都为 0.000，小于 0.01，表明不同学校类型学生对情境学习范式六个方面的认同度都存在极其显著的差异。从六个维度的均值 M 来看，示范/骨干高职院校每个维度的均值都高于普通高职院校，表明国家示范性或骨干型高职院校学生对情境学习范式中学习目标、学习主体、学习环境、学习活动、学习能力和学习评价与反馈的认可度都极其显著地高于普通高职院校的学生。

至此，已验证了假设 1 中与学生相关的部分，即学生对情境学习范式的认同度都处于高等水平；验证了假设 4 中的全部，即学生的专业类别、年级、所在学校层次、所在学校是否是国家示范性或骨干高职院校等会影响其对情境学习范式的认同度：虽然不同年级、不同专业类别、不同层次学校、不同类型学校学生对本书构建的高职学生情境学习范式的认同度都较高，总问卷均值达到了 3.52，但对情境学习范式中学习目标、学习主体、学习能力、学习环境、学习活动和学习评价与反馈这六个方面的认同度存在显著差异。

五、高职院校学生情境学习范式认同度调查总结

以上以微观分析为主，分别从高职教育研究者、高职专业课教师、企业

指导教师和高职学生四类主体的视角出发，描述了他们对本书所构建的高职院校学生情境学习范式的认同情况，并分别详细分析了不同主体类型特征下对高职院校学生情境学习范式人工操作层面六个方面认同度的差异情况。为宏观把握高职教育共同体对情境学习范式的认同情况，下面将这四类主体放在一起进行整体描述和比较总结。

（一）共同体对高职学生情境学习范式的认同度普遍较高

图 5-3 直观地展现了高职教育共同体中研究者、高职专业课教师、企业指导教师和高职学生这四大类主要群体对情境学习范式人工操作层面学习目标、学习主体、学习环境、学习活动、学习能力和学习评价与反馈六个方面的认可情况。

从图中可以看出，研究者、高职专业课教师和企业指导教师对高职院校学生情境学习范式的认同度介于 4（比较认同）-5（完全认同）之间，高职学生的认同度介于 3（一般认同）-4（比较认同）之间。总体而言，共同体对高职院校学生情境学习范式的认同度普遍较高。

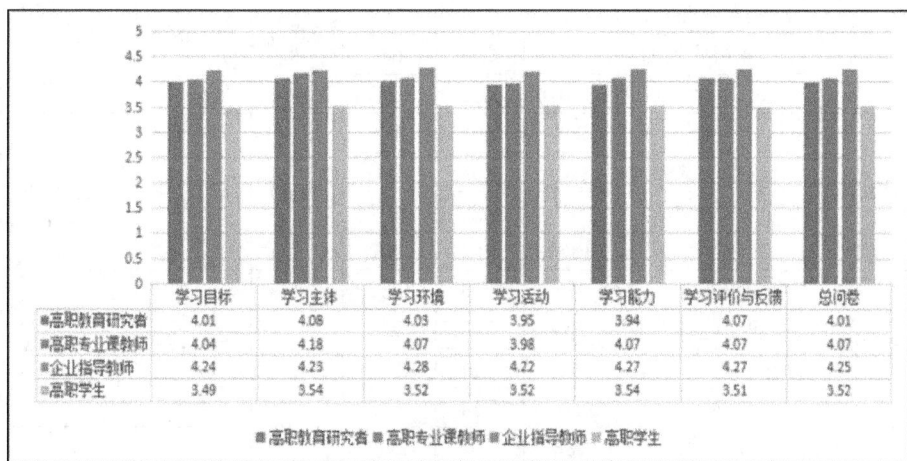

	学习目标	学习主体	学习环境	学习活动	学习能力	学习评价与反馈	总问卷
高职教育研究者	4.01	4.08	4.03	3.95	3.94	4.07	4.01
高职专业课教师	4.04	4.18	4.07	3.98	4.07	4.07	4.07
企业指导教师	4.24	4.23	4.28	4.22	4.27	4.27	4.25
高职学生	3.49	3.54	3.52	3.52	3.54	3.51	3.52

图 5-3　高职教育共同体对高职院校学生情境学习范式的认同情况

（二）不同主体对高职学生情境学习范式的认同度存在显著差异

共同体对高职院校学生情境学习范式的认同度普遍较高，但共同体内四大类主体对该范式的认可程度却存在差异。从图 5-3 可以直观地看出，高职学生对情境学习范式的认同度最低（3.52），企业指导教师的认同度最高（4.25），研究者和高职专业课教师对该范式的认可度虽相近，分别为4.01、4.07，但也存在差异。那么，不同主体对高职学生情境学习范式认同度的这种差异是否达到了统计学上的显著水平，则需要借助SPSS统计软件进行单因素方差分析。表5-31分别列出了四大类主体在情境学习范式六个维度上的平均得分、标准差以及单因素方差分析F检验之后的结果。

表5-31 不同主体对高职学生情境学习范式认同度的差异情况

维度	主体	N	M	SD	Sig.	F	LSD
学习目标	研究者	288	4.01	.714	0.000	107.88**	A>D，B>D，C>A，C>B，C>D
	高职专业课教师	285	4.14	.744			
	企业指导教师	91	4.24	.689			
	学生	1861	3.49	.686			
学习主体	研究者	288	4.08	.727	0.000	113.30**	A>D，B>D，C>D
	高职专业课教师	285	4.18	.809			
	企业指导教师	91	4.23	.630			
	学生	1861	3.54	.723			
学习环境	研究者	288	4.03	.655	0.000	112.48**	A>D，B>D，C>A，C>B，C>D
	高职专业课教师	285	4.07	.752			
	企业指导教师	91	4.28	.617			
	学生	1861	3.52	.678			
学习活动	研究者	288	3.95	.716	0.000	82.00**	A>D，B>D，C>A，C>B，C>D
	高职专业课教师	285	3.98	.746			
	企业指导教师	91	4.22	.607			
	学生	1861	3.52	.682			
学习能力	研究者	288	3.94	.782	0.000	91.26**	A>D，B>A，B>D，C>A，C>B，C>D
	高职专业课教师	285	4.07	.752			
	企业指导教师	91	4.27	.571			
	学生	1861	3.54	.682			
学习评价与反馈	研究者	288	4.07	.687	0.000	112.91**	A>D，B>D，C>A，C>B，C>D
	高职专业课教师	285	4.07	.767			
	企业指导教师	91	4.27	.648			
	学生	1861	3.51	.702			

**$p < 0.01$

备注：A研究者；B高职专业课教师；C企业指导教师；D学生

从表5-31可以看出，六个维度上的显著性概率Sig.值都为0.000，小于0.01，表明不同主体对情境学习范式六个方面的认同度都存在极其显著的差异。从事后检验LSD结果来看，学习目标、学习环境、学习活动和学习评价与反馈维度中都是A>D，B>D，C>A，C>B，C>D，表明研究者、高职专业课教师和企业指导教师对情境学习范式的认同度极其显著地高于高职学生，同时，企业指导教师对情境学习范式的认同度又极其显著地高于研究者和高职专业课教师。这说明企业指导教师在学习目标上更注重高职院校学生知识积累、技能获得、身份认同的综合实现，更强调学生在真实情境中通过参与实践共同体中的真实问题的解决和真实任务的完成来学习，更主张在学习过程中对学生的操作表现、应对突发事件的反应等进行评价并适时给予反馈。在学习主体方面，LSD显示A>D，B>D，C>D，和学习目标、学习环境、学习活动和学习评价与反馈维度的差异情况一样。在学习能力方面，多重比较LSD中不仅有A>D，B>D，C>D，还有B>A，C>A，C>B，表明高职专业课教师和企业指导教师对情境学习范式的认同度极其显著地高于研究者，且企业指导教师对情境学习范式的认同度又极其显著地高于高职专业课教师。这一结果虽验证了假设2的前半部分，即高职教育研究者、高职专业课教师、企业指导教师和学生对情境学习范式的认同度存在显著差异，但与假设2的后半部分，即"且高职教育研究者的认同度显著高于其他人员"不同，数据分析结果表明，企业指导教师的认同度显著高于其他人员。

这一点充分说明了"实践出真知""实践是检验真理的唯一标准"等相关论断。不同主体对高职学生情境学习范式六大方面内容的认同度都存在极其显著的差异，这是已经验证、毋庸置疑的。但由于企业指导教师作为专业实践的一线指导人员和主要指导者，对技术技能的原理、习得和传授等了如指掌，深知高职学生真实实践情境学习的不可替代性，也因此对高职院校学生情境学习范式的认同度极其显著地高于其他人员，这也是可以理解的。高职专业课教师由于多数教授专业理论课，对企业专业实践和技术的掌握不如企业指导教师那么熟悉，因此对情境学习范式的认同度略低于企业指导教师。高职研究者虽不像企业指导教师和高职专业课教师如此了解高职学生的学习实况，但从高职教育的定位和特点出发，凭借对相关学习理论的掌握，也高度认同高职学生情境学习的重要性，只是缺乏来自一线的实践支撑。高职学生作为"当局者"，从整体上看虽比较认同情境学习范式，但与其他主体相比，认同度却是最低的，在六大方面中学习目标又是最低的，这与学生自身的职业定位有关。另外，由于高职学生认知水平的限制，以及研究人员在发放问卷时指导不够，学生在作答问卷时只是从自身的角度、利益出发来选择答案，忽视了问卷所问为应然状态下高职学生的学习，与其他主体回答问卷时的客观性和理解程度相比，学生"跳出来看问题"的能力较弱。因此，高职学生在填写问卷时，对情境学习范式认同度的回答会被错误理解为是对情境学习现状符合程度的回答，得分就会偏低。在进行试测时研究人员已注意到这一问题，在正式测试时特意将学生问卷中"情境学习范式认同度境况"和"情境学习情况"两部分内容对调（见附录1.4），但从调查结果看，问卷内部的调整并没有完全消除误解所带来的随机误差。

至此，本章开始时提出的 6 个研究假设都已验证，并对 1 个错误的假设提出了修正，作出了一定的说明和阐释。总之，通过访谈和问卷调查发现，高职教育共同体对本书所构建的高职院校学生情境学习范式的认同度普遍较高。

本章小结

科学共同体的认同是范式能否顺利转换的关键所在。本书所构建的高职院校学生情境学习范式能否成为高职教育中的主流学习范式，则需要考察高职教育共同体对这一范式的认同情况。对情境学习范式具有指引作用的哲学层和理论指导作用的社会学层认可度的考察主要通过半结构化访谈进行，对哲学层和社会学层的具体落地、实践操作性表征的人工操作层认可度的考察主要通过便于获得信息、易于量化的问卷调查进行。高职教育共同体主要包括高职教育研究者、高职专业课教师、企业指导教师和高职学生四大类主体。因此，这四大主体就是问卷调查和访谈的对象。

以本书所构建的高职院校学生情境学习范式在人工操作层面的 7 大方面、19 项内容为测量框架，在专家访谈的基础上，经过问卷项目的预测、探索性因子分析和验证性因子分析等测量手段，最终得到一份包括 6 个一级维度、

18个二级维度、59个题项的"高职院校学生情境学习范式认同度调查问卷"。在此基础上，分别修订了研究者、高职专业课教师、企业指导教师和学生的情境学习范式认同度调查问卷。测量数据表明，这四套问卷都具备较高的信度和效度，能够作为测量高职院校学生情境学习范式认同度的有效工具，并可以在一定程度上反映不同主体不同背景变量下对情境学习范式认同度的差异情况。

　　基于所编制的四套"高职院校学生情境学习范式认同度调查问卷"，以全国288名高职教育研究者、285名高职专业课教师、91名企业指导教师和1861名高职学生为调查样本，结合访谈调查，得出如下主要结论：第一，高职教育共同体内的研究者、高职专业课教师、企业指导教师和学生这四大主体对情境学习范式的认同度都处于高等水平。第二，四大主体对情境学习范式中学习目标、学习主体、学习环境、学习活动、学习能力和学习评价与反馈六个方面的认同度都存在极其显著的差异，且企业指导教师的认同度显著高于其他人员。第三，不同单位、不同职称、最终学位不同的研究者对情境学习范式的认同度存在显著差异。总体来看，专科层次高职院校的研究者和具有职业技术教育学硕士或博士点的高校研究者对情境学习范式的认同度更高，具有较高职称、最终学位较高的研究者对情境学习范式的认同度也更高。第四，不同专业类别、不同层次学校、不同类型学校高职专业课教师对情境学习范式的认同度存在显著差异，专科层次国家示范性或骨干型高职院校理工科专业教师对情境学习范式的认同度更高。第五，不同年龄、学历、指导不同专业类型学生的企业指导教师对情境学习范式的认同度存在显著差异。总体来说，年龄大于45周岁、具有较高学历的指导理工科专业学生的企业指导教师对情境学习范式的认同度更高。第六，不同专业类别、年级、学校层次、学校类型的学生对情境学习范式的认同度也存在极其显著的差异，专科层次国家示范性或骨干型高职院校理工科专业的较高年级（大三、大四）学生对情境学习范式的认同度更高。

　　既然高职教育共同体对本书所构建的高职院校学生情境学习范式的认同度普遍较高，那么下一步就应考察当前高职学生情境学习的情况，明确现实中的情境学习状况与理论构建的情境学习范式之间的差距。

第六章 高职院校学生情境学习状况分析

虽然情境学习范式尚未成为当前高职院校学生学习的主流范式，高职院校一线的学习范式混杂着注重行为技能训练的"刺激－强化"反应联结的行为主义学习范式，强调认知结构完整的旨在获得心理表征的认知主义学习范式，和为了行动通过行动在行动中学习的行动学习范式，但其中也不乏具有情境学习特征的学习模式，这类学习模式正在积聚力量形成一股潮流，促进情境学习范式的转换。在了解到高职教育共同体对情境学习范式具有普遍较高的认同后，以情境学习范式人工操作层的内容为考察指标，对高职院校学生情境学习的具体情况进行分析，以明确现实中的情境学习状况与理论构建的情境学习范式之间的差距。

一、高职院校学生情境学习状况调查设计

对高职院校学生情境学习情况进行调查的工具也有自编访谈提纲和调查问卷两种。情境学习情况和情境学习范式认同度的访谈放在一起进行，访谈提纲在上一章已作介绍，在此不再赘述。涉及情境学习情况的调查问卷有三套，分别对应高职专业课教师、企业指导教师和高职学生三类群体。对三类群体就同一个问题进行调查是为了得出更为公允、客观的结论。

（一）问卷调查设计机理与研究假设

高职院校学生情境学习情况调查设计的机理如下：以本书所构建的高职院校学生情境学习范式第三个层面，即人工操作层的内容为调查指标。由"高职院校学生情境学习范式阐释"一章可知，情境学习范式人工操作层的表现

就是情境学习的具体实践情况，同时，这些指标也是情境学习范式哲学层和社会学层的具体落地和实践操作表征。因此，以应然的情境学习范式下人工操作层的内容为调查指标对实然的高职院校学生当前的学习情况进行符合度调查，如果符合程度较高，说明当前高职院校学生情境学习状况比较好，较接近于情境学习范式的应然状态；如果符合程度较低，说明当前高职院校学生情境学习状况不佳，离情境学习范式的要求较远。

以对高职院校学生学习的田野考察为基础，根据高职院校学生情境学习状况调查设计机理，对三类群体视角下高职院校学生情境学习状况的研究提出如下假设：

假设 1：高职专业课教师、企业指导教师和学生都认为当前高职院校学生存在情境学习，但情境学习的情况不够好（均值达不到 4）；

假设 2：高职专业课教师、企业指导教师和学生对高职院校学生情境学习现状的认识存在显著差异；

假设 3：学生的专业类别、年级、学校层次、学校是否是国家示范性或骨干高职院校等会显著影响其情境学习的情况。

（二）问卷维度的构建

根据上述高职院校学生情境学习情况问卷调查设计机理，问卷的维度虽然还是以本书所构建的高职院校学生情境学习范式在人工操作层面上阐释的 7 大方面、19 项内容，即 7 个一级维度、19 个二级维度为基础，但在上一章高职院校学生情境学习范式认同度分析时，已通过试测对这一理论维度进行了探索性因子分析和验证性因子分析，最终确定为 6 个一级维度、18 个二级维度。因此，在本章中将以情境学习范式认同度分析时确定的 6 个一级维度、18 个二级维度（见图 6-1）为问卷调查设计的起点，进行问卷编制。

为验证以上 3 个假设，便于将三类群体调查结果进行对比，三套问卷中情境学习情况调查的维度都参照前文所述的 6 个一级维度、18 个二级维度，问卷题项基本一致。但因人群不一样，问题的问法需作适当的调整，便于调查对象对问题的理解，以提高问卷的科学性。高职学生是学习的直接实践者，相比其他两类人群，他们对情境学习的情况更有发言权，因此，下面以学生问卷为例介绍情境学习情况分问卷的编制过程。

（三）初步编制问卷

在编制问卷时，首先根据研究的需要和提出的假设设计了性别、生源地、所学专业类别、年级等基本信息。由于多数学生对自己所在学校是否属于国家示范性或骨干型学校不甚清楚，但学校是否是国家示范性或骨干型高职院校对高职学生情境学习情况来说又是一个不可或缺的变量。因此，为获取学生所在学校所属层次和类别的信息，专门设计了"所在学校名称"这一基本信息项。此外，实习是情境学习的一种重要形式，调查高职学生情境学习情况就需要了解认识实习、跟岗实习和顶岗实习这三种实习的具体信息。在基本信息设计完成后，参照《高职院校学生情境学习范式认同度调查问卷》中的 59 个题项，适当调整问题的表述，初步编制了《高职院校学生情境学习情况调查问卷》。

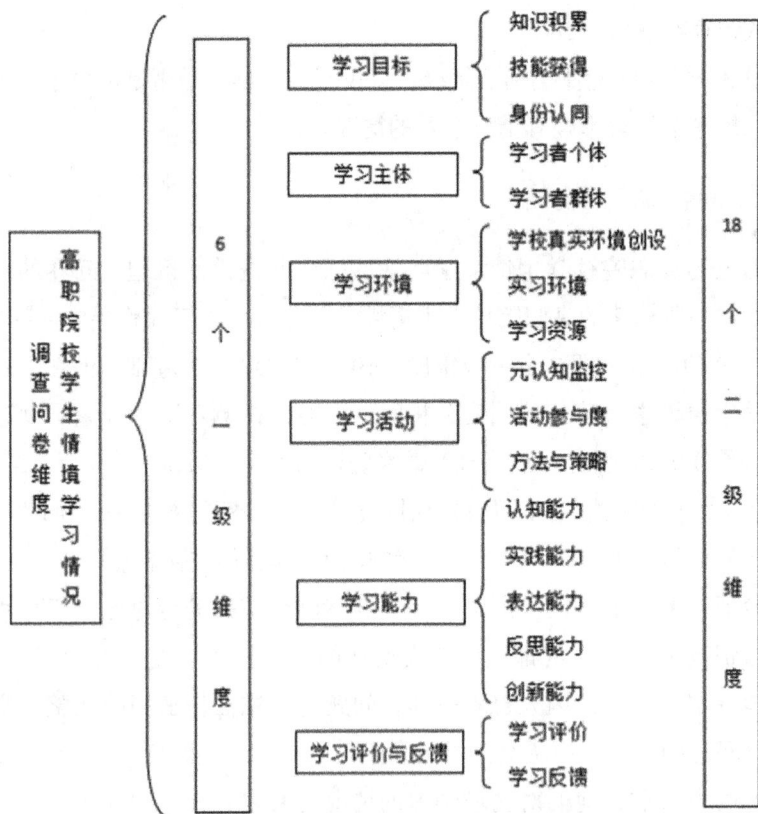

图 6-1　高职院校学生情境学习情况调查问卷维度设计

（四）专家访谈与修订

将初步编制的问卷发给 5 位专家，说明问卷设计的机理，征求他们的意见，请他们对问卷进行评估。五位专家对高职院校学生情境学习情况调查问卷设计的机理并未提出异议，即以应然的情境学习范式下人工操作层的内容为调查指标对实然的高职院校学生当前的学习情况进行符合度调查，符合度调查结果可以反映当前高职院校学生情境学习的状况。根据专家评估结果对问卷进行修订，然后再请 3 名高职学生现场填写修订好的问卷，要求学生指出不易理解的题项，再次对问卷题项进行修订。最后形成《高职院校学生情境学习情况调查问卷》的主体内容。

问卷采用 Likert5 点自评量表，"完全不符合""比较不符合""一般符合""比较符合""完全符合"依次记为 1 分、2 分、3 分、4 分和 5 分。

（五）问卷项目的预测与筛选

为确保自编问卷《高职院校学生情境学习情况调查问卷》的科学性，探究此问卷的潜在结构是否与《高职院校学生情境学习范式认同度调查问卷》的结构相一致，仍需进行预测。预测步骤与上一章旨在获得一个兼具科学性和优越性的高职院校学生情境学习范式认同度调查问卷结构模型一样，分两步进行，首先对问卷项目进行探索性因子分析（EFA），然后，基于探索性研究结果，进一步进行验证性因子分析（CFA）。预测的样本是 200 名高职学生，通过问卷星发放问卷 200 份，回收有效问卷 194 份。同样，将有效的 194 份问卷数据随机分为两半，前一半用于探索性因子分析（N=97），后一半用于验证性因子分析（N=97）。因探索性因子分析和验证性因子分析的原理上一章已有介绍，在此只对分析结果进行说明。

1. 探索性因子分析

因子分析采用极大似然法抽取因素，并用方差极大斜交旋转对上述的 6 个维度 59 个题项做主成分因子分析。结果显示（见表 6-1），KMO 值 为 0.828>0.8，Bartlett 球 形 检 验 的 近 似 卡 方 值 为 8361.003（df=195，p=0.000<0.01），达到了显著水平，说明测量题项之间存在公共因子，即适合作探索性因子分析。按照特征值大于 1 提取公因子的原则，共提取了 6 个公

因子，这 6 个公因子累积方差贡献率为 73.678，解释了总变异的 73.678%，达到 70% 的可接受水平，如表 6-2 所示。

表 6-1　KMO 和 Bartlett 检验结果

取样足够度的 Kaiser-Meyer-Olkin 度量		0.828
Bartlett 的球形度检验	近似卡方	8361.003
	df	195
	Sig.	.000

表 6-2　各因子的特征根与变异解释贡献率

因子	1	2	3	4	5	6
特征值	37.131	12.310	6.280	3.621	1.952	1.819
贡献率	55.502	5.500	2.498	3.124	4.001	3.053
累积贡献率	55.502	61.002	63.500	66.624	70.625	73.678

探索性因子分析只做一次斜交旋转就达到理想效果是很少见的。6 个因子、59 个题项与《高职院校学生情境学习范式认同度调查问卷》中的 6 个维度和 59 个题目基本吻合，这一结果更是罕见。但这正说明了，实践调查结果也支持高职学生情境学习情况问卷调查的设计机理，以情境学习范式认同度分析时确定的 6 个一级维度、18 个二级维度为情境学习情况问卷调查设计的起点，进行问卷编制是合理的、可行的。因此，这 6 个因子也可以分别命名为学习目标、学习主体、学习环境、学习活动、学习能力和学习评价与反馈。最终，根据探索性因子分析的结果，高职院校学生情境学习情况调查问卷与情境学习范式认同度调查问卷一样，由 6 个相互独立的维度、59 个题项构成。

2. 验证性因子分析

利用 AMOS22.0 对高职院校学生情境学习情况调查问卷的 6 因子结构模型进行验证性因子分析，样本为上文所述的后 97 份有效问卷。模型的拟合指数见表 6-3。$\chi^2/df = 1.890$，即卡方值除以自由度为 1.890，说明模型拟合度较好。此结果与探索性因子分析结果相吻合，说明可以采用 6 因子、59 个题项的高职院校学生情境学习情况调查问卷的设计。

表 6-3　高职院校学生情境学习状况调查问卷 6 因子结构模型拟合指数

χ^2	df	P	χ^2/df	NFI	IFI	TLI	CFI	RMSEA
88.83	47	.000	1.890	0.862	0.858	0.850	0.878	0.075

（六）形成正式问卷

至此，形成了本书调查高职院校学生情境学习状况的正式问卷——《高职院校学生情境学习情况调查问卷》。由于情境学习情况是情境学习范式的具体体现，为便于调查，该问卷不单独进行，而是作为一部分，与高职院校学生情境学习范式认同度调查问卷合并在《高职院校学生情境学习范式调查问卷》中一起进行调查。在《高职院校学生情境学习范式调查问卷》的学生问卷中，高职院校学生情境学习情况为第二部分，高职院校学生情境学习范式认同度情况为第三部分，详见附录1.4。以学生问卷中"高职院校学生情境学习情况"为基础，对各个题项的问法进行调整，针对高职专业课教师和企业指导教师这两类人群的特点，剔除部分不合适的题目，最终形成了关于"高职院校学生情境学习情况"的高职专业课教师问卷和企业指导教师问卷，分别见附录1.2、1.3的第三部分。

需要说明的是，《高职院校学生情境学习范式调查问卷》的高职专业课教师问卷、企业指导教师问卷和学生问卷中都包含情境学习范式认同度调查和情境学习情况调查，这两种调查同时进行。因此，"高职院校学生情境学习情况"调查的有效样本情况和"高职院校学生情境学习范式认同度"调查的有效样本情况一致，在"高职院校学生情境学习范式认同度分析"一章已呈现了有效样本情况，故此章不再赘述。此外，通过上文对《高职院校学生情境学习情况调查问卷》（学生问卷）设计的全过程展示，可以看出，这套问卷与《高职院校学生情境学习范式认同度调查问卷》的维度和具体题项基本一致，而"高职院校学生情境学习范式认同度分析"一章中对高职专业课教师、企业指导教师和学生三类群体问卷的信效度都做了检验，且都具有较高的信度和效度，因此，本章不再一一呈现《高职院校学生情境学习情况调查问卷》三类群体问卷的信效度检验结果。下面直接根据调查结果分析三类群体视角下高职学生的情境学习状况。

二、教师视角下高职学生情境学习状况调查结果与分析

教师是学生学习的引领者和指导者，学生的学习是否属于情境学习，情

境学习的情况如何，教师能够根据自身的教学、指导和观察给出判定。对于高职院校学生来讲，课堂 – 校园学习和企业实习中的学习没有主配角之分，在企业实践场境中的学习对高职教育培养目标和学生学习目标的实现也是极为重要的"一元"。因此，本书在调查高职院校学生情境学习状况时，不仅调查了高职专业课教师，还覆盖了部分企业指导教师。下面分别从两类教师的视角出发，以本书所构建的情境学习范式下高职院校学生情境学习应具有的6个一级指标、18个二级指标（同时也是调查的具体指标）为分析内容，详细分析当前高职学生情境学习的具体情况。

（一）高职教师视角下学生情境学习状况调查结果与分析

高职教师视角下学生的情境学习状况主要是针对校内专业课的学习，既包括高职专业理论课教师指导的课堂理论学习，也包括专业实践课教师指导的校内实训基地、校内实习工场、实验室等的实践学习。

高职院校学生情境学习范式下的情境学习主要体现在学习目标、学习主体、学习环境、学习活动、学习能力和学习评价与反馈这六大方面。通过对285名高职专业课教师的调查，了解到了高职学生在这六方面的学习状况，见表6-4。

表6-4 高职专业课教师视角下学生情境学习状况的描述性统计

维度	N	Min	Max	M	SD
学习目标	285	2	5	3.59	.823
学习主体	285	2	5	3.70	.813
学习环境	285	2	5	3.76	.761
学习活动	285	1	5	3.59	.845
学习能力	285	2	5	3.62	.803
学习评价与反馈	285	2	5	3.72	.767
总问卷	285	1	5	3.66	.746

总问卷的均值为3.66，介于3（一般符合）和4（比较符合）之间，说明当前高职院校学生学习中存在情境学习，但与本书构建的高职院校学生情境学习范式人工操作层即情境学习的具体实践内容要求相比，高职专业课教师视角下学生情境学习状况欠佳。

从各个维度的均值来看，学习环境 > 学习评价与反馈 > 学习主体 > 学习能力＞学习目标＝学习活动。也就是说，在高职专业课教师看来，高职学生的学习环境最具有情境学习的特征。物理环境是情境学习的基础条件，尽管在六个维度中学习环境情况是最佳的，其均值达到了3.76，但与情境学习范式对情境学习环境的要求相比还有一定的距离。物理环境不是为创设而创设，而是有目标指向的，但论及情境学习的最终目的、高职院校学生情境学习的目标时，情况更为糟糕，学习目标的得分最低。这说明，在一定程度上，高职院校认识到了应该在学生中倡导情境学习，也为此创设了一定的条件，但高职管理人员和教师并未深刻领会情境学习的精髓，仍以原来目标为靶，学习活动照旧开展（学习活动维度的均值与学习目标相同）。因此，当前高职院校学生情境学习的整体状况不佳。

（二）企业指导教师视角下学生情境学习状况调查结果与分析

如果说高职专业课教师视角下学生情境学习状况调查结果反映的是当前高职院校学生校内情境学习情况的话，企业指导教师视角下的调查结果则更多地会反映学生校外企业实践情境学习的状况。表6-5列出了企业指导教师视角下学生情境学习六个方面的最大值、最小值、均值和标准差。

表6-5 企业指导教师视角下学生情境学习状况的描述性统计

维度	N	Min	Max	M	SD
学习目标	91	2	5	3.67	.793
学习主体	91	2	5	3.74	.842
学习环境	91	2	5	4.01	.778
学习活动	91	2	5	3.72	.901
学习能力	91	2	5	3.61	.365
学习评价与反馈	91	2	5	3.73	.743
总问卷	91	2	5	3.75	.732

在91个企业指导教师的有效样本中，74名（81%）教师是指导学生实习的，所以企业指导教师视角下学生情境学习情况主要反映的是学生在企业实习中的情境学习情况。企业指导教师总问卷的均值为3.75，高于高职专业课教师问卷的总均值3.66，但仍介于3和4之间。这说明，高职学生企业情境学习情况好于学校情境学习情况，但与本书构建的高职院校学生情境学习范式人工操作层即情境学习的具体实践内容要求相比，当前高职院校学生企业

情境学习状况也不够好。

从各个维度的均值来看，情境学习具体状况为：学习环境 > 学习主体 > 学习评价与反馈 > 学习活动 > 学习目标 > 学习能力。其中，情境学习环境的均值最高，为 4.01，达到了比较符合情境学习范式的水平。这与企业为学生提供的真实复杂的实践情境密不可分，学生在这样的情境中学习，不易出现课堂上的假性学习和校园内的被动学习现象，反而因情境所迫要发挥自身的积极性，要与周围同事和师傅合作共处，学习主体的得分相应也会比较高。同时，在真实情境的学习活动中，学生的每一个动作、每一项学习都直接决定了下一步的选择和操作，没有适当的反馈和评价很难继续下去，所以，在学习中也会不断得到同伴和师傅的反馈，在一个项目或一个任务结束后，师傅也要进行总结，给出较为全面系统的评价。但这并不意味着学生的三维学习目标就能得到全面实现，也不意味着五项学习能力都会有骤然提升，各个学习维度的具体情况还须具体分析。

总的来看，高职专业课教师和企业指导教师视角下，当前高职院校学生情境学习状况都欠佳，这部分验证了假设 1，即高职专业课教师和企业指导教师都认为当前高职院校学生存在情境学习，但情境学习的情况不够好（均值达不到 4）。两者相比，前者的得分低于后者。在部分二阶因子上，两者的调查结果出现了完全相反的情况，需要借助学生视角下情境学习状况的调查结果做进一步分析。

三、高职学生视角下情境学习状况调查结果与分析

学生是学习的直接参与者和主要承担者，对自身当前的情境学习情况最了解，最有发言权。同时，学生的问卷调查结果可以很好地补充高职专业课教师和企业指导教师问卷数据的漏洞，对当前高职院校学生真实的情境学习情况进行三角互证。此外，不同年级、专业、学校的高职学生情境学习情况也存在一定程度的差异，以此为变量进行检验分析，可以深入了解高职学生情境学习的特征。

（一）高职学生视角下情境学习状况的描述性统计

参加高职院校学生情境学习范式认同度调查问卷的895名本科层次高职院校（技术应用型本科高校）学生和966名专科层次高职院校学生都参与了情境学习情况的调查。在情境学习六个维度上的最大值、最小值、均值和标准差见表6-6。

表6-6　高职学生视角下情境学习状况的描述性统计

维度	N	Min	Max	M	SD
学习目标	1861	1	5	3.10	.712
学习主体	1861	1	5	3.30	.730
学习环境	1861	1	5	3.22	.685
学习活动	1861	1	5	3.22	.704
学习能力	1861	1	5	3.21	.713
学习评价与反馈	1861	1	5	3.30	.731
总问卷	1861	1	5	3.22	.632

总问卷的均值为3.22，略高于3（一般符合），比高职专业课教师问卷和企业指导教师问卷的得分（分别为3.66、3.75）都低。说明在高职学生眼里，他们目前的学习中存在一定程度的情境学习，但与本书构建的高职院校学生情境学习范式人工操作层即情境学习的具体实践内容要求相比，他们的情境学习状况整体欠佳。这部分验证了假设1，即高职学生认为当前高职院校存在情境学习，但情境学习的情况不够好（均值达不到4）。

从各个维度的均值来看，学习主体＝学习评价与反馈＞学习环境＝学习活动＞学习能力＞学习目标。高职学生认为，在六个因子中，学习主体和学习评价与反馈的情况最接近情境学习的要求，他们在群体参与的合作学习中发挥了自己的积极主动性，参与了一定的专业实践，并在解决问题的过程中成了学习的主人，同时在学习过程中，得到了老师或师傅的及时反馈与评价。但由于学校创设的情境学习环境有限，组织的学习活动缺乏系统性、多样性、真实性、专业性、实践性，导致其学习能力未得到应有的锻炼和提高，自认为没有全面实现学习目标。在高职学生情境学习目标状况的三个二阶因子——知识积累、技能获得和身份认同上的得分比较悬殊，知识积累远高于后两者，身份认同得分最低，低至2.67，介于2（比较不符合）和3（一般符合）之间，说明高职院校学生情境学习目标方面存在的最大问题还是学生对专业的认同和对职业身份的认识，解决这个问题必须让学生走出课堂情境、校园情境，走向工作岗位，置于真实的工作情境中。只有这样，才能使其对自己未来从事的职业有一个全面深入的认识，从而逐渐获得对职业身份的认同。如果高职学生得不到很好的职业启蒙教育、职业适应指导和就业指导，他们毕业不愿意从事本专业工作或工作不久就出现职业厌倦的现象将会越来越严重。

（二）不同年级学生情境学习状况的比较

不论高职院校学生的学制是三年或四年，其培养方案都是按学年、学期设计的，不同年级有着不同的学习内容，理论学习和实践学习的比重也会大不相同，实习就是一个典型的例子。教育部规定，职业院校学生要参加三种实习[①]，即一年级时的认识实习、二年级或三年级（技术应用型本科四年制）时的跟岗实习和三年级或四年级（技术应用型本科四年制）时的顶岗实习。因此，不同年级高职学生情境学习的状况也会存在差异。以高职学生的年级为自变量，以其在情境学习六个维度上的得分为因变量，进行单因素方差分析。表 6-7 分别列出了大一、大二、大三和大四四个年级高职学生在"高职院校学生情境学习情况调查问卷（学生问卷）"六个维度上的平均得分、标准差以及单因素方差分析 F 检验之后的结果。

表 6-7　不同年级学生情境学习状况的比较

维度	年级	N	M	SD	Sig.	F	LSD
学习目标	大一	978	3.11	.768	0.327	1.15	n.s.
	大二	563	3.06	.646			
	大三	119	3.24	.635			
	大四	201	3.09	.657			
学习主体	大一	978	3.36	.756	0.005	4.30**	A>D，B>D，C>D
	大二	563	3.26	.659			
	大三	119	3.38	.716			
	大四	201	3.09	.772			

---

① 教育部等 . 职业学校学生实习管理规定［Z］.2016-04-11.

续表

维度	年级	N	M	SD	Sig.	F	LSD
学习环境	大一	978	3.07	.723	0.041	2.02*	C>A，C>B，D>A，D>B
	大二	563	3.09	.611			
	大三	119	3.19	.696			
	大四	201	3.27	.684			
学习活动	大一	978	3.29	.740	0.007	4.01**	A>B，A>D
	大二	563	3.16	.641			
	大三	119	3.15	.648			
	大四	201	3.08	.692			
学习能力	大一	978	3.06	.726	0.000	6.27**	C>A，D>A
	大二	563	3.07	.653			
	大三	119	3.14	.777			
	大四	201	3.30	.722			
学习评价与反馈	大一	978	3.38	.752	0.001	5.50**	A>D
	大二	563	3.23	.657			
	大三	119	3.23	.732			
	大四	201	3.10	.777			

n.s. $p>0.05$，*$p<0.05$，**$p<0.01$

备注：A 大一；B 大二；C 大三；D 大四

从表 6-7 可以看出，除学习目标外，不同年级高职学生情境学习状况都存在显著差异。其中，学习主体、学习活动、学习能力和学习评价与反馈这四个维度上的显著性概率 Sig. 值都小于 0.01，表明不同年级学生情境学习以上四个方面的情况存在极其显著的差异。具体来看，在学习主体方面，事后检验 LSD 结果显示 A>D，B>D，C>D，说明大一、大二、大三年级学生的学习主体性和积极性都极其显著地高于大四学生，这和大四学生"老油条"之说和毕业年级忙于找工作等有关；在学习活动方面，LSD 中有 A>B，A>D，说明刚入校的大一学生不论是在学习活动参与度上还是学习的调控上都极其显著地好于大二和大四的学生；在学习能力方面，C>A，D>A，说明经过两至三年的校内学习和企业实习，大三、大四年级学生的学习能力显著地高于低年级的学生；但大一学生得到的学习评价与反馈极其显著地高于大四学生。在学习环境维度上的显著性概率 Sig. 值 0.041，大于 0.01，但小于 0.05，从

LSD 的结果 C>A，C>B，D>A，D>B 可以看出，实习时企业提供的真实工作环境对学生的学习起到了很大的作用，参加过跟岗实习或顶岗实习的学生情境学习状况的得分显著地高于没实习或只参加过认识实习或跟岗实习的学生的得分。这也说明了真实情境学习对高职学生的重要性。

（三）不同专业类别学生情境学习状况的比较

专业类别不同，高职院校学生情境学习状况也会不同。以高职学生的专业类别为自变量，以其在情境学习六个维度上的得分为因变量，进行单因素方差分析。表 6-8 分别列出了学习文科、理科、工科和其他四大类专业学生在"高职院校学生情境学习情况调查问卷（学生问卷）"六个维度上的平均得分、标准差以及 F 检验之后的结果。

表 6-8　不同专业类别学生情境学习状况的比较

维度	专业类别	N	M	SD	Sig.	F	LSD
学习目标	文科	680	3.13	.679	0.688	0.49	n.s.
	理科	594	3.06	.740			
	工科	169	3.13	.735			
	其他	418	3.11	.718			
学习主体	文科	680	3.24	.718	0.043	2.73*	C>A
	理科	594	3.37	.725			
	工科	169	3.42	.750			
	其他	418	3.24	.739			
学习环境	文科	680	3.15	.669	0.046	1.70*	B>A，C>A
	理科	594	3.26	.702			
	工科	169	3.31	.689			
	其他	418	3.22	.683			
学习活动	文科	680	3.26	.677	0.041	2.77*	C>B
	理科	594	3.16	.730			
	工科	169	3.37	.710			
	其他	418	3.18	.695			
学习能力	文科	680	3.26	.691	0.318	1.18	n.s.
	理科	594	3.18	.729			
	工科	169	3.27	.745			
	其他	418	3.17	.712			

续表

维度	专业类别	N	M	SD	Sig.	F	LSD
学习评价 与反馈	文科	680	3.37	.711	0.055	2.54	n.s.
	理科	594	3.25	.728			
	工科	169	3.36	.765			
	其他	418	3.22	.741			

n.s. p>0.05，*p<0.05

备注：A 文科；B 理科；C 工科；D 其他

从表 6-8 可以看出，高职学生在六个维度中的学习主体、学习环境和学习活动三个维度上的显著性概率 Sig. 值小于 0.05，表明不同专业类别高职学生情境学习的学习主体、学习环境和学习活动情况存在显著差异，学习目标、学习能力和学习评价与反馈情况虽有差异，但未达到统计学上的显著性水平。从事后检验 LSD 结果来看，在学习主体方面，工科学生的情境学习情况显著好于文科学生；在学习环境方面，理科和工科学生的情境学习情况显著好于文科学生；在学习活动方面，工科专业学生的得分显著高于理科专业的学生。总的来说，理工科专业学生的情境学习情况整体好于文科专业学生，工科专业又要好于理科专业。这与专业本身的特点和专业对学习条件的要求有关，工科专业强调实践性，很多学习都要求起码在模拟的情境中进行，因此，相对来说情境学习状况也就会略好。

（四）不同层次学校学生情境学习状况的比较

学校层次不同，学生的学习理念不一样，学习方法、模式等也会不同。本科层次的地方高校虽说自 2014 年已经开始转型做职业教育，但这一转型理念还游走在学校管理层和高校研究者之中，触角尚未触及学生学习层面，大多数本科层次高职院校学生的学习仍旧倾向于学术性，强调学科逻辑，注重知识积累，导致学生承袭原先的学习模式，在原有学习范式下低效地学习，情境学习未入法眼。相比，专科层次高职院校因为一直以来定位明确，就是培养技术技能型人才，情境学习情况相对较好。但两者之间的情况差别是否达到了显著水平，需对两者学习情况六个维度的均值进行独立样本 t 检验。表 6-9 分别列出了不同层次学校学生在情境学习六个维度上的平均得分、标准差以及独立样本 t 检验之后的 t 值和双侧检验的 Sig. 值。

表 6-9　不同层次学校学生情境学习状况的比较

维度	学校层次	N	M	SD	t	Sig.（2-tailed）
学习目标	本科层次高职院校（技术应用型本科高校）	895	2.66	.584	-17.89**	0.000
	专科层次高职院校	966	3.40	.634		
学习主体	本科层次高职院校（技术应用型本科高校）	895	2.83	.594	-19.19**	0.000
	专科层次高职院校	966	3.62	.634		
学习环境	本科层次高职院校（技术应用型本科高校）	895	2.76	.551	-20.00**	0.000
	专科层次高职院校	966	3.53	.588		
学习活动	本科层次高职院校（技术应用型本科高校）	895	2.75	.549	-19.93**	0.000
	专科层次高职院校	966	3.54	.615		
学习能力	本科层次高职院校（技术应用型本科高校）	895	2.73	.574	-20.00**	0.000
	专科层次高职院校	966	3.53	.611		
学习评价与反馈	本科层次高职院校（技术应用型本科高校）	895	2.83	.613	-18.81**	0.000
	专科层次高职院校	966	3.61	.628		

注：**$p < 0.01$

从表 6-9 可以明显地看出，不管六个维度上的 t 值如何，其显著性概率 Sig. 值都为 0.000，小于 0.01，表明当前本科层次和专科层次高职院校学生情境学习的六个方面都存在极其显著的差异。从均值 M 可以看出，在六个维度上，专科层次学生的情境学习情况都极其显著地好于本科层次。这一结果和预期一致，和两种层次高职院校学生对情境学习范式的认同度差异检验结果也是一样的。本科层次高职院校学生对情境学习范式的认同度低，当前情境学习状况也不好，两者之间是相互影响的，且都深受其原先学习理念和预期就业方向的影响，这说明了地方本科院校要实现全面的转型任重道远。

（五）不同类型学校学生情境学习状况的比较

近些年，国家为满足人民群众和地区经济发展的需求，提高学生就业率，在高职教育中不断向国家示范性或骨干型高职院校倾斜政策，倾注资金，这些高职院校与普通高职院校相比占有更丰富的资源，也获得了更长足的发展，取得了一定的成绩。相应地，这些高职院校也为学生提供了更好的学习（实习）环境，更丰富的学习资源，进行了教学研究与改革，这些都会在学生的学习上收到实效。为了解国家示范性或骨干型高职院校学生情境学习状况是否显著好于普通高职院校的学生，本书在1861名学生样本中选出属于专科层次高职院校的966名学生，并将这些学生按所在学校类型是否是国家示范性或骨干型高职院校进行分类。在此基础上做独立样本t检验，看其在统计学上是否存在显著差异。表6-10分别列出了国家示范性或骨干型高职院校和普通高职院校学生情境学习六个方面的平均得分、标准差以及独立样本t检验之后的结果。

表 6-10 不同类型学校学生情境学习状况的比较

维度	学校类型	N	M	SD	t	Sig.（2-tailed）
学习目标	示范 / 骨干高职院校	557	3.75	.643	12.50**	0.000
	普通高职院校	409	3.15	.489		
学习主体	示范 / 骨干高职院校	557	4.06	.554	16.81**	0.000
	普通高职院校	409	3.32	.489		
学习环境	示范 / 骨干高职院校	557	4.01	.533	19.07**	0.000
	普通高职院校	409	3.22	.395		
学习活动	示范 / 骨干高职院校	557	4.00	.555	19.28**	0.000
	普通高职院校	409	3.21	.412		
学习能力	示范 / 骨干高职院校	557	3.98	.571	18.35**	0.000
	普通高职院校	409	3.22	.409		
学习评价与反馈	示范 / 骨干高职院校	557	4.03	.577	16.31**	0.000
	普通高职院校	409	3.31	.469		

注：**p<0.01

从表6-10可以清楚地看到，国家示范性或骨干型高职院校和普通高职院校学生在情境学习六个维度上的双侧检验p（Sig）值都为0.000，小于0.01，表明从六个维度上看，不同类型学校学生情境学习状况都存在极其显著的差异。从六个维度的均值M来看，示范/骨干高职院校每个维度的均值都高于普通高职院校，表明在学习目标、学习主体、学习环境、学习活动、学习能力和学习评价与反馈上，国家示范性或骨干型高职院校学生情境学习情况都极其显著地好于普通高职院校的学生，说明国家示范性或骨干型高职院校的建设颇有成效。情境学习范式目前虽未成为广大高职院校学生主流的学习范式，但情境学习已在条件优越的示范性／骨干型高职院校中悄然进行着。

至此，本书已验证了假设 1 中与学生相关的部分，即当前高职院校学生存在情境学习，但情境学习的情况不够好（均值达不到 4）；验证了假设 3 中的全部，即学生的专业类别、年级、学校层次、学校是否是国家示范性或骨干高职院校等会显著影响其情境学习的情况，不同年级、不同专业类别、不同层次学校、不同类型学校学生在情境学习的学习目标、学习主体、学习能力、学习环境、学习活动和学习评价与反馈这六个方面都存在显著差异。

四、高职院校学生情境学习状况调查结论与讨论

上文分别从高职专业课教师、企业指导教师和高职学生三大主体的视角环视了当前高职学生的情境学习状况，深入分析了高职专业课教师和企业指导教师视角下学生在情境学习六个方面的具体情况，并比较了不同年级、不同专业类别、不同层次学校、不同类型学校学生情境学习的现状。但整体来看，高职院校学生情境学习状况如何？不同主体视角下学生情境学习状况是否存在显著差异？当前高职院校学生情境学习的实然状况是否与对情境学习范式的高认同度相吻合？需要进行宏观的、跨主体的、现实与理想之间的对比研究。

（一）高职院校学生情境学习状况整体欠佳

图 6-2 直观地展现了高职专业课教师、企业指导教师和高职学生这三大类主要群体视角下当前高职院校学生情境学习目标、学习主体、学习环境、学习活动、学习能力和学习评价与反馈六个方面的情况。

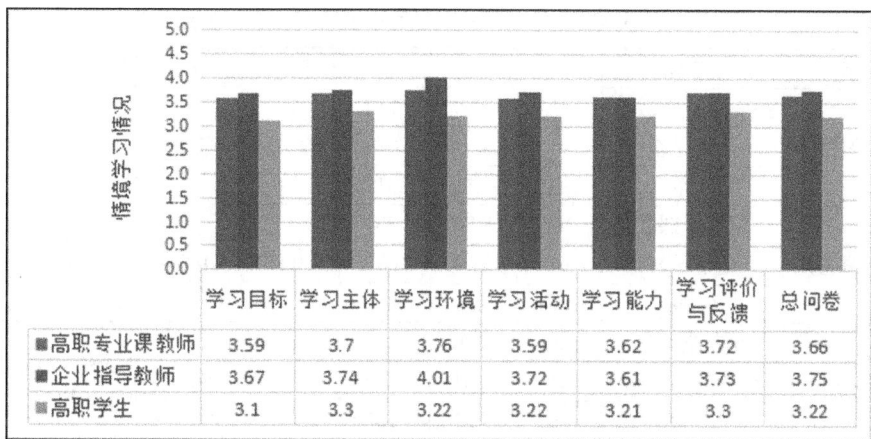

	学习目标	学习主体	学习环境	学习活动	学习能力	学习评价与反馈	总问卷
■高职专业课教师	3.59	3.7	3.76	3.59	3.62	3.72	3.66
■企业指导教师	3.67	3.74	4.01	3.72	3.61	3.73	3.75
■高职学生	3.1	3.3	3.22	3.22	3.21	3.3	3.22

图 6-2　不同主体视角下学生情境学习状况

从图中可以看出，高职专业课教师和企业指导教师代表的直方图明显高于学生，相比，企业指导教师代表的直方图又略高于高职专业课教师。从得分来看，高职专业课教师和企业指导教师视角下学生情境学习六维度的得分介于 3.59-4.01 之间，高职学生对自己当前情境学习情况的评分介于 3-3.3 之间，即三大主体各个维度的得分基本介于 3-4 之间。图中三大主体总问卷的直方图界限都明显低于 4（比较符合）。也就是说，目前高职院校学生情境学习的情况整体欠佳，验证了假设 1。但也说明了，当前高职学生情境学习的实然情况与本书所构建的情境学习范式对情境学习具体实践的应然要求相差明显。

（二）不同主体视角下高职学生情境学习状况差异显著

不同主体视角下高职院校学生情境学习情况都欠佳，但三大主体对当前高职学生情境学习状况的评价却存在差异。从图 6-2 可以直观地看出，高职学生对自己情境学习情况的评价最低（3.22），企业指导教师的评价最高（3.75），高职专业课教师的评价（3.66）虽与企业指导教师相近，但也存在差异。那么，不同主体对高职学生情境学习状况评价的这种差异是否达到了统计学上的显著水平，则需要借助 SPSS 统计软件进行单因素方差分析。表 6-11 分别列出了三大类主体在情境学习六个维度上的平均得分、标准差以及单因素方差分析 F 检验之后的结果。

表 6-11   不同主体视角下高职学生情境学习状况的差异情况

维度	主体	N	M	SD	Sig.	F	LSD
学习目标	高职专业课教师	285	3.59	.712	0.021	6.796*	B>C
	企业指导教师	91	3.67	.619			
	学生	1861	3.10	.812			
学习主体	高职专业课教师	285	3.70	.730	0.000	5.386**	A>C，B>C
	企业指导教师	91	3.74	.677			
	学生	1861	3.30	.810			
学习环境	高职专业课教师	285	3.76	.685	0.000	7.508**	A>C，B>A，B>C
	企业指导教师	91	4.01	.752			
	学生	1861	3.22	.760			
学习活动	高职专业课教师	285	3.59	.704	0.019	5.290*	B>C
	企业指导教师	91	3.72	.765			
	学生	1861	3.22	.796			
学习能力	高职专业课教师	285	3.62	.713	0.000	5.463**	A>C，B>C
	企业指导教师	91	3.61	.752			
	学生	1861	3.21	.796			
学习评价与反馈	高职专业课教师	285	3.72	.730	0.000	5.509**	A>C，B>C
	企业指导教师	91	3.73	.652			
	学生	1861	3.30	.767			

*p<0.05；**p<0.01

备注：A 高职专业课教师；B 企业指导教师；C 学生

　　从表 6-11 可以看出，六个维度上的显著性概率 Sig. 值都小于 0.05，表明不同主体对情境学习六个方面的评价都存在显著差异。其中，学习主体、学习环境、学习能力和学习评价与反馈四个维度的 Sig. 值都为 0.000，从事后检验 LSD 结果来看，都有 A>C，B>C，表明高职专业课教师和企业指导教师对学生目前情境学习状况的评价都极其显著地高于高职学生自身。对此有两种解释：第一，教师和学生对学习、情境学习的期望值不同，教师可能由于对高职学生有基础差、不爱学习等刻板印象，导致其对学生的期望并不高，对当前高职学生的情境学习现状进行评价时也不会有过高要求，打分比较松；但高职学生正处于青年初期，对未来抱有很大的期望，也希望通过大学的学习实现自身的梦想，因此对自身当前的学习期望较高，在填写问卷时，即时的反观使其产生了对当前学习的诸多不满，可能造成打分偏低。第二，教师认为学校以及自身已为学生的学习提供了较丰富的学习资源，做出了较大的努力，但学生却对现有的学习活动安排、学习条件、教师给予的学习指导等不满意。此外，在学习环境维度的 LSD 中，还有 B>A，这表面上是说，企业指导教师对学生情境学习环境的评价极其显著地高于高职专业课教师的评价，但也客观地说明了企业为学生的学习提供了学校所不具备的真实情境学习的环境。在学习目标和学习活动维度，Sig. 值都大于 0.01，但小于 0.05，多重检验结果都是 B>C，表明企业指导教师对学生情境学习目标、活动的评价显著高于学生自身。因为 80% 以上的企业指导教师是指导学生实习的，同时，就目前多数高职院校的条件来讲，实习是情境学习开展的最好途径，在企业指导教师眼里，他们所提供的实习岗位、进行的实习指导虽没能做到直接促进高职院校学生知识积累、技能获得和身份认同三维学习目标的综合实现，但起码让学生得到了技能锻炼，对职业身份有了一定的认识和认同，认为自身及企业在学生情境学习中的贡献较大；但从学生内心来讲，对企业实习寄予的期望要远高于此，因此得到两者对同一现状差异显著的评价就可理解了。

总的来说，不同主体视角下高职学生情境学习情况存在显著差异，验证了本章的假设 2，即高职专业课教师、企业指导教师和学生对高职院校学生情境学习现状的认识存在显著差异。至此，本章开始时提出的 3 个研究假设都已验证。

（三）情境学习的实然情况与对情境学习范式的认同度存在较大反差

情境学习范式的第三个层面人工操作层是情境学习范式哲学层和社会学层的具体落地和实践操作表征，反映在学习一线就是情境学习的具体情况。上一章对情境学习范式认同度的调查和本章对情境学习状况的调查都是以应然的情境学习范式下人工操作层的内容为调查指标，且调查问卷选项设计也都是从 1 到 5，点数相同，方向一致，表示认同度逐渐增加，现状逐渐向好。已有的调查结果显示，认同度高的情境学习范式在现实中却没有得到较好的实践，即高职教育共同体对情境学习范式的认同度普遍较高，而当前高职院校学生的情境学习状况却整体欠佳，两者之间形成了较大的反差，但这两者之间的反差是否显著，在情境学习的不同维度上是否都存在显著差异，则需作进一步的分析和检验。

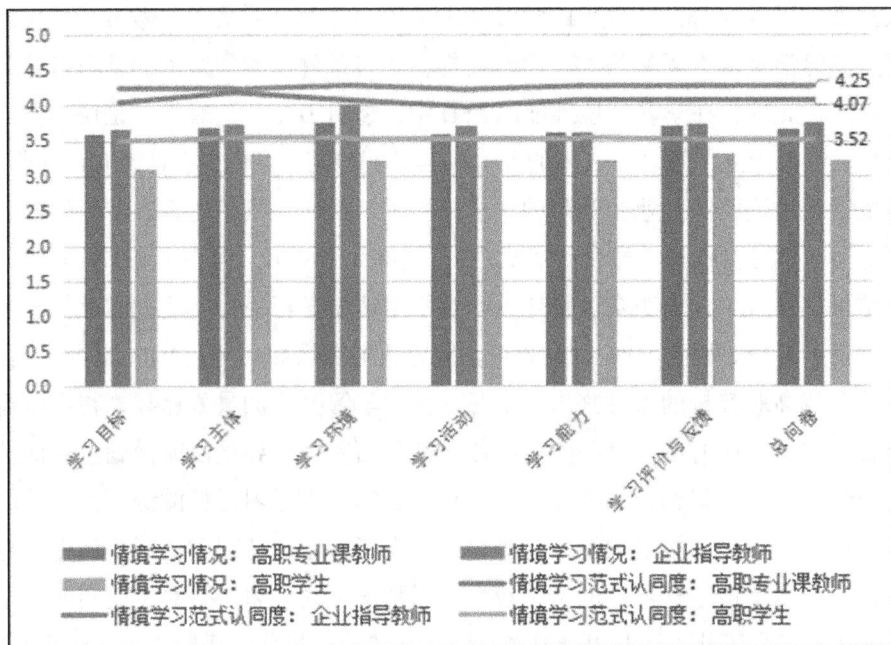

图 6-3 情境学习状况与情境学习范式认同度的对比

图 6-3 直观地展现了高职院校学生情境学习状况与情境学习范式认同度的对比。直方图表示的是当前高职学生的情境学习状况得分，折线图表示的是高职学生情境学习范式的认同度得分，颜色相同的代表同一主体。由此，我们可以明显地看出，在情境学习目标、学习主体、学习环境、学习活动、学习能力和学习评价与反馈六个维度和总问卷上，蓝色、橙色和灰色的折线都高于对应颜色的直方图，即高职专业课教师、企业指导教师和高职学生对情境学习范式的认同度得分都分别高于他们对当前高职院校学生情境学习状况的评价。为弄清在六个维度上各个主体两方面得分的相差是否达到了显著性水平，本书对不同主体视角下高职学生情境学习状况与情境学习范式认同度的均值进行了独立样本 t 检验，表 6-12 列出了检验结果。

表6-12 不同主体视角下高职学生情境学习情况与情境学习范式认同度的差异情况

维度	主体	比较内容	N	M	SD	t	Sig.(2-tailed)
学习 目标	高职专业 课教师	情境学习情况	285	3.59	.823	-4.05**	0.000
		情境学习范式认可度	285	4.04	.749		
	企业指导 教师	情境学习情况	91	3.67	.319	-2.37**	0.002
		情境学习范式认可度	91	4.24	.686		
	高职学生	情境学习情况	1861	3.10	.712	-11.79**	0.009
		情境学习范式认可度	1861	3.49	.686		
学习 主体	高职专业 课教师	情境学习情况	285	3.70	.813	-4.01**	0.001
		情境学习范式认可度	285	4.18	.832		
	企业指导 教师	情境学习情况	91	3.74	.918	-1.98*	0.041
		情境学习范式认可度	91	4.23	.630		
	高职学生	情境学习情况	1861	3.30	.730	-6.81**	0.000
		情境学习范式认可度	1861	3.54	.722		
学习 环境	高职专业 课教师	情境学习情况	285	3.76	.761	-2.64**	0.000
		情境学习范式认可度	285	4.07	.761		
	企业指导 教师	情境学习情况	91	4.01	.926	-1.14	0.259
		情境学习范式认可度	91	4.28	.617		
	高职学生	情境学习情况	1861	3.22	.685	-9.16**	0.000
		情境学习范式认可度	1861	3.52	.680		
学习 活动	高职专业 课教师	情境学习情况	285	3.59	.845	-3.38**	0.001
		情境学习范式认可度	285	3.98	.743		
	企业指导 教师	情境学习情况	91	3.72	.616	-2.47*	0.015
		情境学习范式认可度	91	4.22	.607		
	高职学生	情境学习情况	1861	3.22	.704	-9.25**	0.000
		情境学习范式认可度	1861	3.52	.685		
学习 能力	高职专业 课教师	情境学习情况	285	3.62	.823	-4.22**	0.000
		情境学习范式认可度	285	4.07	.764		
	企业指导 教师	情境学习情况	91	3.61	.712	-2.30**	0.004
		情境学习范式认可度	91	4.27	.571		
	高职学生	情境学习情况	1861	3.21	.713	-9.90**	0.000
		情境学习范式认可度	1861	3.54	.688		

续表

维度	主体	比较内容	N	M	SD	t	Sig.(2-tailed)
学习评价与反馈	高职专业课教师	情境学习情况	285	3.72	.767	-3.12**	0.002
		情境学习范式认可度	285	4.07	.777		
	企业指导教师	情境学习情况	91	3.73	.957	-1.54*	0.012
		情境学习范式认可度	91	4.27	.648		
	高职学生	情境学习情况	1861	3.30	.731	-6.39**	0.000
		情境学习范式认可度	1861	3.51	.703		

注：* p<0.05；** p<0.01

从表 6-12 可以看出，除学习环境维度，企业指导教师这一主体下的情境学习情况和情境学习范式认可度的均值 t 检验得到的双侧检验 p（Sig）值大于 0.05（t=-1.14），其他情境学习维度上，其他主体的双侧检验 p 值都小于 0.05，其中 p 值小于 0.01 的占大多数。也就是说，企业指导教师认为当前高职院校学生情境学习的环境与其认同的情境学习范式所要求的学习环境相差不大，从两方的均值 4.01 和 4.28 来看，都处于比较高的水平，说明企业指导教师主张高职院校学生进行真实情境的学习，企业也基本具备了学生情境学习的环境要求。但从其他维度来看，不论是企业指导教师还是高职专业课教师和学生自己，其对当前情境学习情况的评价和对情境学习范式的认可度之间形成的差异都达到了显著水平或极其显著水平，表明三者对情境学习范式都有较高的认同度，认为该范式是比较适合高职学生的，但对当前高职学生的情境学习情况却不满意。这说明，要想让学生在高职教育共同体认同的情境学习范式下开展学习，企业环境可以充分利用，但在学习目标、学习主体、学习活动、学习能力和学习评价与反馈上，高职院校和企业以及相关教师还需作出很大的努力。

本章小结

虽然目前高职院校学生主流的学习范式不是情境学习范式，但现实中却不乏情境学习的存在。对于现存的情境学习不能随意判定。从理论上讲，本书所构建的高职院校学生情境学习范式第三个层面人工操作层是情境学习范式哲学层和社会学层的具体落地和实践操作表征，也是情境学习具体实践情况的现实体现。因此，本书以应然的情境学习范式下人工操作层的内容为调查指标对实然的高职院校学生学习状况进行符合度调查，以了解当前高职院校学生情境学习状况。

本章中以情境学习范式认同度分析时确定的 6 个一级维度、18 个二级维度为问卷调查设计的起点，以学生问卷为例进行问卷编制。在专家访谈的基础上，经过问卷项目的预测、探索性因子分析和验证性因子分析等测量手段，最终确定了本书调查高职院校学生情境学习情况的正式问卷。在此基础上，针对高职专业课教师和企业指导教师这两大主体的特点，分别修订、形成了关于"高职院校学生情境学习情况"的高职专业课教师问卷和企业指导教师问卷。但由于情境学习情况是情境学习范式的具体体现，为方便调查，"高职院校学生情境学习情况"问卷作为一部分，与"高职院校学生情境学习范式认同度"调查问卷合并在《高职院校学生情境学习范式调查问卷》中一同进行。

利用统计软件 SPSS21.0 对问卷调查所得数据进行了一系列的分析，结合研究者对高职院校学生学习的原生态田野考察和对高职专业课教师与企业指导教师的访谈，得出如下主要结论：第一，当前高职院校存在情境学习，但情境学习状况整体欠佳，均值未达到 4 比较符合的水平，实然的高职院校学生情境学习状况离应然的情境学习范式人工操作层对情境学习的要求较远；第二，学生在企业实习中的情境学习情况好于校园内的情境学习情况；第三，不同年级、不同专业类别、不同层次学校、不同类型学校学生的情境学习情况存在极其显著的差异，专科层次国家示范性或骨干型高职院校理工科专业学生情境学习状况更好，情境学习已在条件优越的示范性／骨干型高职院校中悄然进行着；第四，不同主体视角下高职学生情境学习状况差异显著，高职专业课教师和企业指导教师对学生目前情境学习状况的评价都极其显著地高于高职学生自身，企业指导教师对学生情境学习环境的评价极其显著地高于高职专业课教师；第五，情境学习的实然情况与情境学习范式的认同度相差明显，认同度高的情境学习范式在现实中没有得到较好的实践。

高职教育共同体对本书所构建的高职院校学生情境学习范式的认同度普遍较高，目前高职院校中存在情境学习情况，示范性／骨干型高职院校尤为如此，但整体而言，情境学习呈点状分布。为促进线状、面状高职院校情境学习的形成，缩小认同度普遍较高的情境学习范式与当前整体情况欠佳的情境学习实况之间的差距，最终使已经论证的情境学习范式成为高职院校学生主流的学习范式，下一步就需要对情境学习范式的应用进行集思广益式的、开放式的探索。

第七章 高职院校学生情境学习范式的应用策略

高职教育共同体对高职院校学生情境学习范式有着普遍较高的认同度，高职学生一线学习实践中也存在着情境学习，国家示范性和骨干型高职院校尤为如此。但总体而言，现实中情境学习状况与理论构建的情境学习范式之间的差距较大。如何缩小这两者之间的差距，促进当前高职学生较为低效的学习范式向高效转换，促使更适合高职学生学习的情境学习范式落地开花，成为高职院校的主流学习范式，需要从情境学习范式本身和高职教育的现实情况出发，对高职院校学生情境学习范式的应用进行探索。

情境学习在国内的第一应用领域并不是高职教育，最先对其进行探索的是基础教育的特级教师李吉林，最早建构的情境学习范式也是其中国式儿童情境学习范式[①]。但他的情境学习和情境学习范式所指都与本书有差异。李吉林老师的情境学习源自中国古代文论"意境说"，吸纳了东方文化的智慧，情境学习范式强调用"情、美、真、思"四大核心元素"引导儿童在情境中学、思、行、冶"[②]；而本书的情境学习源于人类学家莱夫和温格的情境学习理论，情境学习范式基于托马斯·库恩的范式理论，强调哲学层主客一体的情境学习观、社会学层情境学习理论以及人工操作层相关情境学习实践的一体化。虽然情境学习理论为弥补正规学校教育与真实情境生活之间的差距提供了可参考的理论框架，但对于如何开展情境学习实践尚缺乏足够的指导。同时，不同专业、不同场境下的情境学习也会存在较大差异。因此，对本书构建的高职院校学生情境学习范式的应用进行开拓性探索时，仅从宏观的角度出发提出关于情境学习范式应用的关键策略，不做微观的具体对策的探索。

---

① 李吉林.中国式儿童情境学习范式的建构［J］.教育研究，2017（3）：91-102.
② 李吉林.中国式儿童情境学习范式的建构［J］.教育研究，2017（3）：91-102.

一、以产教融合为底线变革学校本位的人才培养模式

一种教育类型区别于另一种教育类型主要体现在人才培养模式上。[①] 高职教育主要培养高素质技术技能型人才，其培养模式也有其独特性。我国高职院校一直倡导产教融合、工学结合、企业合作式的人才培养模式，但一直都没有实现学校 – 企业、产 – 教、工 – 学之间的平等地位，没有完全打破高职学校与企业之间的藩篱，始终是学校本位的人才培养模式。这种人才培养模式从根本上决定了高职学生的学习范式，使学生难以突破课堂情境、学校情境，进行真正的工作情境学习，很难贯彻情境学习范式应用的真实性、连通性、主体性等原则。同时，这种人才培养模式也是导致高职院校学生学习问题严重，职业能力不足的根源。因此，要想使高职院校学生情境学习范式得到广泛应用，首先就要变革这种人才培养模式。

然而，变革学校本位的人才培养模式是否就意味着要抛弃学校，拥抱企业，从学校本位转向企业本位？答案是否定的。国外已有大量研究表明，正规学校教育和学徒训练即完全的企业学习都是不可偏废的。虽然常规教育所需的投资可能会高于学徒训练，但能培养出更为灵活的技能。[②] 当今时代是一个巨变的时代，人口流动性较强、技术变化较大，技能一旦和单一任务挂上了钩，这项工作就很容易没有前途、没有出头之日。相对于综合的、可触类旁通的、灵活的技能，高度单一化的技能日渐丧失了优势，一个年轻人只有接受过更综合、更灵活的教育，才可能掌握"元技能"，有机会证明自己，实现平步青云。[③] 对那些预期在同一地方、同一行业、同一岗位生活、工作一辈子的人来说，接受学徒培训和定向培训从经济上来看更合算，但正规的学校教育使得年轻一代能够在一生中变换多种职业，获得更综合的技能，并能对技术变革

① 夏建国. 技术本科教育概论［M］. 上海：东方出版中心，2007：189.
② ［美］克劳迪娅·戈尔丁，劳伦斯·凯兹. 教育和技术的竞赛［M］. 陈津竹等，译. 北京：商务印书馆，2015：37.
③ ［美］克劳迪娅·戈尔丁，劳伦斯·凯兹. 教育和技术的竞赛［M］. 陈津竹等，译. 北京：商务印书馆，2015：247.

作出快速反应。[①] 因此，学校教育和企业培训不可偏废。对于高职院校学生来说，两者都具有不可替代的作用，学校学习为学生提供终身的学习力，企业学习为学生提供强劲的就业力，使高职学生在获得良好生存条件的同时具有幸福生活的能力。

根据情境学习范式的应用条件和原则，结合目前我国高职院校发展现状，变革学校本位人才培养模式最省力、高效的办法就是提高企业对高职人才培养的参与度，以产教融合为底线进行校企双主体人才培养模式的改革。这一培养模式要求赋予高职院校和合作企业同等的地位、权利和责任，企业要全程参与学生的培养。从行业需求监测、专业设置、确定培养方案、招生／招工、签订培养协议、开展教学到毕业留用等，校企双主体进行全面协同育人。对于这种人才培养模式的改革，国家给予了很大的重视。近些年，如火如荼的现代学徒制试点就是一个很好的改革先兆，但在实践中却留了名，丢了心，走了样，使基于情境学习理论的代表——一种职业学习新范式的人才培养模式发生了异化和扭曲。2017 年国务院办公厅印发了《关于深化产教融合的若干意见》，要求"全面推行校企协同育人……推行面向企业真实生产环境的任务式培养模式"[②]，这为校企双主体人才培养模式的改革提供了政策支持。高职院校要抓住机遇，将学校本位的人才培养模式变革为校企双主体模式，为高职院校学生情境学习范式的应用扫除障碍。

二、以企业为主导加强真实情境与虚拟情境的互通交融

校企双主体的人才培养模式为高职院校学生打开了工作情境学习的大门，连通了学生的真实工作情境与学校情境和课堂情境。然而对于获得技能至关重要的真实工作情境这一稀有资源，由于专业类别、安全指数、教学化处理效果、资金、经营成本等限制，不可能完全向学生开放，不可能完全将学生置于真实的工作情境中，这就需要充分利用现代信息技术开发虚拟情境作为替代资源。如何选择替代资源，如何考量虚拟情境的可用性，要以实现高职

---

① ［美］克劳迪娅·戈尔丁，劳伦斯·凯兹．教育和技术的竞赛［M］.陈津竹等，译．北京：商务印书馆，2015：39.
② 国务院办公厅．关于深化产教融合的若干意见［Z］.国办发〔2017〕95 号，2017–12–5.

教育的价值作为参照。高职教育传递的技能，已经在新兴工业中的"知道怎么做"和"学会做"方面扮演着关键性角色。成就这一关键角色的正是高职教育中强调学习的实际运用的做法，而实际应用则是企业这一主体的优长。因此，在虚拟情境的开发和选择时，要以企业为主导，同时加强真实情境与虚拟情境的互通交融，使虚拟情境更好地配合、服务于真实情境。

当前现代化技术的发展为开发与真实世界相整合的学习环境提供了更多好方法，我们要借此加强学生学习与真实实践的联系，使虚拟学习情境的设计适切学习本应具有的真实性、复杂性、多元性。[①] 实践场是一个较好的例子。实践场源自 Senge（1994）在讨论学习型组织时创设的实习场，并被作为公司培训的主要方法。实践场与真实场地是分离的，在实践场中，学习者虽然不是合法的参与者，却能够实践他们将在真实工作环境中进行的活动。[②] 实践场"把时间和空间压缩到一种实践场境中"，构造一个整体性的"微世界"，作为通向真实情境的过渡性的学习[③]，可为学生提供逼真的情境，促进其体验真实问题的解决。[④] 在设计实践场时，可利用新兴的、大众化的万维网工具Web2.0，Web2.0工具能够为学生提供丰富的境脉，为学生获得多重视角和脚手架而与专家和（或）同伴进行协作提供便利。[⑤]基于问题的学习（problem-based learning，PBL）是创建实践场（实习场）的一个例子。[⑥]

总之，工作情境学习是情境学习范式的精髓所在，完全真实的工作情境是高职院校学生情境学习范式应用的一个限制性因素，以企业为主导加强真实情境与虚拟情境之间的互通交融不仅遵循了该范式应用的注重连通性原则，也利于解除限制，但在虚拟情境的创设上要注意以下几点：第一，情境中要设计学生必须积极从事的与专业领域相关的实践内容；第二，情境中的困境必须是学生值得去努力解决的真实困境；第三，在情境中，教师既是内容上

① 李翠白.西方情境学习理论的发展与应用反思［J］.电化教育研究，2006（9）：23-24.
② ［美］戴维·H·乔纳森，苏珊·M·兰德.学习环境的理论基础（第二版）［M］.徐世猛等，译.上海：华东师范大学出版社，2015：34.
③ 赵健.学习共同体的创建［M］.上海：上海教育出版社，2008：70.
④ 赵健.学习共同体的创建［M］.上海：上海教育出版社，2008：69.
⑤ ［美］戴维·H·乔纳森，苏珊·M·兰德.学习环境的理论基础（第二版）［M］.徐世猛等，译.上海：华东师范大学出版社，2015：19.
⑥ ［美］戴维·H·乔纳森，苏珊·M·兰德.学习环境的理论基础（第二版）［M］.徐世猛等，译.上海：华东师范大学出版社，2015：34.

的专家，也是学习和问题解决的专家；第四，学生有反思的机会和时间；第五，学生要解决的问题是结构不良的，能够反映出当完成学习后在工作境脉中预期能够胜任的工作的复杂性；第六，情境要利于学生之间的合作、交流和协商；第七，学习的境脉对学生具有激励性和吸引力。

三、以共同体为锚地促进高职两类教师之间的深度合作

教育职能的实现主要依靠教师，职业教育目标的达成是由教师集体互相配合，共同完成的。[①] 要保障高职院校学生的学习，需要高职教师具有"双师"素质，即既精通本专业的理论知识，"知其然"又"知其所以然"；又熟练掌握本专业的技术技能，有较强的实践动手能力，并善于学习新知识，掌握新技术。然而，现实中能真正达到"双师"素质要求的教师较少，多数高职院校教师具有扎实的专业理论知识，但缺乏精湛的技术技能，不能满足学生专业实践的需求。而且，目前高职院校通过要求"高职教师企业挂职锻炼、规定职业学校教师企业实践"[②] 等诸多方式提高高职教师专业实践能力，培养具有"双师"素质的教师个体的努力似乎已宣告失败，"双师型"教师至今仍是制约高职院校发展的关键。近些年，高职院校又开始尝试通过大力引进企业优秀人员做兼职教师来建设其"双师"结构的教师队伍。

事实上，企业指导教师不论是在企业指导学生实习，还是到高职院校教授专业实践课，对高职学生的学习和职业能力的培养来说都是至关重要的。企业指导教师是学生在真实工作情境中的"学习榜样"，好的企业指导教师和一个好师傅是一样的，不仅要向其学徒（学生）示范如何解决专业问题，而且还要用通俗易懂的语言向学徒解释解决问题的思想、推断和看法。企业指导教师是学生的教练，负责监督其工作，给出正面或负面的反馈。只有在本专业领域里有充分实践经验的人，才能就随时出现的复杂问题给出指导方案，指导学徒（学生）进入其共同的职业实践共同体。[③] 高职院校从企业大量聘请、借调真正懂技术、会操作的优秀专业技术人才和能工巧匠，促进高职"双师"

① 马建富.职业教育学［M］.上海：华东师范大学出版社，2008：164.
② 教育部等.职业学校教师企业实践规定［Z］.教师〔2016〕3号，2016-5-11.
③ 赵志群，海尔比特·罗什.职业教育行动导向的教学［M］.北京：清华大学出版社，2016：123.

结构教师队伍的建设。这样的初衷是好的，从德国"双元制"职业教育模式和美国"协同教学"实施的已有成就来看，其做法也是正确的。然而，在实施中却带来了负面影响，出现了调查中发现的，前文指出的，两类教师都在各负其责，各司其职，"各自为政"，缺乏合作，导致高职学生学习目标分裂问题比较严重。要解决这一问题，不能各退一步让两类教师各归其位，相反，应该各进一步让两类教师走向深度合作。合作的着力点、抓手和锚地就是双元结构的教师共同体。

情境学习重视在个体参与共同体的境脉中获得自我发展，要求从个体境脉转向共同体境脉，从技能学习和发展转向形成一种作为共同体的身份。对学生来讲，要加入实践共同体，对教师来讲亦如此。由分别具有两种优势的教师互补整合构成的"双元结构教师共同体"是有着"共同愿景"的"学习型组织"。[①] 在共同体中，两类教师"双元"并存，优势互补，通过参与、合作、实践，既滋养自己的教学知识和实践智慧，又促进共同体中其他同伴的成长，使双方获得竞相发展。

以共同体为锚地促进高职教师之间的深度合作时，要统筹兼顾好"双元"教师的协调发展。"双元"教师各自承担的任务是互为补充、互为前提、相互促进的，如果其中一元教师在实施教学时对另一元教师的教学置若罔闻，缺少配合，那么"双元"教师的教学不仅不会出现融合效应，反而会导致各自为政、画地为牢、相互分离、越走越远。以"双元结构教师共同体"为协调中心，在任务开始前，"双元"教师共同确定课程目标，制定课程方案；在任务实施中，经常进行交流，确保双方课程内容之间的衔接和渗透；在任务完成后，共同就实施情况进行集体讨论、反思和总结。这样，两类教师就会心往一处想，智往一处谋，劲往一处使，其教学都指向同一个方向，能够形成合力，产生效力，促进学生学习目标的综合实现。

以共同体为锚地促进高职两类教师之间的深度合作不仅可以打破两类教师条块分明的教学界限，还可以促使两类教师充分发掘自身潜力，激发两类教师通力合作，溶解学校情境与工作情境之间的边界，共同致力于学生的发展，

---

① 白玲，张桂春.双元结构教师共同体：职教"双师型"教师队伍建设之"锚地"[J].教育评论，2017（4）：8-13.

避免高职学生学习目标分裂问题的再次出现，从教师主体方面为情境学习范式的应用提供人员质量保障。

四、以实践教学为切入点破除高职院校传统教学规制

冰冻三尺非一日之寒。高职院校传统教学规制的形成非一朝一夕，要破除这一规制，从面上下蛮力不易成功，应从高职院校教学的痛点、要点下手，以实践教学为切入点进行突破。因为高职学生要在积极参与实践教学的过程中，不断体验各种情境，积累各种知识，熟练掌握各种技能，习得各种规范，获得身份认同，在实践中不断反思，不断成长，不断地实践自己的生命，不断地生成自我。[①] 因此，实践教学对高职教育来讲是其命脉，实践学习对高职学生来说是其重点，要以实践教学为切入点破除高职院校传统教学规制，促进情境学习范式在高职院校的应用。

第一，在时间上给以实践教学保障。知识教育的最终目的是指向实践的[②]，因此，实践性教学的时间不得少于理论性教学的时间。对此，国家也作出了规定，2017 年国务院办公厅印发的《关于深化产教融合的若干意见》明确要求"实践性教学课时不少于总课时的 50%"[③]。

第二，从空间上创设利于实践教学的环境。情境学习范式下理想的学习环境就是真实的实践情境，实践教学环境就是真实的企业环境。为提高教学效率，不影响企业正常运行，企业的"学习车间""学习岛""多功能实训车间"等就是理想的实践教学场地。"学习车间"（德文为"Lernstatt"）原意是可供学习的车间，原本是为了促进基础较弱的职工（如学徒工）针对岗位需求进行学习的地方，大家在此就共同感兴趣的问题如产品质量、材料、工艺设计和组织管理等组成一定期限的小组，讨论解决或提高的方案。[④] "学习岛"的特点是将学习场所与工作环境整合起来。[⑤] "多功能实训车间"是为某个职业（专业）设计的，融该专业全部或多项职业功能为一体的教学场所，其突出优点

---

① 李伟.实践范式转换与实践教学改革［M］.北京：教育科学出版社，2010：146.
② 陈理宣.知识教育论.［M］.北京：人民出版社，2011：285.
③ 国务院办公厅.关于深化产教融合的若干意见［Z］.国办发〔2017〕95 号，2017-12-5.
④ 赵志群.职业教育工学结合一体化课程开发指南［M］.北京：清华大学出版社，2009：110.
⑤ 赵志群.职业教育工学结合一体化课程开发指南［M］.北京：清华大学出版社，2009：111.

就是能将学习场所与工作环境整合起来。[①] 企业指导教师可充分利用"学习车间""学习岛""多功能实训车间"等对在企业学习的学生进行教学指导，这些都是破除高职院校传统教学规制，开展情境学习的理想环境。

第三，在教学方法上以实际训练为主。这是以形成学生技能和行为习惯、发展实际能力为主的教学方法，该方法能促进学生手脑并用，让学生通过亲自动手实践，把理论学习和实践活动结合起来。这类方法在职业教育领域中最典型的就是现在盛行的行动导向教学法，具体包括项目教学法、引导文教学法、案例分析教学法、头脑风暴教学法等。在情境学习范式的应用中，可以借鉴这些教学方法，但在使用时要规避行动导向学习的劣势，为学生创设真实的（或逼近真实的）问题情境，在教学的过程中鼓励学生参与实践共同体，在共同体中建构学生的职业身份，让学生进行职业体验，形成职业认同感，促进其职业意识、职业素养的养成，教学结束时引导学生进行实践性反思。

第四，在教学组织形式上多采用现场教学[②]。高职院校学生情境学习范式的应用特别强调实践情境、原始境脉、复杂境脉，现场教学这种组织形式能把书本知识中描述的现象发生、发展以及运动变化的本来面目呈现给学生，使学生在活生生的情境中学习。这种形式也是实践教学最好的方式，通过现场观察、实际操作，可以丰富学生的感性认识，培养学生"学以致用"的能力。

第五，要以真实的学习活动/教学活动为载体。以真实的活动方式进行探索性的学习有利于建构知识的意义。所谓真实的学习活动，就是要求学习者如同真实世界中的实践者一样，在实践中获得知识，不仅要在学习结果上体现知识与真实世界的联系，还需在学习的过程和环境方面具有真实性。[③] 高职院校学生要通过积极参与实践情境中的真实活动促进自我生成。相应地，实践教学要为学生真实的学习活动服务，以真实的活动、真实的问题为中心展开教学。

此外，尤其对于技术应用型本科院校（本书中的本科层次高职院校）来讲，还有一部分教学容易被忽视，就是实验教学。实验教学实际上是对知识产生

---

① 赵志群.职业教育工学结合一体化课程开发指南［M］.北京：清华大学出版社，2009：115.

② 现场教学是组织学生到生产现场进行教学的一种组织形式，是课堂教学的补充、继续和发展。——引自马建富.职业教育学［M］.上海：华东师范大学出版社，2008：121.

③ 郑太年.学校学习的反思与重构——知识意义的视角［M］.上海：上海教育出版社，2006：125.

的过程及情境的模拟，通过实验让学生观察知识发现的过程、揭示对象运动的基本规律，使学生亲临其境地理解知识；同时也通过学生亲自动手操作来发现知识，锻炼操作能力和发现知识的能力等。[①]破除这些学校的传统教学规制，促进情境学习范式的应用，还要将实验教学与技能教学结合起来。实验与实践的结合，形成明显的互动与开放特色，可以培养学生具备一定的理论研究能力、问题解决能力以及从事第一线实践工作的动手操作能力，这正是情境学习范式所追求的。

五、以学习者为中心重视个体与群体双重主体情境化

在情境学习范式中，学习者占据着中心主体地位，师生之间不再是单纯的传授和学习的关系，而是具有一般社会特性和社会品质的角色之间的交流关系。[②]正如布鲁纳所说，"情境化的革命就发生在今天"[③]，要促进高职院校学生情境学习范式的应用，学习者的中心主体地位是基础，同时还要重视学习者个体主体与群体主体的情境化。

佐藤学认为，学习就是同情境的对话，同他者的对话，同自身的对话，形成三位一体的对话性实践。[④]学生的学习与发展是依存于情境而千姿百态的。[⑤]对高职学生来说，其职业能力的形成即综合运用知识解决职业岗位实际问题的能力是学习的重点，学会同情境对话利于捕捉、理解和解决实际问题。大量的实践表明，职业情境能有效提高学生职业能力。[⑥]所以，高职院校学生的学习首先要在真实（或逼近真实）的职业实践情境中展开。

其次，要重视学习者个体的主体情境化。学习者具有独属于自身的特征，这些特征构成了其学习新知识、新技能，建构知识意义、身份意义的情境，就是学习者个体的主体情境，这种主体情境是其建构新知识的基础。"构成学习者主体情境的因素，就场域来说，是学习者本身所处的社会文化和自然环

---

①　陈理宣.知识教育论［M］.北京：人民出版社，2011：284.
②　赵志群.职业教育工学结合一体化课程开发指南［M］.北京：清华大学出版社，2009：93.
③　郑太年.学校学习的反思与重构——知识意义的视角［M］.上海：上海教育出版社，2006：136.
④　［日］佐藤学.学习的快乐——走向对话［M］.钟启泉，译.北京：教育科学出版社，2004：66.
⑤　［日］佐藤学.学习的快乐——走向对话［M］.钟启泉，译.北京：教育科学出版社，2004：190.
⑥　马建富.职业教育学［M］.上海：华东师范大学出版社，2008：104.

境"①，对于高职学生来说，尤其指其所在学校层次和类型，以及所在学校周边的文化和自然环境。从调查中我们发现，专科层次的国家示范性或骨干型高职院校学生情境学习状况显著地好于普通高职院校和技术应用型本科高校（见表6-9和6-10），专科层次的国家示范性或骨干型高职院校学生对情境学习范式的认同度也显著地高于普通高职院校和技术应用型本科高校（见表5-29和5-30），这说明了处于不同类型、不同层次学校的学生具有不同的主体情境，在促进情境学习范式应用时应将这些主体情境的场域因素考虑进去。就构成学习者学习新知识、新技能基础的自身因素来说，至少包括两点：第一，学习者所有相关的知识和经验；第二，学习者学习和认知的方式、学习习惯等。其中，学习者的场域主体情境因素要通过学习者的自身因素来发挥影响作用。从前文对高职院校学生情境学习状况的分析中，我们已经发现学生原有的学习习惯对其在新的学习阶段和学习环境——高职院校的学习影响深远。因此，在应用情境学习范式时，不仅要重视学习环境创设的情境化，还要重视学习主体的情境化。毕竟在实践活动中居于主体地位的学生在一个开放的环境中学习知识、提高实践能力首先是以一个活生生的独立个体存在的，有着属于自身的多样化的知识和经验背景。如果不重视学生的主体情境，不在改变学生原有学习习惯上下功夫，不进行学习主体的情境化处理，情境学习会遇到来自学生个体的巨大阻力。

最后，要考虑学习者群体的主体情境化。情境学习范式要求学习者个体在参与共同体的境脉中发展自我，这符合新时代对合作学习、协作学习、群体学习的要求，学生不仅要学会独立学习，还要通过与他者的对话和合作进行学习。目前在复杂的工作情境中，多数工作都需要团队合作才能完成，培养学生的群体意识、团队意识很重要。对于在工作情境中学习的高职院校学生来讲，鼓励他们加入实践共同体，并在共同体中发挥自己的优长和作用，这是毋庸置疑的。合作的要旨是相同的，但围绕某一个核心岗位，会形成不同的工作岗位群，有着不同的工作内容，也就会形成不同的群体，即不同的实践共同体，这就要考虑群体主体情境。群体主体情境和学习者个体主体情境的核心是相同的，会受群体所处的社会文化和自然环境如群体所处的岗位

---

① 郑太年.学校学习的反思与重构——知识意义的视角［M］.上海：上海教育出版社，2006：138.

类型、工作内容，群体所在学校的类型和层次等，以及群体自身因素如群体成员之间形成的特定关系、特点，群体具有的优势等影响。最直观的一个例子就是不同专业类别的高职学生属于不同的群体，他们具有自身群体所特有的主体情境，前文关于不同专业类别教师、学生对情境学习范式认同度差异的分析结果（见表5-16、5-22、5-28），以及不同专业类别学生情境学习状况差异分析结果（见表6-8）都说明了不同的群体具有不同的群体主体情境，在应用情境学习范式时不能只片面地强调情境化，而忽视群体主体情境之间的差异，应该根据群体特征，有差别地进行群体主体的情境化。例如，高职教育都强调技能习得、实践应用，强化技能训练，但针对不同群体，需强化哪种技能、重视哪种实践情境必须区别对待。对中级技工教育或培训，在创设情境时，应以再造性操作技能训练情境为重点；而对于技术员类人才的技能训练就不能只考虑再造性操作技能训练环境，还要创设发展创造性智力技能的情境；对于技术应用型本科高校学生培养的目标即技术师这类群体，需要进行情境化处理的工作岗位或学习环境，其要求就更高了。

总之，应用高职院校学生情境学习范式要以学习者为中心，在重视情境学习的同时，不唯情境马首是瞻，而要进行学习者个体主体情境化处理和群体主体情境化处理，只有考虑了双重主体情境化后的情境才是具有针对性的、真正符合高职学生情境学习的情境。

六、以情境化评价为手段促进学生智识化技能人的生成

评价是一种手段，而非目的，具有导向功能，可以促进目标的达成。情境学习范式要求评价像一面镜子，反映出学生们在真实实践情境中解决问题的能力[1]，要求学习评价是真实的、重视实践能力的情境化评价，旨在促进学生智识化技能人的生成。智识化技能人强调高职学生不仅仅是懂技术、会操作的技术人员，还是能够适应信息技术发达社会，并能充分利用现代信息技术开展工作、共享实践共同体价值、享受生活并创造自我的有着智慧、学识的人。这种智识化技能人是以情境学习目标中知识积累、技能获得和身份认

---

① 桑新民.学习科学与技术［M］.北京：高等教育出版社，2013：178.

同等的综合实现为基础，以情境学习能力中的五大能力[1]为助力，经过长期的工作情境、生活情境实践而逐渐生成的。在走向智识化技能人的路上，学习评价将是一种有利的手段，把学生导向这一目的地。但学校传统的过分强调标准化测验的评价方式将阻碍走向这一目的地，必须改变评价理念，改革评价方式。

对高职院校学生来讲，其学习的知识不仅包括系统化的书面知识，还有大量的默会知识，而"默会知识的学习和评价只能在特定的情境中实现"[2]；通过学习要掌握的动作技能、要培养的综合实践能力等的检查与考核，与知识、概念的考核不同，不适宜用纸笔测验的形式，最好的方式是考具体操作，不仅要考会不会操作，更要考操作得是否熟练，能否应对操作过程中出现的各种挑战和故障。[3]按照加德纳（H.Gardner）的理论，学习评价的重点是学生在解决问题过程中表现出来的创造力，即高层次的思维能力和问题解决能力，如学生对实际问题的理解程度、投入程度、解决问题的技能和自我表达能力等，这在传统的学习评价中显然不是重点。[4]这与情境学习范式所要求的学习评价一样，强调评价要有效地融入日常教学活动之中，实现评价的情境化。[5]

不论对哪种层次、哪种类型学校的高职学生来讲，学习除了有知识获得、技能掌握、职业能力培养的目标外，还有一个重要的目标就是培养职业认同感和建立在职业认同感基础之上的职业承诺，以及由此发展出的职业责任、质量意识和工作意愿等，它们都通过对职业身份的构建和认同体现出来。然而，不管哪一种，都需要个体通过较长期的真实的职业体验才能获得，对此的评价也就不能脱离真实的职业情境进行。只有持续的、注重过程性的情境化评价才能促进身份认同这一学习目标的达成，才能促进高职学生上述三维目标的综合实现，才能促进高职学生智识化技能人的逐渐生成。

---

[1] 即认知能力、实践能力、表达能力、反思能力和创新能力。

[2] 赵志群，海尔比特·罗什.职业教育行动导向的教学 [M].北京：清华大学出版社，2016：112.

[3] 桑新民.学习科学与技术 [M].北京：高等教育出版社，2013：126.

[4] 赵志群，海尔比特·罗什.职业教育行动导向的教学 [M].北京：清华大学出版社，2016：112.

[5] 桑新民.学习科学与技术 [M].北京：高等教育出版社，2013：179

本章小结

　　根据高职教育的特点、高职学生学习的规律以及相关学习理论构建高职院校学生情境学习范式，是为了使其能够广泛应用于学习一线，提高高职学生的学习效果，促进高职教育目的的高效达成。本章从情境学习范式本身和高职教育的现实情况出发，对其应用进行了探索，并针对目前高职院校学生学习存在的问题和导致情境学习整体欠佳的原因，提出了具有宏观视野的标本兼治的应用策略。

　　应用高职院校学生情境学习范式，第一，必须变革学校本位的人才培养模式，以产教融合为底线进行校企双主体人才培养模式的改革；第二，以企业为主导加强真实情境与虚拟情境之间的互通交融，为情境学习范式的应用创设环境条件，提供学习情境；第三，以"双元结构教师共同体"为锚地，让两类教师各进一步，走向深度合作，从而解决目前高职两类教师"各自为政"，缺乏合作，导致高职学生学习目标分裂的问题；第四，从高职院校教学的痛点、要点下手，以实践教学为切入点，在教学的时间、空间、方法、组织形式、载体等方面破除高职院校传统教学规制；第五，以学习者为中心，在重视情境学习的同时，不唯情境马首是瞻，进行学习者个体主体和群体主体的双重主体情境化处理；第六，以情境化评价作为手段，帮助学生逐步建构主体性，实现工作的主体意义，促进学生自我认同和身份认同，促使学生智识化技能人的生成。

结语

　　"学习"是一个远比"教育"更为根源性、包容性的概念，是一种基本的生存活动，还是一种复杂的实践活动。"学习"的概念与"哲学"同时诞生，是孕育着一切的智慧和识见发展起来的。① "学习"的实践伴随着人类的诞生而开始，从具体的生活情境学习到师徒制的工作情境学习再到大规模的学校情境学习，学习逐渐正规化、抽象化、去境脉化。学校成了学习的主要场所，学习发生的过程与真实生活逐渐疏离，学习被学问化的弊端始终伴随着，而且越来越明显，导致学生学业成绩和与之相关的身份形成也被割裂开来。② 这种脱离生活情境、远离工作职场的去情境学习范式带来的严重后果就是，学生丧失了学习的兴趣和习得自主学习能力的机会。要解决学校学习的这些局限，改变学校学习抽象化、去境脉化、个体化等所导致的学生缺乏持续学习力的状况，就需要转换当前的学习范式。正如托马斯·库恩所言，范式转变不是一件容易的事情，即使最聪明、最具创新精神的人也会陷入旧的范式难以自拔，但科学的重大进步总是伴随着研究范式的转变发生的，学习的重大进步也是伴随着学习范式的转变发生的。

　　随着技术革命的发展，学习载体和学习内容都发生了质的变化。学习的对象，即知识的建构性、社会性、情境性、复杂性、默会性等特点要求进行与其相一致的学习，这必将推动一场真正的学习革命，革掉接受性、去情境性的、局限于传授式的学习方式的命，恢复学习作为真实社会实践活动的本来面目。③ "情境"概念的引入使得学习获得了前所未有的生机，情境学习理

① ［日］佐藤学.学习的快乐——走向对话［M］.钟启泉，译.北京：教育科学出版社，2004：398.
② ［美］戴维·H·乔纳森，苏珊·M·兰德.学习环境的理论基础（第二版）［M］.徐世猛等，译.上海：华东师范大学出版社，2015：56.
③ 郑太年.学校学习的反思与重构——知识意义的视角［M］.上海：上海教育出版社，2006：8.

论为弥补制度化的学校学习与真实情境之间的差距提供了可参考的理论框架，为学习的革命和未来走向指明了方向。学习发生的情境在近年来获得了广泛的关注。现今的技术发展使得分布式计算、虚拟现实、人工智能等网络信息技术得到了很大推广，为情境学习的开展提供了良好平台，为转向情境学习范式提供了不容错失的契机。

对于主要为国家培养高素质技术技能型人才的高职教育来说，亦是如此。过去机器大生产和科目主导的学校学习和考试系统所产生的毕业生已无法适应社会的进步、当地经济的发展和现代企业对人才的要求。高职院校已经意识到，就业力是一个口号，倡导的是对适应性、合作性、灵活性、创造性、想象力、学习力和创新思维能力等个人特质的需求，它既是一种思维方法，也是一种具体策略，而以教导的方式让学生获得就业力则是一件非常困难的事。[①] 被视为 20 世纪下半叶最重要的一个教育改革文件《富尔报告》指出，人的技术和能力提升是各级教育的主要目的，日常生活和工作中的具体情境学习使人可以理解并且有能力、创造性和信心应对紧迫的任务和一生中持续的变化。[②] 因此，情境学习为高职学生的学习和未来发展指明了方向。

基于对当下高职学生学习存在问题的思考，本书聚焦"高职院校学生情境学习范式"这一让人期待而又富有挑战的选题，进行了系统研究。说它让人期待是因为，情境学习理论在 20 世纪末经过人类学和心理学的研究获得了广泛关注，通过对国际职业教育主流研究理论与研究热点的分析发现，国外职业教育中关于情境学习的研究占据了重要位置，而国内的相关研究和实践才刚刚起步。因此，将情境学习这一在西方已发展较为成熟的理论作为研究我国高职学生学习的武器是令人憧憬的。说它富有挑战是因为，情境学习范式是一个相对复杂的、跨学科的研究，且本土研究比较少，我国高职院校学生情境学习的实践也不甚成熟。为此，本书从以下七个方面对高职院校学生情境学习范式进行了兼具理论和实证的系统研究。

第一，本书从历时和共时的角度分别审视了高职院校学生的学习范式，

---

① ［英］诺曼·朗沃斯.学习型城市、学习型地区、学习型社区：终身学习与地方政府［M］.欧阳忠明等，译.北京：中国人民大学出版社，2016：201.

② ［英］诺曼·朗沃斯.学习型城市、学习型地区、学习型社区：终身学习与地方政府［M］.欧阳忠明等，译.北京：中国人民大学出版社，2016：77.

分析了每一种范式下持有的学习观、学习理论，开展的学习实践，以及存在的学习问题，呈现了当前高职院校学生学习范式内存在的冲突，遇到的危机，说明了转换学习范式的必要性和紧迫性。然而，应该转向何种学习范式？哪种学习范式才更能适应高职学生的学习？带着这样的问题，本书基于高职教育的本体性特征，从学生学习目标、学习主体、学习场境、学习活动、学习评价等学习五要素出发分析情境学习，发现情境学习与高职教育的本体性特征非常契合，能够满足高职教育对学生学习的要求，从而确定了适合高职学生学习的范式，也是本书要构建的学习范式——情境学习范式。

第二，阐释构建高职院校学生学习范式的理论基础。首要的理论就是托马斯·库恩的范式理论，该理论是情境学习范式构建的逻辑起点，是本书的理论基底；第二个重要理论就是本书的核心理论——情境学习理论，该理论在本书中发挥着理论支撑作用。

第三，构建高职院校学生情境学习范式的基本结构。首先确立了构建依据，即遵循托马斯·库恩的范式理论、我国高职教育的内在规律和高职学生的身心发展特征；其次，构建了由起顶层指引作用的哲学层、起中间衔接作用的社会学层和起底层支撑作用的人工操作层三个层面构成的高职院校学生情境学习范式的基本结构；最后，根据该范式的基本结构，绘制了范式的结构图层，分析了范式的结构要素关系、决定因素以及转换机理等。

第四，详细阐释本书构建的高职院校学生情境学习范式的基本内涵。首先解了高职院校学生情境学习范式的"情境"之谜，说明了高职学生的学习情境之特和情境学习范式中的情境之指；然后分别从哲学层、社会学层和人工操作层具体阐明了高职院校学生情境学习范式的丰富内涵。该范式在哲学层上秉持主客一体的情境学习观，兼有主客互动的实践知识观；在社会学层上以情境学习理论为理论基础，以为开展情境学习实践提供指导框架的认知灵活性理论为基础理论；在人工操作层上主要表现为相关的情境学习模式，具体体现在 7 大方面、19 个具项上。最后，本书给出了真实情境和虚拟情境两种情境下的高职院校学生情境学习范式的实践范例。

第五，以本书构建的高职院校学生情境学习范式为调查内容，编制调查工具，在经过可行性、科学性论证之后，以高职教育研究者、专业课教师、企业指导教师和学生为调查对象，考察了高职教育共同体对本书构建的情境学习范式的认同程度。调查结果显示，高职教育共同体内的四大主体对情境学习范式的认同度都处于高等水平。这在一定程度上说明了，本书构建的情境学习范式通过初步的检验已经得到了共同体的认可，基本上验证了该范式的合理性、有效性。

第六，考察当前高职院校学生情境学习的情况，明确现实中的情境学习状况与理论上构建的情境学习范式之间的差距。以情境学习范式人工操作层的内容为考察指标，通过调查发现，当前高职院校存在情境学习，且示范性/骨干型高职院校学生情境学习情况极其显著地好于普通高职院校，但整体而言，实然的情境学习情况欠佳，离应然的情境学习范式人工操作层对情境学习的要求较远。

第七，本书基于实证研究的结果，针对当前高职学生学习存在的问题及原因，从多个角度出发，给出了应用情境学习范式的关键策略，以期通过以产教融合为底线变革学校本位的人才培养模式，以企业为主导加强虚实情境的互通交融，以共同体为锚地促进高职两类教师之间的深度合作，以实践教学为切入点破除传统教学规制，以学习者为中心重视个体与群体双重主体情境化，以情境化评价为手段促进学生智识化技能人的生成，最终促使更适合高职学生学习的情境学习范式尽快落地生根，成为高职院校的主流学习范式。

作为一个兼具理论性和实证性的主题，本书分为理论构建与阐释和实践考察与应用两大部分，从理论与实证两条路线出发，对高职院校学生的情境学习展开了较为翔实的论述和深入的考察，不仅完成了研究任务，还获得了预期外的研究发现和颇为丰硕的研究结论，这些发现和结论都将为后续高职学生学习的研究和实践提供理论和实践基础。

当然，由于研究条件的限制和研究者能力有限，本书也存在诸多不足：第一，如前所述，情境学习理论在西方已是一个相当成熟的理论，在人类学和心理学界得到了广泛研究，但教育学领域对此的研究还不多，高职教育情境学习的研究更是少之又少，因此，将其迁移至我国高职院校学生的学习实践中，还需对理论迁移的适切性、本土性进行进一步论证；第二，虽然范式理论近些年在人文社会科学领域有了广泛的应用，但其来源于对自然科学发展的解释的事实是不容忽视的，将其应用到学习领域，进行学习范式的研究虽比较多，多数都构建了新的学习范式，但未来能否转换成这种新的学习范式，换句话说，本书构建的情境学习范式能否成为未来高职院校学生主流的学习范式仍需进行实践检验；第三，本书实证部分借助的调查工具是自编问卷，尽管研究者执行了严格的问卷编制程序，并对问卷进行了科学性论证，但问卷方面存在的问题还是不可避免的，还需进一步改良、完善；第四，本书的多数结论都是基于量化数据得出的，然而实证研究很容易受取样的限制，由于受条件所限，问卷调查虽然有 288 名高职教育研究者、285 名高职专业课教师、91 名企业指导教师和 1861 名高职学生为有效样本，但并没有覆盖全国所有的省份，不但使研究样本的代表性受到了限制，而且在研究中不能进行区域的差异分析。此外，情境学习范式是比较复杂的，不同专业学生在应用时有很大的区别，会受到学习条件的较大限制，因此，本书并未给出微观层面的应用对策。作为高职教育的研究者和实践者，要以开放、辩证的态度来看待情境学习理论和情境学习范式的优势与局限，充分运用现代化技术手段，加强学习与真实实践的联系，使学习环境的设计适切学习本应具有的真实性、复杂性和多元性。①

至此，本书完成了一次对一个陌生、复杂领域的较为宽阔而深入的探索。在此次探索之旅中，更加坚信：学习并不只是学校的事情，学习是我们整个工作、生活当中的事情，在任何工作生活场所，都要努力珍惜"学习"、利用"学习"、促进"学习"、提高"学习"、庆祝和发展"学习"②。正如布鲁纳指出的，"情境化的革命就发生在今天"③。人类的学习从原始社会的情境化学习，经过了近现代学校教育的去情境化学习，经历了今天的情境化革命，未来将会利用信息技术走向再情境化学习。高职院校学生的未来学习将顺应这场从去情境化到再情境化的革命，将从脱离真实工作情境的学校本位、学科本位的学习范式逐渐走向真实与虚拟互通交融的情境学习范式。

① 李翠白．西方情境学习理论的发展与应用反思［J］．电化教育研究，2006（9）：23-24.
② ［英］诺曼·朗沃斯．学习型城市、学习型地区、学习型社区：终身学习与地方政府［M］．欧阳忠明等，译．北京：中国人民大学出版社，2016：119.
③ Bruner，J.Acts of Meaning［M］.Harvard University Press，1990：105-106.

▌附录

附录 1：高职院校学生情境学习范式调查问卷

附录 1.1：高职院校学生情境学习范式认同度调查问卷（研究者问卷）

尊敬的老师：

　　您好！非常感谢您接受此次问卷调查。调查的目的在于了解您对高职院校学生情境学习范式的认同度以及目前高职院校学生情境学习的状况。您的回答将为我们后期研究提供很大帮助。本调查采用无记名方式，并且会对您的个人资料严格保密，问卷中的各项答案无对错、好坏之分，调查结果仅供研究参考之用。故请真实回答问题，选择符合您感受的选项。非常感谢您的支持与合作！

　　　　　　　　　　　　　　　　　　《高职院校学生情境学习范式研究》课题组

　　　　　　　　　　　　　　　　　　　　　　　　　　　　2017 年 5 月

　　注：本问卷中高职院校包括专科层次的高职院校和本科层次的高职院校即技术应用型本科高校两类。

基本信息

　　1. 您的性别：①男　　　②女

　　2. 您所在单位类型：①专科层次的高职院校

　　　　　　　　　　　　②本科层次的高职院校（技术应用型本科高校）

　　　　　　　　　　　　③各省市县职业教育研究机构

　　　　　　　　　　　　④具有职业技术教育学硕士或博士点的高等学校

　　　　　　　　　　　　⑤其他

3.您的职称：①初级——助教 / 实习研究员

             ②中级——讲师 / 助理研究员

             ③副高—副教授 / 副研究员

             ④正高——教授 / 研究员   ⑤无

4.您的最终学位：①学士   ②硕士（含在读）

             ③博士（含在读） ④其他

题号	题项	题目	完全不认同 1	比较不认同 2	一般认同 3	比较认同 4	完全认同 5
1	O1	高职学生应该掌握够用的专业理论知识和专业实践知识					
2	O2	高职学生应该积累丰富的程序性知识					
3	O3	高职学生应该通过专业实践掌握大量的默会知识					
4	O4	高职学生应该通过学习获得可迁移技能					
5	O5	高职学生应该通过学习获得本专业的核心技能					
6	O6	高职学生应该通过学习，用掌握的技能技巧初步解决实际场境中遇到的相关专业问题					
7	O7	高职学生应该通过各种学习活动，了解所学专业对应的工作岗位和职业规范					
8	O8	高职学生应该在专业知识的学习中获得对专业的认同					
9	O9	高职学生应该在专业技能锻炼和专业实践中，逐渐获得对自身职业身份的认识					
10	S1	高职学生的学习应充分发挥每个学生的积极主动性					
11	S2	高职学生的学习应让每个学生充分参与到专业实践中					
12	S3	高职学生的学习应让学生在解决问题的过程中成为学习的主人					
13	S4	高职教师提供的学习任务应注重学生的群体参与					
14	S5	高职教师布置的学习任务应适合合作学习					
15	S6	高职教师应根据整个小组的学习情况给予适当的激励					

题号	题项	题目	完全不认同	比较不认同	一般认同	比较认同	完全认同
			1	2	3	4	5
16	E1	高职学生应该在知识或技能最终得以应用的场境中学习					
17	E2	高职学生学习的场所应体现现实生活的复杂性，不能脱离实际生活					
18	E3	高职学生的学习环境不应是对其以后工作环境的抽离、肢解或简化					
19	E4	高职学生的实习岗位应与其专业对口					
20	E5	高职学生的实习环境应利于其专业技能的掌握					
21	E6	高职学生的实习场所应利于开展学生专业实践活动					
22	E7	应充分保证高职学生开展专业实践活动的时间					
23	E8	应该为高职学生提供丰富的学习资源，以确保学生在学习中可以从不同视角对已学知识和技能进行检验					
24	E9	应根据高职学生的专业，为学生设计需要在真实情境中完成的任务					
25	E10	高职教师应该先让学生自己摸索，不应该直接为学生提供指导					
26	E11	高职教师应该在关键时刻为学生提供有效的指导					
27	E12	高职教师应该指导学生之间互相协作、互相帮助，完成复杂的操作任务					
28	A1	高职学生应根据自身专业特点对自己的学习活动做好计划					
29	A2	高职学生应积极、自觉地对自己的专业学习进行监视和控制					
30	A3	高职学生应根据具体情况对自己的专业学习进行适时调整					
31	A4	高职学生的学习离不开在真实场境中的观摩与模仿					
32	A5	高职学生应经常在体验中进行学习					
33	A6	高职学生专业技能的学习方法、策略和诀窍多数源自经验的积累，难以言传					
34	A7	高职学生在学习活动中应能够有条件观察专家、老师或师傅解决问题的过程					

题号	题项	题目	完全不认同	比较不认同	一般认同	比较认同	完全认同
			1	2	3	4	5
35	A8	高职学生在学习活动中应有接触不同经验水平的学习者和相关专业人员的机会					
36	A9	高职学生的学习应该步入与专业对口工作的边缘，以观察相关人员所处的现实工作场景和工作过程					
37	A10	高职学生的学习应该从与专业对口工作岗位的边缘逐步趋向中心					
38	B1	高职学生通过学习应该能够在真实情境中发现、识别专业问题					
39	B2	高职学生通过学习应该能够运用所学专业知识对真实情境中的专业问题进行分析					
40	B3	高职学生通过学习应该能够运用所学专业知识（部分）解决真实情境中出现的专业问题					
41	B4	高职学生通过学习应该能够熟练地在真实情境中完成专业操作或任务					
42	B5	高职学生通过学习应该能够和专家或师傅进行交流、共同工作					
43	B6	高职学生通过学习应该能够和老师进行交流，共同进行专业实践					
44	B7	高职学生通过学习应该能够在真实工作场景中对专业实践及时进行反思					
45	B8	在团队协作中应该确保高职学生有意识地进行反思					
46	B9	高职学生通过专业学习和实践，应该能够对实际问题的解决进行反思					
47	B10	应该为高职学生提供陈述完成复杂任务详细过程的机会					
48	B11	应该为高职学生提供展示专业作品、表达专业观点的机会					
49	B12	应该为高职学生提供公开的技能演示或辩论演讲机会					
50	B13	在高职学生的专业学习活动中，应根据专业对应岗位的实际情况，为学生提供质疑的机会					
51	B14	在专业实践中，应该鼓励高职学生将新思想进行应用、探索和转化					

题号	题项	题目	完全不认同	比较不认同	一般认同	比较认同	完全认同
			1	2	3	4	5
52	B15	应该鼓励高职学生在专业实践中摸索、尝试新方法					
53	F1	在对高职学生评价时，应该关注学习结果的可迁移性					
54	F2	应该注重对高职学生专业技能的现场评价，不能倚重纸笔测验					
55	F3	应该考察高职学生在面对实际复杂工作任务时作出的判断和行动					
56	F4	应该从态度、投入的精力等方面，评价学生与他人合作的过程					
57	F5	在对高职学生评价后，应该及时给予言语或书面反馈					
58	F6	在专业知识的学习过程中，高职教师应根据学生的学习情况，及时给予反馈					
59	F7	高职学生在专业技能锻炼中应该能及时得到师傅或指导教师给予的反馈，并适时调整专业实践					

除此之外，关于高职院校学生情境学习的问题，您愿意分享的看法还有

_____

_____

_____

问卷到此结束，再次感谢您的参与和配合！祝您工作顺利、生活愉快！

附录 1.2：高职院校学生情境学习范式调查问卷（高职专业课教师问卷）

尊敬的老师：

您好！非常感谢您接受此次问卷调查。调查的目的在于了解您对高职院校学生情境学习范式的认同度以及目前高职院校学生情境学习的状况。您的回答将为我们后期研究提供很大帮助。本调查采用无记名方式，并且会对您的个人资料严格保密，问卷中的各项答案无对错、好坏之分，调查结果仅供研究参考之用。故请真实回答问题，选择符合您感受的选项。非常感谢您的支持与合作！

《高职院校学生情境学习范式研究》课题组

2017 年 5 月

注：本问卷中高职院校包括专科层次的高职院校和本科层次的高职院校即技术应用型本科高校两类。

一、基本信息

1. 您的性别：①男　　②女

2. 您的年龄：① 25 周岁及以下

　　　　　　② 25 周岁（不包含 25 周岁）到 35 周岁（包含 35 周岁）

　　　　　　③ 35 周岁（不包含 35 周岁）到 45 周岁（包含 45 周岁）

　　　　　　④ 45 周岁以上

3. 您的最终学历：①专科以下　　②专科

　　　　　　　　③大学本科　　④研究生（含博士、硕士）

4. 您的职称：①初级——助教 / 实习研究员②中级——讲师 / 助理研究员

　　　　　　③副高——副教授 / 副研究员④正高——教授 / 研究员

　　　　　　⑤无

5. 您的授课类别（可多选）：①专业理论课　　②专业实践课

6. 您的专业类别：①文科　　②理科　　③工科　　④其他

7. 所在学校类型：①本科层次高职院校（技术应用型本科高校 ）

　　　　　　　　②专科层次高职院校

※ 选择"②专科层次高职院校"的老师，您所在学校是否是国家重点高

职院校（国家示范校或骨干校）？

　　A 是　　B 否

二、高职院校学生情境学习范式认同度情况

题号	题项	题目	完全不认同	比较不认同	一般认同	比较认同	完全认同
			1	2	3	4	5
1	O1	高职学生应该掌握够用的专业理论知识和专业实践知识					
2	O2	高职学生应该积累丰富的程序性知识					
3	O3	高职学生应该通过专业实践掌握大量的默会知识					
4	O4	高职学生应该通过学习获得可迁移技能					
5	O5	高职学生应该通过学习获得本专业的核心技能					
6	O6	高职学生应该通过学习，用掌握的技能技巧初步解决实际场境中遇到的相关专业问题					
7	O7	高职学生应该通过各种学习活动，了解所学专业对应的工作岗位和职业规范					
8	O8	高职学生应该在专业知识的学习中获得对专业的认同					
9	O9	高职学生应该在专业技能锻炼和专业实践中，逐渐获得对自身职业身份的认识					
10	S1	高职学生的学习应充分发挥每个学生的积极主动性					
11	S2	高职学生的学习应让每个学生充分参与到专业实践中					
12	S3	高职学生的学习应让学生在解决问题的过程中成为学习的主人					
13	S4	高职教师提供的学习任务应注重学生的群体参与					
14	S5	高职教师布置的学习任务应适合合作学习					
15	S6	高职教师应根据整个小组的学习情况给予适当的激励					

题号	题项	题目	完全不认同 1	比较不认同 2	一般认同 3	比较认同 4	完全认同 5
16	E1	高职学生应该在知识或技能最终得以应用的场境中学习					
17	E2	高职学生学习的场所应体现现实生活的复杂性，不能脱离实际生活					
18	E3	高职学生的学习环境不应是对其以后工作环境的抽离、肢解或简化					
19	E4	高职学生的实习岗位应与其专业对口					
20	E5	高职学生的实习环境应利于其专业技能的掌握					
21	E6	高职学生的实习场所应利于开展学生专业实践活动					
22	E7	应充分保证高职学生开展专业实践活动的时间					
23	E8	应该为高职学生提供丰富的学习资源，以确保学生在学习中可以从不同视角对已学知识和技能进行检验					
24	E9	应根据高职学生的专业，为学生设计需要在真实情境中完成的任务					
25	E10	高职教师应该先让学生自己摸索，不应该直接为学生提供指导					
26	E11	高职教师应该在关键时刻为学生提供有效的指导					
27	E12	高职教师应该指导学生之间互相协作、互相帮助，完成复杂的操作任务					
28	A1	高职学生应根据自身专业特点对自己的学习活动做好计划					
29	A2	高职学生应积极、自觉地对自己的专业学习进行监视和控制					
30	A3	高职学生应根据具体情况对自己的专业学习进行适时调整					
31	A4	高职学生的学习离不开在真实场境中的观摩与模仿					
32	A5	高职学生应经常在体验中进行学习					
33	A6	高职学生专业技能的学习方法、策略和诀窍多数源自经验的积累，难以言传					

题号	题项	题目	完全不认同 1	比较不认同 2	一般认同 3	比较认同 4	完全认同 5
34	A7	高职学生在学习活动中应能够有条件观察专家、老师或师傅解决问题的过程					
35	A8	高职学生在学习活动中应有接触不同经验水平的学习者和相关专业人员的机会					
36	A9	高职学生的学习应该步入与专业对口工作的边缘，以观察相关人员所处的现实工作场景和工作过程					
37	A10	高职学生的学习应该从与专业对口工作岗位的边缘逐步趋向中心					
38	B1	高职学生通过学习应该能够在真实情境中发现、识别专业问题					
39	B2	高职学生通过学习应该能够运用所学专业知识对真实情境中的专业问题进行分析					
40	B3	高职学生通过学习应该能够运用所学专业知识（部分）解决真实情境中出现的专业问题					
41	B4	高职学生通过学习应该能够熟练地在真实情境中完成专业操作或任务					
42	B5	高职学生通过学习应该能够和专家或师傅进行交流、共同工作					
43	B6	高职学生通过学习应该能够和老师进行交流，共同进行专业实践					
44	B7	高职学生通过学习应该能够在真实工作场景中对专业实践及时进行反思					
45	B8	在团队协作中应该确保学生有意识地进行反思					
46	B9	高职学生通过专业学习和实践，应该能够对实际问题的解决进行反思					
47	B10	应该为高职学生提供陈述完成复杂任务详细过程的机会					
48	B11	应该为高职学生提供展示专业作品、表达专业观点的机会					
49	B12	应该为高职学生提供公开的技能演示或辩论演讲机会					

题号	题项	题目	完全不认同	比较不认同	一般认同	比较认同	完全认同
			1	2	3	4	5
50	B13	在高职学生的专业学习活动中，应根据专业对应岗位的实际情况，为学生提供质疑的机会					
51	B14	在专业实践中，应该鼓励高职学生将新思想进行应用、探索和转化					
52	B15	应该鼓励高职学生在专业实践中摸索、尝试新方法					
53	F1	在对高职学生评价时，应该关注学习内容的高仿真性和学习结果的可迁移性					
54	F2	应该注重对高职学生专业技能的现场评价，不能倚重纸笔测验					
55	F3	应该考察高职学生在面对实际复杂工作任务时作出的判断和行动					
56	F4	应该从态度、投入的精力等方面，评价学生与他人合作的过程					
57	F5	在对高职学生评价后，应该及时给予言语或书面反馈					
58	F6	高职学生在专业知识的学习过程中应该能及时得到教师给予的反馈					
59	F7	高职学生在专业技能锻炼中应该能及时得到师傅或指导教师给予的反馈，并适时调整专业实践					

三、高职院校学生情境学习情况

题号	题项	题目	完全不符合	比较不符合	符合	比较符合	完全符合
			1	2	3	4	5
1	O1	学生掌握了够用的专业理论知识和专业实践知识					
2	O2	学生积累了丰富的程序性知识					
3	O3	学生通过专业实践掌握了大量的默会知识					
4	O4	学生通过学习获得了可迁移技能					

题号	题项	题目	完全不符合	比较不符合	符合	比较符合	完全符合
			1	2	3	4	5
5	O5	学生通过学习获得了本专业的核心技能					
6	O6	学生经常用学习中掌握的技能技巧初步解决实际场境中遇到的相关专业问题					
7	O7	学生通过各种学习活动，了解到了所学专业对应的工作岗位和职业规范					
8	O8	学生在专业知识的学习中获得了对专业的认同					
9	O9	学生在专业技能锻炼和专业实践中，逐渐获得了对自身职业身份的认识					
10	S1	在学习中，每个学生都能充分发挥自己的积极主动性					
11	S2	在学习中，每个学生都能充分参与到专业实践中					
12	S3	学生能在解决问题的过程中成为学习的主人					
13	S4	您经常给学生提供注重群体参与的学习任务					
14	S5	您经常给学生布置适合合作学习的任务					
15	S6	在教学中，您经常根据整个小组的学习情况给予适当的激励					
16	E1	学生在专业知识和专业技能的真实情境或模拟情境中学习					
17	E2	学生学习的场所完全不脱离生活实际，体现了现实生活的复杂性					
18	E3	学生当前的学习环境不是对其以后工作环境的抽离、肢解或简化					
19	E4	大多数学生的实习岗位与其专业对口					
20	E5	大多数学生的实习环境利于其专业技能的掌握					
21	E6	大多数学生的实习场所利于开展学生专业实践活动					

题号	题项	题目	完全不符合	比较不符合	符合	比较符合	完全符合
			1	2	3	4	5
22	E7	学生有充足的时间开展专业实践活动					
23	E8	学生拥有丰富的学习资源，在学习中能从不同视角对已学知识和技能进行检验					
24	E9	学生有大量的需要在真实情境中完成的与专业有关的任务					
25	E10	您大多数情况下不会为学生提供固定不变的支架和直接指导，而是让学生自己先探索					
26	E11	您经常在关键时刻为学生提供有效的指导					
27	E12	您经常指导学生之间互相协作、互相帮助，完成复杂的操作任务					
28	A1	学生能够根据自身专业特点对自己的学习活动做好计划					
29	A2	学生能够积极、自觉地对自己的专业学习进行监视和控制					
30	A3	学生能根据具体情况对自己的专业学习进行适时调整					
31	A4	学生经常在真实场境中的观摩与模仿中学习					
32	A5	学生经常在体验中进行学习					
33	A6	学生专业技能的学习方法、策略和诀窍多数源自经验的积累，难以言传					
34	A7	学生在学习活动中有机会观察专家、老师或师傅解决问题的过程					
35	A8	学生在学习活动中有接触不同经验水平的学习者和相关专业人员的机会					
36	A9	学生能在与专业对口工作岗位的边缘学习，观察相关人员所处的现实工作场景和工作过程					
37	A10	学生从与专业对口工作岗位的边缘逐步趋向中心的过程中学习					

题号	题项	题目	完全不符合	比较不符合	符合	比较符合	完全符合
			1	2	3	4	5
38	B1	学生通过学习能够在真实情境中发现、识别专业问题					
39	B2	学生通过学习能够运用所学专业知识对真实情境中的专业问题进行分析					
40	B3	学生通过学习能够运用所学专业知识（部分）解决真实情境中出现的专业问题					
41	B4	学生通过学习能够熟练地在真实情境中完成专业操作或任务					
42	B5	学生在学习中能够和企业师傅进行交流、共同工作					
43	B6	学生通过学习能够和您进行交流，共同进行专业实践					
44	B7	学生能够在真实工作场景中对专业实践及时进行反思					
45	B8	学生在团队协作中能有意识地进行反思					
46	B9	学生通过专业学习和实践，能够对实际问题的解决进行反思					
47	B10	学生有大量机会陈述完成复杂任务的详细过程					
48	B11	学生有大量机会展示专业作品、表达专业观点					
49	B12	学生有大量机会进行公开的技能演示或辩论演讲					
50	B13	学生在专业实践中，面对真实场景中的实际情况，能对已学知识提出质疑					
51	B14	在专业实践中，学生能将自己的新思想进行应用、探索和转化					
52	B15	在专业实践中，学生能摸索、尝试新方法					
53	F1	评价经常是在学生作为执行者，基于已有的知识，展示技艺或制作作品时进行					

题号	题项	题目	完全不符合	比较不符合	符合	比较符合	完全符合
			1	2	3	4	5
54	F2	经常考查学生在面对实际复杂工作任务时作出的判断和行动					
55	F3	经常从态度、投入的精力等方面，评价学生与他人合作的过程					
56	F4	在对高职学生评价后，会及时给予言语或书面反馈					
57	F5	学生在专业知识的学习过程中，您会及时给予反馈					
58	F6	学生在专业技能锻炼中，能及时得到师傅或指导教师给予的反馈，并适时调整专业实践					

除此之外，关于高职院校学生情境学习的问题，您愿意分享的看法还有

_____

_____

_____

问卷到此结束，再次感谢您的参与和配合！祝您工作顺利、生活愉快！

附录 1.3：高职院校学生情境学习范式调查问卷（企业指导教师问卷）

尊敬的老师：

　　您好！非常感谢您接受此次问卷调查。调查的目的在于了解您对高职院校学生情境学习范式的认同度以及目前高职院校学生情境学习的状况。您的回答将为我们后期研究提供很大帮助。本调查采用无记名方式，并且会对您的个人资料严格保密，问卷中的各项答案无对错、好坏之分，调查结果仅供研究参考之用。故请真实回答问题，选择符合您感受的选项。非常感谢您的支持与合作！

《高职院校学生情境学习范式研究》课题组

2017 年 5 月

　　注：本问卷中高职院校包括专科层次的高职院校和本科层次的高职院校即技术应用型本科高校两类。

一、基本信息

1. 您的性别：①男　　　②女

2. 您的年龄：① 25 周岁及以下

　　　　　　　② 25 周岁（不包含 25 周岁）到 35 周岁（包含 35 周岁）

　　　　　　　③ 35 周岁（不包含 35 周岁）到 45 周岁（包含 45 周岁）

　　　　　　　④ 45 周岁以上

3. 您的最终学历：①专科以下　　　②专科

　　　　　　　　③大学本科　　　④研究生（含博士、硕士）

4. 您在与高职院校合作中担任的职责（可多选）：

　　　　　　　　①教授专业理论课

　　　　　　　　②教授专业实践课

　　　　　　　　③指导高职学生企业实习

5. 您所指导学生的专业类别：①文科　　②理科　　③工科　　④其他

二、高职院校学生情境学习范式认同度情况

题号	题项	题目	完全不认同	比较不认同	一般认同	比较认同	完全认同
			1	2	3	4	5
1	O1	高职学生应该掌握够用的专业理论知识和专业实践知识					
2	O2	高职学生应该积累丰富的程序性知识					
3	O3	高职学生应该通过专业实践掌握大量的默会知识					
4	O4	高职学生应该通过学习获得可迁移技能					
5	O5	高职学生应该通过学习获得本专业的核心技能					
6	O6	高职学生应该通过学习，用掌握的技能技巧初步解决实际场境中遇到的相关专业问题					
7	O7	高职学生应该通过各种学习活动，了解所学专业对应的工作岗位和职业规范					
8	O8	高职学生应该在专业知识的学习中获得对专业的认同					
9	O9	高职学生应该在专业技能锻炼和专业实践中，逐渐获得对自身职业身份的认识					
10	S1	高职学生的学习应充分发挥每个学生的积极主动性					
11	S2	高职学生的学习应让每个学生充分参与到专业实践中					
12	S3	高职学生的学习应让学生在解决问题的过程中成为学习的主人					
13	S4	高职教师提供的学习任务应注重学生的群体参与					
14	S5	高职教师布置的学习任务应适合合作学习					
15	S6	高职教师应根据整个小组的学习情况给予适当的激励					
16	E1	高职学生应该在知识或技能最终得以应用的场境中学习					
17	E2	高职学生学习的场所应体现现实生活的复杂性，不能脱离实际生活					
18	E3	高职学生的学习环境不应是对其以后工作环境的抽离、肢解或简化					

题号	题项	题目	完全不认同	比较不认同	一般认同	比较认同	完全认同
			1	2	3	4	5
19	E4	高职学生的实习岗位应与其专业对口					
20	E5	高职学生的实习环境应利于其专业技能的掌握					
21	E6	高职学生的实习场所应利于开展学生专业实践活动					
22	E7	应充分保证高职学生开展专业实践活动的时间					
23	E8	应该为高职学生提供丰富的学习资源，以确保学生在学习中可以从不同视角对已学知识和技能进行检验					
24	E9	应根据高职学生的专业，为学生设计需要在真实情境中完成的任务					
25	E10	高职教师应该先让学生自己摸索，不应该直接为学生提供指导					
26	E11	高职教师应该在关键时刻为学生提供有效的指导					
27	E12	高职教师应该指导学生之间互相协作、互相帮助，完成复杂的操作任务					
28	A1	高职学生应根据自身专业特点对自己的学习活动做好计划					
29	A2	高职学生应积极、自觉地对自己的专业学习进行监视和控制					
30	A3	高职学生应根据具体情况对自己的专业学习进行适时调整					
31	A4	高职学生的学习离不开在真实场境中的观摩与模仿					
32	A5	高职学生应经常在体验中进行学习					
33	A6	高职学生专业技能的学习方法、策略和诀窍多数源自经验的积累，难以言传					
34	A7	高职学生在学习活动中应能够有条件观察专家、老师或师傅解决问题的过程					
35	A8	高职学生在学习活动中应有接触不同经验水平的学习者和相关专业人员的机会					
36	A9	高职学生的学习应该步入与专业对口工作的边缘，以观察相关人员所处的现实工作场景和工作过程					

题号	题项	题目	完全不认同	比较不认同	一般认同	比较认同	完全认同
			1	2	3	4	5
37	A10	高职学生的学习应该从与专业对口工作岗位的边缘逐步趋向中心					
38	B1	高职学生通过学习应该能够在真实情境中发现、识别专业问题					
39	B2	高职学生通过学习应该能够运用所学专业知识对真实情境中的专业问题进行分析					
40	B3	高职学生通过学习应该能够运用所学专业知识（部分）解决真实情境中出现的专业问题					
41	B4	高职学生通过学习应该能够熟练地在真实情境中完成专业操作或任务					
42	B5	高职学生通过学习应该能够和专家或师傅进行交流、共同工作					
43	B6	高职学生通过学习应该能够和老师进行交流，共同进行专业实践					
44	B7	高职学生通过学习应该能够在真实工作场景中对专业实践及时进行反思					
45	B8	在团队协作中应该确保学生有意识地进行反思					
46	B9	高职学生通过专业学习和实践，应该能够对实际问题的解决进行反思					
47	B10	应该为高职学生提供陈述完成复杂任务详细过程的机会					
48	B11	应该为高职学生提供展示专业作品、表达专业观点的机会					
49	B12	应该为高职学生提供公开的技能演示或辩论演讲机会					
50	B13	在高职学生的专业学习活动中，应根据专业对应岗位的实际情况，为学生提供质疑的机会					
51	B14	在专业实践中，应该鼓励高职学生将新思想进行应用、探索和转化					
52	B15	应该鼓励高职学生在专业实践中摸索、尝试新方法					
53	F1	在对高职学生评价时，应该关注学习内容的高仿真性和学习结果的可迁移性					

题号	题项	题目	完全不认同	比较不认同	一般认同	比较认同	完全认同
			1	2	3	4	5
54	F2	应该注重对高职学生专业技能的现场评价，不能倚重纸笔测验					
55	F3	应该考察高职学生在面对实际复杂工作任务时作出的判断和行动					
56	F4	应该从态度、投入的精力等方面，评价学生与他人合作的过程					
57	F5	在对高职学生评价后，应该及时给予言语或书面反馈					
58	F6	高职学生在专业知识的学习过程中应该能及时得到教师给予的反馈					
59	F7	高职学生在专业技能锻炼中应该能及时得到师傅或指导教师给予的反馈，并适时调整专业实践					

三、高职院校学生情境学习情况

老师，您好！以下题目中的"学习"都有"实习"的含义。如果您仅对高职学生的企业实习进行过指导，可以将下面题目中的"学习"都理解为"实习"。请您继续作答！

题号	题项	题目	完全不符合	比较不符合	符合	比较符合	完全符合
			1	2	3	4	5
1	O1	高职学生掌握了够用的专业理论知识和专业实践知识					
2	O2	高职学生积累了丰富的程序性知识					
3	O3	高职学生通过专业实践掌握了大量的默会知识					
4	O4	高职学生通过学习获得了可迁移技能					
5	O5	高职学生通过学习获得了本专业的核心技能					
6	O6	高职学生经常用学习中掌握的技能技巧初步解决实际场境中遇到的相关专业问题					
7	O7	高职学生通过各种学习活动（认识实习、跟岗实习或顶岗实习），能了解到所学专业对应的工作岗位和职业规范					

题号	题项	题目	完全不符合	比较不符合	符合	比较符合	完全符合
			1	2	3	4	5
8	O8	高职学生在专业知识的学习中获得了对专业的认同					
9	O9	高职学生在专业技能锻炼和专业实践中，获得了对自身职业身份的认识					
10	S1	在学习（实习）中，高职学生充分发挥了自己的积极主动性					
11	S2	在学习（实习）中，高职学生充分参与到了专业实践中					
12	S3	高职学生能在解决问题的过程中成为学习的主人					
13	S4	高职学生的实习内容大多数需要通过与相关工作人员组成的群体进行合作才能完成					
14	S5	高职学生在实习中从同伴或团队中学习到了很多东西					
15	S6	在教学或实习指导中，您经常根据整个小组或实习学生团队的学习情况给予适当的激励					
16	E1	高职学生通常在可以应用专业知识或专业技能的真实环境或模拟情境中学习					
17	E2	高职学生通常学习（实习）的场所体现了现实生活和真实工作环境的复杂性					
18	E3	高职学生当前的学习（实习）环境不是对其以后工作环境的抽离、肢解或简化					
19	E4	高职学生的实习岗位与其专业对口					
20	E5	高职学生的实习环境利于其专业技能的掌握					
21	E6	高职学生的实习场所利于开展学生专业实践活动					
22	E7	高职学生有充足的时间开展专业实践活动					
23	E8	高职学生在学习中拥有丰富的学习资源，使他们可以从不同视角对已学知识和技能进行检验					
24	E9	您经常给高职学生布置需要在真实情境中完成的任务					
25	E10	您大多数情况下不会直接为学生提供指导，会让学生先自己摸索					
26	E11	您经常在关键时刻为学生提供有效的指导					

题号	题项	题目	完全不符合	比较不符合	符合	比较符合	完全符合
			1	2	3	4	5
27	E12	您经常指导学生之间互相协作、互相帮助，完成复杂的操作任务					
28	A1	高职学生能根据自身专业特点对自己的学习活动做好计划					
29	A2	高职学生能积极、自觉地对自己的专业学习进行监视和控制					
30	A3	高职学生能根据具体情况对自己的专业学习进行适时调整					
31	A4	高职学生经常在真实场境中的观摩与模仿中学习					
32	A5	高职学生经常在体验中进行学习					
33	A6	高职学生专业技能的学习方法、策略和诀窍多数源自经验的积累，难以言传					
34	A7	高职学生在学习活动（实习）中能够观察到您解决问题的整个过程					
35	A8	高职学生在学习活动（实习）中有接触不同经验水平的相关专业人员的机会					
36	A9	高职学生能在与专业对口工作的边缘学习，观察相关人员所处的现实工作场景和工作过程					
37	A10	高职学生在实习中可以从工作的边缘参与逐步趋向中心参与					
38	B1	高职学生通过学习（实习）能够在真实情境中发现、识别专业问题					
39	B2	高职学生通过学习（实习）能够运用所学专业知识对真实情境中的专业问题进行分析					
40	B3	高职学生通过学习（实习）能够运用所学专业知识（部分）解决真实情境中出现的专业问题					
41	B4	高职学生通过学习（实习）能够熟练地在真实情境中完成专业操作或任务					
42	B5	高职学生在学习（实习）中，能够和您进行交流、开展专业实践、共同工作					
43	B6	高职学生能够在真实工作场景中对专业实践及时进行反思					

题号	题项	题目	完全不符合	比较不符合	符合	比较符合	完全符合
			1	2	3	4	5
44	B7	在团队协作中，高职学生能有意识地进行反思					
45	B8	高职学生通过专业学习和实践，能够对实际问题的解决进行反思					
46	B9	高职学生有大量机会陈述完成复杂任务的详细过程					
47	B10	高职学生有大量机会展示专业作品、表达专业观点					
48	B11	高职学生有大量机会进行公开的技能演示或辩论演讲					
49	B12	高职学生在专业学习活动中，能根据专业对应岗位的实际情况对已学知识提出质疑					
50	B13	在专业实践中，您经常鼓励高职学生将新思想进行应用、探索和转化					
51	B14	您经常鼓励高职学生在专业实践中摸索、尝试新方法					
52	F1	评价经常是在学生作为执行者，基于已有的知识，展示技艺或制作作品时进行					
53	F2	您经常考察高职学生在面对实际复杂工作任务时作出的判断和行动					
54	F3	您经常从态度、投入的精力等方面，评价学生与他人合作的过程					
55	F4	在对高职学生评价后，会及时给予言语或书面反馈					
56	F5	高职学生在学习（实习）过程中，您会及时给予反馈					
57	F6	高职学生在专业技能锻炼中，能及时得到您给予的反馈，并适时调整专业实践					

　　除此之外，关于高职院校学生情境学习，尤其是实习的问题，您愿意分享的看法还有

_____

_____

_____

　　问卷到此结束，再次感谢您的参与和配合！祝您工作顺利、生活愉快！

附录 1.4：高职院校学生情境学习范式调查问卷（学生问卷）

亲爱的同学：

　　你好！非常感谢你接受此次问卷调查。调查的目的在于了解你对高职院校学生情境学习范式的认同度以及目前高职院校学生情境学习的状况。你的回答将为我们后期研究提供很大帮助。本调查采用无记名方式，并且会对你的个人资料严格保密，问卷中的各项答案无对错、好坏之分，调查结果仅供研究参考之用。故请真实回答问题，选择符合你感受的选项。非常感谢你的支持与合作！

《高职院校学生情境学习范式研究》课题组

2017 年 5 月

　　注：本问卷中高职院校包括专科层次的高职院校和本科层次的高职院校即技术应用型本科高校两类。

一、基本信息

　　1. 你的性别：①男　　　②女

　　2. 你的生源地：①城市　　②农村

　　3. 所学专业类别：①文科　　②理科　　③工科　　④其他

　　4. 所在学校名称：_____

　　5. 所在年级：①大一　　　②大二　　　③大三　　　④大四

　　6. 你是否参加过认识实习[①]？①是　　　　②否

　　※7. 请第 5 题选择"②大二"或"③大三"或"④大四"的同学作答：你是否参加过跟岗实习[②]？①是　　　②否

　　※8. 请第 5 题选择"②大二"或"③大三"或"④大四"的同学作答：你是否参加过顶岗实习[③]？①是　　　②否

二、高职院校学生情境学习情况

　　同学，你好！以下题目中的"学习"仅指你在高职院校或技术应用型本

---

① 认识实习是指由学校组织到实习单位参观、观摩和体验，形成对实习单位和相关岗位的初步认识。

② 跟岗实习是指在你还不具有独立操作能力、不能完全适应实习岗位要求时，由学校组织到实习单位的相应岗位，在专业人员指导下部分参与实际辅助工作。

③ 顶岗实习是指在你初步具备实践岗位独立工作能力时，到相应实习岗位，相对独立参与实际工作。

科院校和企业实习两种情境下的学习。请根据你的实际情况,选择相应的选项。

题号	题项	题目	完全不符合	比较不符合	一般符合	比较符合	完全符合
			1	2	3	4	5
1	O1	我掌握了够用的专业理论知识和专业实践知识					
2	O2	我积累了丰富的程序性知识					
3	O3	我通过专业实践掌握了大量的只可意会不可言传的知识和诀窍					
4	O4	我通过学习获得了可迁移技能					
5	O5	我通过学习获得了本专业的核心技能					
6	O6	我经常用掌握的技能技巧解决实际场境中遇到的相关专业问题					
7	O7	我通过各种学习活动,了解到了所学专业对应的工作岗位和职业规范					
8	O8	我在专业知识的学习中逐步获得了对专业的认同					
9	O9	我在专业技能锻炼和专业实践中,逐渐获得了对自身职业身份的认识					
10	S1	在学习中,我充分发挥了自己的积极主动性					
11	S2	在学习中,我充分参与到了专业实践中					
12	S3	我在解决问题的过程中成了学习的主人					
13	S4	老师经常给我们提供注重群体参与的学习					
14	S5	老师经常给我们布置适合合作学习的学习任务					
15	S6	老师经常根据整个小组的学习情况给予适当的激励					
16	E1	我的大多数知识或技能是在学校或企业提供的可以应用的场境中学习的					
17	E2	我学习的场所完全不脱离生活实际,体现了现实生活的复杂性					
18	E3	我学习的环境不是对工作环境的抽离、肢解或简化					
19	E4	我实习的岗位与所学专业对口					
20	E5	我实习的环境利于专业技能的掌握					

题号	题项	题目	完全不符合	比较不符合	一般符合	比较符合	完全符合
			1	2	3	4	5
21	E6	我实习的场所利于我们开展专业实践活动					
22	E7	我拥有充足的开展专业实践的时间					
23	E8	我拥有丰富的学习资源，在学习中可以从不同视角对已学知识和技能进行检验					
24	E9	在学校或企业实习中，我经常自己想办法在真实情境中完成单项的复杂任务而不是简单的机械操作					
25	E10	老师大多数情况下不提供固定不变的支架和直接指导，而是让我们自己先探索					
26	E11	老师经常在关键时刻提供有效的指导					
27	E12	老师经常指导我们学生之间互相协作、互相帮助，完成复杂的操作任务					
28	A1	我经常根据自身专业特点对自己的学习活动做计划					
29	A2	我经常积极、自觉地对自己的专业学习进行监视和控制					
30	A3	我经常根据具体情况对自己的专业学习进行适时调整					
31	A4	我经常通过真实场境中的观摩与模仿学习					
32	A5	我经常在体验中进行学习					
33	A6	我专业技能的学习方法、策略和诀窍多数源自经验的积累，难以言传					
34	A7	我在学习中，经常能够观察专家、老师或师傅解决问题的整个过程					
35	A8	我在学习中，有很多机会接触不同经验水平的学习者和相关专业人员					
36	A9	我经常在与专业对口工作的边缘，观察相关人员所处的现实工作场景和工作过程					
37	A10	我在从与专业对口工作岗位的边缘逐步趋向工作中心的过程中学到了很多东西					

题号	题项	题目	完全不符合 1	比较不符合 2	一般符合 3	比较符合 4	完全符合 5
38	B1	我通过学习能够在真实情境中发现、识别专业问题					
39	B2	我通过学习能够运用所学专业知识对真实情境中的专业问题进行分析					
40	B3	我通过学习能够运用所学专业知识（部分）解决真实情境中出现的专业问题					
41	B4	我通过学习能够熟练地在真实情境中完成专业操作或任务					
42	B5	我在学习中，经常和专家或师傅进行交流、共同工作					
43	B6	我在学习中，经常和老师进行交流、共同进行专业实践					
44	B7	我经常在真实工作场景中对专业实践及时进行反思					
45	B8	在团队协作中，我经常有意识地进行反思					
46	B9	在专业学习和实践中，我经常对实际问题的解决进行反思					
47	B10	在学校或企业实习中，我拥有很多陈述完成复杂任务详细过程的机会					
48	B11	在学校或企业实习中，我拥有很多展示专业作品、表达专业观点的机会					
49	B12	在学校或企业实习中，我拥有很多公开的技能演示或辩论演讲机会					
50	B13	在专业学习活动中，我有很多机会根据专业对应岗位的实际情况，对所学知识和技能提出质疑					
51	B14	在专业实践中，我经常被鼓励将新思想进行应用、探索和转化					
52	B15	我经常被鼓励在专业实践中摸索、尝试新方法					
53	F1	我接受的大多数评价是在具体真实的学习场景或实习情境中进行的					
54	F2	老师经常让我们自己作为执行者，基于已有的知识，展示技艺或制作作品，并给以评价					

题号	题项	题目	完全不符合	比较不符合	一般符合	比较符合	完全符合
			1	2	3	4	5
55	F3	老师经常考察我们在面对实际复杂工作任务时作出的判断和行动					
56	F4	老师经常从态度、投入的精力等方面，评价我与他人合作的过程					
57	F5	老师在评价后，经常能及时给予言语或书面反馈					
58	F6	在专业知识的学习中，老师经常及时给予反馈					
59	F7	在专业技能锻炼中，师傅或指导教师经常及时给予反馈，我也会根据反馈适时调整专业实践					

三、高职院校学生情境学习范式认同度情况

题号	题项	题目	完全不认同	比较不认同	一般认同	比较认同	完全认同
			1	2	3	4	5
1	O1	我认为应该掌握够用的专业理论知识和专业实践知识					
2	O2	我认为应该积累丰富的程序性知识					
3	O3	我认为应该通过专业实践掌握大量的只可意会不可言传的知识和诀窍					
4	O4	我认为应该通过学习获得可迁移技能					
5	O5	我认为应该通过学习获得本专业的核心技能					
6	O6	我认为应该通过学习，用掌握的技能技巧初步解决实际场境中遇到的相关专业问题					
7	O7	我认为学校应该通过各种学习活动，让我们了解所学专业对应的工作岗位和职业规范					
8	O8	我认为应该在专业知识的学习中逐步获得对专业的认同					
9	O9	我认为应该在专业技能锻炼和专业实践中，逐渐获得对自身职业身份的认识					

题号	题项	题目	完全不认同	比较不认同	一般认同	比较认同	完全认同
			1	2	3	4	5
10	S1	我认为在学习中应充分发挥我们每个学生的积极主动性					
11	S2	我认为应让我们在专业实践的充分参与中进行学习					
12	S3	我认为应让我们在解决问题的过程中成为学习的主人					
13	S4	我认为老师提供的学习任务应注重我们的群体参与					
14	S5	我认为老师布置的学习任务应适合合作学习					
15	S6	我认为老师应该根据整个小组的学习情况给予适当的激励					
16	E1	我认为应该在知识或技能最终应用的场境中学习					
17	E2	我认为学习的场所不应脱离实际生活，应体现现实生活的复杂性					
18	E3	我认为学习环境不应是对以后工作环境的抽离、肢解或简化					
19	E4	我认为我们的实习岗位应与所学专业对口					
20	E5	我认为实习环境应利于专业技能的掌握					
21	E6	我认为实习场所应利于我们开展专业实践活动					
22	E7	我认为应充分保证我们开展专业实践的时间					
23	E8	我认为应该拥有丰富的学习资源，使我们在学习中可以从不同视角对已学知识和技能进行检验					
24	E9	我认为应根据我们的专业，设计单项的复杂任务而不是简单的机械操作，让我们在真实情境中完成任务					
25	E10	我认为老师不应该提供直接的指导，应多给我们探索的机会					
26	E11	我认为老师应该在关键时刻提供有效的指导					

题号	题项	题目	完全不认同	比较不认同	一般认同	比较认同	完全认同
			1	2	3	4	5
27	E12	我认为老师应该指导学生之间互相协作、互相帮助，完成复杂的操作任务					
28	A1	我认为应根据自身专业特点对自己的学习活动做好计划					
29	A2	我认为应积极、自觉地对自己的专业学习进行监视和控制					
30	A3	我认为应根据具体情况对自己的专业学习进行适时调整					
31	A4	我认为学习离不开在真实场境中的观摩与模仿					
32	A5	我认为应经常在体验中进行学习					
33	A6	我认为专业技能的学习方法、策略和诀窍多数源自经验的积累，难以言传					
34	A7	我认为在学习活动中，观察专家、老师或师傅解决问题的整个过程对学习来说非常重要					
35	A8	我认为在学习活动中应有接触不同经验水平的学习者和相关专业人员的机会					
36	A9	我认为学习应该步入与专业对口工作的边缘，以观察相关人员所处的现实工作场景和工作过程					
37	A10	我认为学习应该从与专业对口工作岗位的边缘逐步趋向中心					
38	B1	我认为通过学习应该能够做到在真实情境中发现、识别专业问题					
39	B2	我认为通过学习应该能够做到运用所学专业知识对真实情境中的专业问题进行分析					
40	B3	我认为通过学习应该能够做到运用所学专业知识（部分）解决真实情境中出现的专业问题					
41	B4	我认为通过学习应该能够做到熟练地在真实情境中完成专业操作或任务					
42	B5	我认为在学习中，和专家或师傅进行交流、共同工作对学习非常重要					

题号	题项	题目	完全不认同	比较不认同	一般认同	比较认同	完全认同
			1	2	3	4	5
43	B6	我认为在学习中，和老师进行交流、共同进行专业实践对于学习非常重要					
44	B7	我认为应该在真实工作场景中对专业实践及时进行反思					
45	B8	我认为在团队协作中应该经常有意识地进行反思					
46	B9	我认为应该通过专业学习和实践，经常对实际问题的解决进行反思					
47	B10	我认为拥有很多陈述完成复杂任务详细过程的机会对促进学习非常重要					
48	B11	我认为拥有很多展示专业作品、表达专业观点的机会对促进学习非常重要					
49	B12	我认为拥有很多公开的技能演示或辩论演讲机会对促进学习非常重要					
50	B13	我认为在专业学习活动中，应根据专业对应岗位的实际情况，为我们提供质疑所学知识和技能的机会					
51	B14	我认为在专业实践中，应该鼓励我们将新思想进行应用、探索和转化					
52	B15	我认为应该鼓励我们在专业实践中摸索、尝试新方法					
53	F1	我认为评价应该在具体真实的学习场景或实习情境中进行					
54	F2	我认为应该在学生作为执行者，基于已有的知识，展示技艺或制作作品时进行评价					
55	F3	我认为应该考查学生在面对实际复杂工作任务时作出的判断和行动					
56	F4	我认为应该从态度、投入的精力等方面，评价学生与他人合作的过程					
57	F5	我认为在对我们评价后，应该及时给予言语或书面反馈					
58	F6	我认为在专业知识的学习中，老师应该及时给予反馈					
59	F7	我认为在专业技能锻炼中，师傅或指导教师应该及时给予反馈，以便我们适时调整专业实践					

除此之外，关于情境学习的问题，你愿意分享的看法还有

_____

_____

_____

问卷到此结束，再次感谢你的参与和配合！

附录 2：高职院校学生情境学习范式访谈提纲
　　附录 2.1：高职院校学生情境学习范式访谈提纲（研究者）

1. 在您之前的研究中注意过情境学习理论吗？

若回答"是"，进行第 2 题；若回答"否"，给访谈对象简要介绍该理论，并请对方查阅相关资料，之后再继续访谈。

2. 您认为这一理论体现了什么样的哲学思想？（可给以"主客观二元论、多元论或转换论"提示）？能否详细说一下？谈一下您对此的认识！

3. 您认为该理论与以往高职教育中经常使用的学习理论有什么区别？它是否比其他理论更适合研究高职院校学生的学习？

4. 您觉得该理论应用于高职院校学生的学习中会有一些什么样的操作性表征？或者体现为怎样的学习模式或学习方式？

5. 您认为目前高职院校学生的学习范式有哪些？

6. 您认为基于情境（认知）学习理论，能否形成一种情境学习范式？您之前是否听过或注意过、研究过这一范式？

7. 您觉得情境学习范式是否适用于高职院校学生的学习？这种范式与目前高职院校学生中存在的几个学习范式相比，有什么样的优劣势？

8. 您认为情境学习范式下高职院校学生学习的条件、状态应该是怎样的？如学习环境、教师素质、课程教材、学习评价等。

9. 您觉得情境学习范式能成为未来高职院校学生主流的学习范式吗？为什么？

10. 您作为一名研究者，以后会（会继续）对情境（认知）学习理论、情境学习范式进行关注吗？是否会对此进行进一步的研究？

附录 2.2：高职院校学生情境学习范式访谈提纲（高职专业课教师）

1. 您之前听过情境学习理论吗？

若回答"是"，进行第 2 题；若回答"否"，给访谈对象简要介绍该理论，并请对方查阅相关资料，之后再继续访谈。

2. 您认为该理论与以往高职教育中经常使用的学习理论有什么不同？它是否比其他理论更适用于高职院校学生的学习？

3. 您是如何看待高职院校学生的学习的？他们和普通学校学生的学习有什么区别？

4. 您在教学过程中会根据高职院校学生学习内容的不同，有意识地进行区分教学吗？例如，在讲授专业理论课时按照实际工作的任务逻辑顺序展开，而不是完全按照教科书教学等。

5. 您觉得高职院校学生的学习目的是什么？或者在平时的教学中秉承什么样的教学目的？您认为高职学生只要掌握了书本知识抑或操作技能就可以了吗？是否还需要在学习、实习实践中学会与同伴、师傅、老师等合作、相处，掌握一些软技能等？

6. 您认为高职院校学生的学习模式和普通学校学生的有什么不同？您的学生经常采用哪些学习模式？这些学习模式对高职学生的学习有很大促进吗？

7. 平时您是怎样评价学生的？是根据学生的书面考试成绩，知识掌握程度呢？还是会专门针对实操课进行任务完成的考察？在评价时是否会考虑学生在真实事件情境中表现出的理解水平、思维品质、行动改进以及同伴合作等方面？

8. 您如何看待公共实训基地、校内实训基地、高度仿真学习环境以及真实工作环境等对高职院校学生学习的作用的？您在教学中会充分利用这些教学设施、教学场所吗？会尽力为学生创设利于专业学习、技能掌握的教学环境吗？

9. 您如何看待现在职业教育中盛行的现代学徒制、校企合作、产学结合等？这种培养模式对学生学习的帮助有多大？

附录 2.3：高职院校学生情境学习范式访谈提纲（企业指导教师）

1.您是如何看待高职院校学生的学习的？他们和普通学校学生的学习有什么区别？

2.您在教学过程中会根据高职院校学生学习内容的不同，有意识地进行区分教学吗？例如，在讲授专业理论课时按照实际工作的任务逻辑顺序展开，而不是完全按照教科书教学等。

3.您在专业实践课上或者学生实习过程中是如何指导学生学习的？

4.您认为高职院校学生的学习目的是什么？或者在平时的教学中秉承什么样的教学目的？您认为高职学生只要掌握了操作技能就可以了吗？是否还需要在专业学习、实习实践中学会与同伴、师傅、老师等合作、相处，掌握一些软技能等，帮助学生获得职业能力、职业身份？

5.您认为高职院校学生的学习模式和普通学校学生的有什么不同？您的学生经常采用哪些学习模式？这些学习模式对高职学生的学习有很大促进吗？

6.平时您是怎样评价学生的？是根据学生的书面考试成绩，知识掌握程度呢？还是会专门针对实操课进行任务完成的考察？在评价时是否会考虑学生在真实事件情境中表现出的理解水平、行动改进以及同伴合作等方面？

7.您如何看待公共实训基地、校内实训基地、高度仿真学习环境以及真实工作环境等对高职院校学生学习的作用的？您在教学中会充分利用这些教学设施、教学场所吗？会尽力为学生创设利于专业学习、技能掌握的教学环境吗？

8.您如何看待现在职业教育中盛行的现代学徒制、校企合作、产学结合等？您认为这种培养模式对学生的学习有多大帮助？

参考文献

一、中文文献

1.著作类

［1］B.R.赫根汉，马修.H.奥尔森.学习理论导论（第七版）［M］.郭本禹等，译.上海：上海教育出版社，2011.

［2］［美］戴尔·H.申克.学习理论:教育的视角（第六版）［M］.何一希等，译.南京：江苏教育出版社，2012.

［3］［美］G·H·鲍尔，E·R·希尔加德.学习论——学习活动的规律探索［M］.皮连生等，译.上海：上海教育出版社，1987.

［4］［美］D.C.菲利普斯，乔纳斯·F.索尔蒂斯.学习的视界［M］.尤秀，译.北京：教育科学出版社，2006.

［5］［美］迈克尔·霍恩，希瑟·斯特克.混合式学习——用颠覆式创新推动教育革命［M］.聂风华等，译.北京：机械工业出版社，2015.

［6］［丹］克努兹·伊列雷斯.我们如何学习：全视角学习理论［M］.孙玫璐，译.北京：教育科学出版社，2014.

［7］［德］克里斯托弗·武尔夫.教育人类学［M］.张志坤，译.北京：教育科学出版社，2009.

［8］［法］安德烈·焦尔当,裴新宁.变构模型——学习研究的新路径［M］.杭零，译.北京：教育科学出版社，2010.

［9］［法］安德烈·焦尔当.学习的本质［M］.杭零，译.上海：华东师范大学出版社，2015.

［10］［美］D.P.约翰逊.社会学理论［M］.北京：国际文化出版社，1988.

［11］［美］J.莱夫，E.温格.情境学习:合法的边缘性参与［M］.王文静，译.上海：华东师范大学出版社，2004.

［12］［美］芭芭拉·奥克利.学习之道［M］.教育无边界字幕组，译.北京：机械工业出版社，2017.

［13］［美］戴维·H·乔纳森，苏珊·M·兰德.学习环境的理论基础（第二版）［M］.徐世猛等，译.上海：华东师范大学出版社，2015.

［14］［美］戴维·H·乔纳森.学习环境的理论基础［M］.郑太年，任友群，译.上海：华东师范大学出版社，2002.

［15］［美］戴维·温伯格著.知识的边界［M］.胡泳，高美，译.太原：山西人民出版社，2014.

［16］［美］克劳迪娅·戈尔丁，劳伦斯·凯兹.教育和技术的竞赛［M］.陈津竹等，译.北京：商务印书馆，2015.

［17］［美］克里斯·阿吉里斯，唐纳德·舍恩.组织学习Ⅱ：理论、方法与实践［M］.姜文波，译.北京：中国人民大学出版社，2011.

［18］［美］肯尼斯·贝利.现代社会研究方法［M］.许真，译.上海：上海人民化出版社，1986.

［19］［美］雷纳特·凯恩，杰弗里·凯恩.创设联结：教学与人脑［M］.吕林海，译.上海：华东师范大学出版社，2004.

［20］［美］内尔·诺丁斯.学会关心：教育的另一种模式（第2版）［M］.于天龙，译.北京：教育科学出版社，2011.

［21］［美］托马斯·库恩.科学革命的结构（第四版）［M］.金吾伦，胡新和，译.北京：北京大学出版社，2003.

［22］［美］辛西亚·汤白斯.学习模式大发现［M］.徐绍知等，译.上海：上海锦绣文章出版社，2014.

［23］［美］约翰·D·布兰思福特等.人是如何学习的：大脑、心理、经验及学校（扩展版）［M］.程可拉等，译.上海：华东师范大学出版社，2013.

［24］［日］羽生义正.学习心理学——教与学的基础［M］.周国韬，译.长春：吉林教育出版社，1989.

［25］［日］佐藤学.学习的快乐——走向对话［M］.北京:教育科学出版社，2004.

［26］［日］佐藤学.学校的挑战:创建学习共同体［M］.钟启泉，译.上海:华东师范大学出版社，2010.

［27］［瑞士］让·皮亚杰.发生认识论原理［M］.王宪钿等，译.北京:商务印书馆，1981.

［28］［瑞士］让·皮亚杰.人文科学认识论［M］.郑文彬，译.北京:中央编译出版社，2002.

［29］［新西兰］约翰·哈蒂.可见的学习——最大程度地促进学习［M］.金莺莲，洪超，裴新宁，译.北京:教育科学出版社，2015.

［30］［英］诺曼·朗沃斯.学习型城市、学习型地区、学习型社区:终身学习与地方政府［M］.欧阳忠明等，译.北京:中国人民大学出版社，2016.

［31］彼得·圣吉.第五项修炼——学习型组织的艺术与实践［M］.北京:中信出版社，2009.

［32］布鲁贝克.高等教育哲学［M］.杭州:浙江教育出版社，1998.

［33］陈昌曙.技术哲学引论［M］.北京:科学出版社，1999.

［34］陈桂生.教育原理（第三版）［M］.上海:华东师范大学出版社，2012.

［35］陈洪澜.知识分类与知识资源认识论［M］.北京:人民出版社，2008.

［36］陈理宣.知识教育论——基于多学科视域的知识观与知识教育理论研究［M］.北京:人民出版社，2011.

［37］陈维维.技术生存视阈中的学习力［M］.北京:教育科学出版社，2010.

［38］陈向明.质的研究方法与社会科学研究［M］.北京:教育科学出版社，2012.

［39］邓运林.成人教学与自我导向学习［M］.台湾:五南图书出版公司，1994.

［40］杜时忠.人文教育论［M］.南京:江苏教育出版社，1999.

［41］［美］杜威.民主主义与教育［M］.北京:人民教育出版社，1990.

［42］方明.缄默知识论［M］.合肥：安徽教育出版社，2004.

［43］高亮华.人文主义视野中的技术［M］.北京：中国社会科学出版社，1996.

［44］高文，等.学习科学的关键词［M］.上海：华东师范大学出版社，2008.

［45］［美］戈登·德莱顿，妮特·沃斯.学习的革命——通向21世纪的个人护照［M］.顾瑞荣等，译.上海：上海三联书店，1997.

［46］顾明远.教育大词典（第3卷）［M］.上海：上海教育出版社1991.

［47］顾明远.中国教育路在何方［M］.北京：人民教育出版社，2016.

［48］郭清顺，苏顺开.现代学习理论与技术［M］.广州：中山大学出版社，2007.

［49］［美］海伦·瑞恩博德，艾莉森·富勒，安妮·蒙罗.情境中的工作场所学习［M］.匡瑛，译.北京：外语教学与研究出版社，2011.

［50］何菊玲.教师教育范式研究［M］.北京：教育科学出版社，2009.

［51］胡森.教育研究的范式［M］.北京：人民教育出版社，1998.

［52］［英］怀特海.教育的目的［M］.庄莲平等，译.上海：文汇出版社，2012.

［53］黄尧.职业教育学——原理与运用［M］.北京：高等教育出版社，2009.

［54］贾巍.学习观视野下的教师网络学习范式研究［M］.北京：中国社会科学出版社，2016.

［55］姜大源.职业教育学研究新论［M］.北京：教育科学出版社，2007.

［56］姜大源.职业教育要义［M］.北京：北京师范大学出版社，2017.

［57］［英］卡尔·波普尔.猜想与反驳［M］.上海：上海译文出版社，2001.

［58］［美］拉塞尔·L·阿克夫，丹尼尔·格林伯格.翻转式学习：21世纪学习的革命［M］.杨彩霞，译.北京：中国人民大学出版社，2015.

［59］李杰，陈超美.CiteSpace：科技文本挖掘及可视化［M］.北京：首都经济贸易大学出版社，2016.

［60］李莉.内隐知识［M］.北京：科学出版社，2016.

［61］李作学.隐性知识计量与管理［M］.大连：大连理工大学出版社，2008.

［62］联合国教科文组织.反思教育:向"全球共同利益"的理念转变?［M］.北京：教育科学出版社，2017.

［63］联合国教科文组织.教育——财富蕴藏其中［M］.北京：教育科学出版社，2014.

［64］联合国教科文组织.学会生存——教育世界的今天和明天[M].北京：教育科学出版社，1996.

［65］林颖.内隐学习：人类适应与发展的高效之路［M］.上海：上海社会科学院出版社，2011.

［66］刘春生，徐长发.职业教育学［M］.北京：教育科学出版社，2002.

［67］刘钢.《科学革命的结构》导读［M］.成都：四川教育出版社，2002.

［68］刘瑞.科学学习理论概论［M］.北京：科学出版社，2015.

［69］卢志鹏.现代职业教育新论［M］.北京：北京大学出版社，2015.

［70］马建富.职业教育学［M］.上海：华东师范大学出版社，2008.

［71］欧阳康.人文社会科学哲学［M］.武汉：武汉大学出版社，2001.

［72］裴娣娜.教育研究方法导论［M］.合肥：安徽教育出版社，1995.

［73］彭聃龄.普通心理学（修订版）［M］.北京：北京师范大学出版社，2010.

［74］桑新民.学习科学与技术［M］.北京：高等教育出版社，2013.

［75］施良方.课程理论［M］.北京：教育科学出版社，1996.

［76］施良方.学习论［M］.北京：人民教育出版社，1994.

［77］石中英.教育学的文化性格［M］.太原：山西教育出版社，2005.

［78］石中英.知识转型与教育改革［M］.北京：教育科学出版社，2001.

［79］[美]史蒂芬·迪夫.学习力［M］.常桦,译.延吉:延边人民出版社，2003.

［80］孙启林.世界教育大系——职业教育［M］.长春:吉林教育出版社，2000.

［81］王前."道""技"之间——中国文化背景的技术哲学［M］.北京：

人民出版社，2009.

　　［82］王清连，张社字.职业教育社会学［M］.北京：教育科学出版社，2008.

　　［83］王小梅.中国高等职业教育研究精品文选［M］.北京：科学出版社2010.

　　［84］王泽普.学习论概论［M］.重庆：西南师范大学出版社，1992.

　　［85］［美］威廉·维尔斯马，斯蒂芬·G.于尔斯.教育研究方法导论［M］.袁振国，译.北京：教育科学出社，2010.

　　［86］［意］维柯.论人文教育［M］.王楠，译.上海：上海三联书店，2007.

　　［87］魏忠.教育正悄悄发生一场怎样的革命［M］.上海：华东师范大学出版社，2016.

　　［88］吴明隆.问卷统计分析实务——SPSS操作与应用［M］.重庆：重庆大学出版社，2011.

　　［89］夏建国.技术本科教育概论［M］.上海：东方出版中心，2007.

　　［90］徐国庆.职业教育课程、教学与教师［M］.上海：上海教育出版社，2016.

　　［91］徐国庆.职业教育课程论.［M］.上海：华东师范大学出版社，2008.

　　［92］徐涵.工作过程导向的职业教育理论与实证研究［M］.北京：商务印书馆，2013.

　　［93］［德］雅斯贝尔斯.什么是教育［M］.邹进，译.上海：三联书店，1991.

　　［94］叶澜.教育研究方法论初探［M］.上海：上海教育出版社，1999.

　　［95］郁振华.人类知识的默会维度［M］.北京：北京大学出版社，2012.

　　［96］袁振国.当代教育学［M］.北京：教育科学出版社，2010.

　　［97］张桂春.激进建构主义教学思想研究［M］.大连：辽宁师范大学出版社，2002.

　　［98］张健.高等职业教育整合论［M］.北京：教育科学出版社，2015.

　　［99］张奇.SPSS for Windows在心理学与教育学中的应用［M］.北京：北

京大学出版社，2009.

［100］张奇.学习理论［M］.汉口：湖北教育出版社，1999.

［101］赵健.学习共同体的创建［M］.上海：上海教育出版社，2008.

［102］赵志群，海尔比特·罗什.职业教育行动导向的教学［M］.北京：清华大学出版社，2016.

［103］赵志群.职业教育工学结合一体化课程开发指南［M］.北京：清华大学出版社，2009.

［104］赵志群.职业教育与培训学习新概念［M］.北京：科学出版社，2003.

［105］郑太年.学习：为人的发展［M］.上海：上海教育出版社，2008.

［106］郑太年.学校学习的反思与重构——知识意义的视角［M］.上海：上海教育出版社，2006.

［107］［美］朱迪·奥尼尔，维多利亚·J.马席克.破解行动学习——行动学习的四大实施路径［M］.唐长军等，译.南京：江苏人民出版社，2012.

［108］庄西真.职业学校的学与教［M］.北京：知识产权出版社，2015.

2. 期刊类

［1］白玲，张桂春.双元结构教师共同体：职教"双师型"教师队伍建设之"锚地"［J］.教育评论，2017（4）.

［2］白玲，张桂春.现代学徒制:从学校到工作过渡的"优择"与"低保"［J］.职教论坛，2016（16）.

［3］白秀轩等.职业教育视角下泛在学习模式研究［J］.中国职业技术教育，2015（26）.

［4］卜湘玲，李亦桃.情境认知与学习理论述评［J］.内蒙古师范大学学报（教育科学版），2005（7）.

［5］岑艺璇，谷峪.20世纪90年代以来美国新职业主义教育改革的特点［J］.外国教育研究2015（5）.

［6］陈向明."实践性知识"是如何生成的——对教育作为一种"实践"的反思［J］.教育学报，2013（4）.

［7］谌晓芹，张放平.地方本科高校转型：本质、原则与路径［J］.大学

教育科学，2016（2）.

［8］崔允漷，王中男.学习如何发生：情境学习理论的诠释［J］.教育科学研究，2012（7）.

［9］董辅华.职业情境视阈中的职教学习理论范式及新发展［J］.黑龙江高教研究，2013（6）.

［10］董志霞.论高职院校校内实践教学情境的变革——基于情境学习理论的视角［J］.职业教育研究，2016（9）.

［11］杜海平.外促与内生：教师专业学习范式的辩证［J］.教育研究，2012（9）.

［12］杜旭林，温济川.职业教育的学习范式论——基于行动的建构［J］.高等职业技术教育－天津职业大学学报，2010（1）.

［13］范丽,刘长海.联合国教科文组织职业技术教育与培训战略（2016—2021年）——联合国教科文组织职业技术教育与培训国际中心虚拟会议的报告［J］.世界教育信息，2016（22）.

［14］关晶，石伟平.西方现代学徒制的特征及启示［J］.职业技术教育，2011（31）.

［15］郭苏华.论团队学习模式［J］.教育发展研究，2007（9）.

［16］郝德永.学习者信条与学习范式的重建［J］.教育研究,2008（12）.

［17］侯志军.学习范式下高校学生事务管理的转型变革［J］.江苏高教，2014（3）.

［18］胡航，詹青龙.教与学的创新：职业教育中的工作场学习［J］.职业技术教育，2009（16）.

［19］黄健.工作学习研究：教育的新疆域——西方工作学习领域理论成果评述［J］.开放教育研究，2011（2）.

［20］霍丽娟.基于职业技术教育学习空间设计［J］.中国职业技术教育，2007（19）.

［21］贾义敏,詹春青.情境学习:一种新的学习范式［J］.开放教育研究，2011（5）.

［22］江峰.客观与主观：当代课程哲学的两种知识观评析［J］.北京大学教育评论，2006（4）.

［23］姜大源.基于学习情境的建设观［J］.中国职业技术教育,2005（10）.

［24］姜大源.学科体系的解构与行动体系的重构［J］.教育研究,2005（8）.

［25］姜大源.职业教育:模式与范式辨［J］.中国职业技术教育,2008（31）.

［26］姜大源.职业教育:情景与情境辨［J］.中国职业技术教育,2008（25）.

［27］姜大源.职业教育的学习范式论［J］.中国职业技术教育,2007（7）.

［28］姜大源.职业教育的学习结构论［J］.中国职业技术教育,2007（1）.

［29］姜大源.职业教育教学组织的范式说［J］.中国职业技术教育,2006（1）.

［30］教育部职业技术教育中心研究所.中国职业教育 2030 研究报告——发展目标、主要问题、重点任务及推进策略［J］.中国职业技术教育,2016（25）.

［31］李翠白.西方情境学习理论的发展与应用反思［J］.电化教育研究,2006（9）.

［32］李吉林.让情境教育的亮点亮起来——儿童快乐、高效学习的范式［J］.人民教育,2013（Z3）.

［33］李吉林.中国式儿童情境学习范式的建构［J］.教育研究,2017（3）.

［34］李敏.论现代职业教育的学习过程［J］.中国培训,2008（14）.

［35］李伟.日本道尔顿式自主学习模式研究［J］.教育评论,2014（11）.

［36］梁影,倪其育.基于情境学习理论的学习环境设计原则［J］.扬州大学学报（高教研究版）,2009（1）.

［37］林闽钢.论社会学危机的内涵:社会学中的库恩主义思潮述评［J］.学海,2000（2）.

［38］刘秀敏,石兰月.职业教育中项目驱动学习模式的构建策略探究［J］.成人教育,2009（10）.

［39］娄玉花,徐岩松,旭公义.高职学生深层学习方式的现状分析与改进策略［J］.中国职业技术教育,2017（10）.

［40］钱建平.高等职业教育学生的学习特点［J］.黑龙江高教研究,2000（4）.

［41］曲殿彬,赵玉石.地方本科高校转型发展的问题与应对［J］.中国高等教育,2014（12）.

［42］苏敬勤,张琳琳.情境内涵、分类与情境化研究现状［J］.管理学报,2016（4）.

［43］覃国蓉,何涛.基于情境学习理论的高职"虚拟项目法"的设计与实践［J］.职业技术教育,2012（2）.

［44］汪涛等.新型混合学习模式下微信公众平台学习资源设计［J］.现代远距离教育研究,2016（5）.

［45］王国华等.国内混合式学习研究现状分析［J］.中国远程教育,2015（2）.

［46］王文静.情境认知与学习理论研究述评［J］.全球教育展望,2002（2）.

［47］王文静.人类视野中的情境学习［J］.外国中小学教育,2004（4）.

［48］王亚南,林克松.技术知识建构视阈下职业院校学生学习范式的转向［J］.职业技术教育,2015（13）.

［49］王燕子,欧阳忠明.工作场所中的行动学习:国际研究回顾与趋势［J］.职业技术教育,2013（10）.

［50］肖凤翔,陈潇.国际职业教育主流理论与研究热点的可视化分析［J］.中国职业技术教育,2014（30）.

［51］肖金芳,施教芳.混合学习模式的研究和探索［J］.中国远程教育,2013（5）.

［52］徐涵.情境学习与工学结合［J］.职教论坛,2008（10）.

［53］许政法,权新宇.建设学习型社会与职业教育新定位［J］.成人教育,2008（10）.

［54］杨子舟,龚云虹,陈宗富.学校到底教什么：职业知识的知识观探析［J］.中国高教研究,2016（7）.

［55］姚梅林.从认知到情境:学习范式的变革［J］.教育研究,2003（2）.

［56］尹睿.情景学习与建构主义学习的批判：校本学习研究的视角［J］.教育发展研究,2008（10）.

［57］张爱芹.情境学习理论的人类学视角及其对职业教育的启示［J］.职业技术教育,2008（7）.

［58］张治,李永智.迈向学校3.0时代——未来学校进化的趋势及动力分析［J］.开放教育研究,2017（23）.

［59］郑娟新．情境学习：职业教育项目课程教学的取向［J］．职教论坛，2013（27）．

［60］周春红．基于 Blackboard 学习平台的混合学习模式的探索与实践［J］．电化教育研究，2011（2）．

3. 学位论文类

［1］丁华东．范式转型与社会变迁——关于档案学理论发展的科学社会学分析［D］．上海：上海大学，2008.

［2］何菊玲．教师教育范式研究［D］．西安：陕西师范大学，2008.

［3］林克松．工作场学习与专业化革新——职业教育教师专业发展路径探新［D］．重庆：西南大学，2014.

［4］吴涛．变构学习模型研究［D］．上海：华东师范大学，2010.

［5］刑方．网络教育中学习范式的转型［D］．长春：东北师范大学，2004.

［6］徐瑾劼．适应性下的理想：工作场所学习在职业教育中的价值及策略［D］．上海：华东师范大学，2011.

［7］周成海．客观主义—主观主义连续统观点下的教师教育范式：理论基础与结构特征［D］．长春：东北师范大学，2007.

4. 其他

［1］国务院．国务院关于加快发展现代职业教育的决定［Z］.2014-6-22.

［2］国务院办公厅．关于深化产教融合的若干意见（国办发〔2017〕95号）［Z］.2017-12-5.

［3］教育部，财政部．职业院校教师素质提高计划（2017—2020年）（教师〔2016〕10号）［Z］.2016-10-28.

［4］教育部等．职业学校教师企业实践规定（教师〔2016〕3号）［Z］.2016-5-11.

［5］教育部办公厅．关于全面推进职业院校教学工作诊断与改进制度建设的通知（教职成司函〔2017〕56号）［Z］.2017-6-13.

［6］联合国教科文组织．反思教育:向"全球共同利益"的理念转变？［R］.

法国：联合国教科文组织，2015.

［7］梅贻琦.大学一解［G］//北京大学，等.国立西南联合大学史料一：总览卷.昆明：云南教育出版社，1998.

［8］商务印书馆研究中心.古今汉语词典［Z］.北京：商务印书馆，2007.

［9］职教部落联盟.职业教育载不动现代学徒制［EB/OL］.http：//www.sohu.com/a/199524876_489512，2017-10-22.

二、外文文献

［1］Adar Ben-Eliyahu，Lisa Linnenbrink-Garcia.Integrating the regulation of affect，behavior，and cognition into self-regulated learning paradigms among secondary and post-secondary students［J］.Metacognition and Learning，2015,10(1).

［2］Aebli，H. Grundlagr des Lehrens［M］.Verlag.Klett-Cotta，1987.

［3］Bartosz Kurlej，Michal Wozniak.Learning Curve in Concept Drift While Using Active Learning Paradigm［A］.Chapter Adaptive and Intelligent Systems［C］. The series Lecture Notes in Computer Science2011，6943.

［4］Bruner，J.Acts of meaning［M］.Harvard University Press，1990.

［5］Carole J. Gallagher.Reconciling a Tradition of Testing with a New Learning Paradigm［J］.Educational Psychology Review，2003，15（1）.

［6］Commission of the European Union.Memorandum on Lifelong Learning for Active Citizenship in a Europe of Knowledge［M］.Brussels：DG Education and Culture，2001.

［7］Commission of the European Union.Realizing a European Area of Lifelong Learning［M］.Brussels：DG Education and Culture，2002.

［8］Doug Tuthill，Patricia Ashton.Improving Educational Research Through the Development of Educational Paradigms［J］.Educational Researcher，1983,(10).

［9］Dryden，G.，Vos，J..The Learning Revolution［M］.Stafford：Network Educational Press，2005.

［10］Frank A. Fear，Diane M. Doberneck.Meaning Making and "The Learning

Paradigm": A Provocative Idea in Practice [J] .Innovative Higher Education, 2003, 27 (3).

[11] Gottfredson LS. Circumscription an Compromise : A Developmental Theory of Occupational Aspirations. Journal of Counseling Psychology, 1981 (28).

[12] Greene, J.C., &Caracelli, V.J. (Eds.) .Advances in mixed-method evaluation : The challenges and benefits of integrating diverse paradigms.San Francisco : Jossey-Bass, 1997.

[13] Greeno, J.G.& the Middle School Mathematics Through Applications Projects Group. The situativity of knowing, learn-ing, and research. American Psychologist, 1998, 53 (1).

[14] Herschbach D R.Technology as knowledge:Implication for instruction[J]. Journal of Technology Education, 1995, 7 (1).

[15] Holland JL. A Theory of Vocational Choice [J] . Journal of Counseling Psychology, 1959 (6).

[16] Holland J.L. Making Vocational Choices : A Theory of Vocational Personalities and Work Environments[M] . Odessa, FL : Psychological Assessment Resources, 1997.

[17] Hutchins E.L. Klausen T.Distributed cognition in an airline cockpit [M] . New York : Cambridge University Press, 1996.

[18] J .Cunningham, E. Hillier.Informal learning in the workplace : Key activities and processes [J] .Education&Training, 2013, 55 (1).

[19] Lakhmi C. Jain, Raymond A. Tedman, Debra K. Tedman.Evolution of Teaching and Learning Paradigms in Intelligent Environment. [M] .Berlin : Springer Berlin Heidelberg, 2007.

[20] Lave J, Wenger E. Situated Learning : Legitimate Peripheral Participation [M] . New York : Cambridge University Press, 1991.

[21] M .P.Driscoll.Psychology of Learning for Instruction (2nded) [M] . Boston : Allyn and Bacon, 2000.

[22] Margaret Masterman.The Nature of a Paradigm [C] Imre Lakatos, Alan Musgrave.Criticism and the Growth of Knowledge [A] .Cambridge : Cambridge

Univ.Press，1970.

［23］Mayer，R.M. Learners as information processors：legacies and limitations of education psychology's second metaphor.Education Psychologist，1996（31）．

［24］Nard，B.A.Studying contest：A comparison of activity theory.situated action models，and distributed cognition［M］.Cambridge，MA：MIT Press，1996.

［25］Olga Smolyaninova.The Strategy of Implementing e-Portfolio in Training Elementary Teachers within the Constructive Learning Paradigm［A］.Advanced Information Technology in Education［C］．The series Advances in Intelligent and Soft Computing，2012，126.

［26］P.Hager. Lifelong learning in the workplace？ Challenges and issues［J］. Journal of Workplace learning，2004，16（1/2）．

［27］Polanyi，M. The study of man［M］.London：Routledge & Kegan Paul，1957.

［28］Robert B. Barr & John Tagg. From Teaching to Learning—A New Paradigm for Undergraduate Education［J］.Change，1995，（6）．

［29］Ronald R.Yager.Extending the participatory learning paradigm to include source credibility［J］.Fuzzy Optimization and Decision Making，2007，6（2）．

［30］S .Jordan.Workplace Learning：A Critical Introduction［J］.Canadian Journal of Education，2005，28（3）．

［31］S. Billett. Learning throughout working life：a relational inter-dependency between personal and social agency［J］.British Journal of Educational Studies，2008，56（1）．

［32］Samir I.Sayegh.A Fast Connectionist Learning Paradigm.［M］.Berlin：Springer Netherlands，1995.

［33］Timothy J.Teyler，William M.Baum，Michael M.Patterson.Behavioral and biological issues in the learning paradigm［J］.Physiological Psychology March 1995，3（1）．

［34］UNESCO.Rethinking Education：Towards a global common good？ http：//www.unevoc.unesco.org/go.php？ q=fwd2page_unevoc_publications.pdf，

2016-05-29.

［35］V.and practiceJ .Marsick. Toward a unifying framework to support informal learning theory， research［J］.Journal of Workplace learning， 2009， 21（4）.

［36］Wain， K..The Learning Society：post-modern politics［J］.International Journal of Lifelong Education， 2000， 19（1）.

［37］Wenger E. Communities of Practice：Learning， Meaning and Identity［M］. New York：Cambridge University Press，1998.

［38］Harris，Matthew. The notion of papal monarchy in the thirteenth century：the idea of paradigm in church history. Lewiston，N.Y.：Edwin Mellen Press， 2010.

［39］Kuhn， Thomas S.The Structure of Scientific Revolutions（2nd Edition）. University of Chicago Press， 1970.

［40］Kuhn， Thomas S.The Structure of Scientific Revolutions（3rd Edition）. Chicago and London：Univ. of Chicago Press， 1996.

后记

　　光阴如逝水，不曾舍昼夜，自韶年许于学，花信志于学，三年博士毕业，五载字人归安，孕鬻慕白，立年之际，业微成，城始筑。回首追往，以我愚钝之资又时而怠惰因循，难得恩师之万一，幸而，蒙师不弃，谆谆教导，终以完成学业。象牙塔外俗务牵缠，论文增删逾年，付梓之路心神与钱资靡费不知凡几，幸得科大教院资助，特此感谢。

　　乙未年九月，站在滨城星海湾的天书上眺望大海，一片纷繁过往，多少愁情乐绪，融入海的广阔之中。我出身乡野，七岁入园，一路坎坷，以勤为径，凿苦作舟，寻找一份知识的真谛，寄生命在真谛中永生，三年的博士生涯就此开始。当初考博，半为生计、半为梦想，一心苦读、专注科研、争秒实践、野蛮生长，及至有幸拜入恩师门下，成为"春之桃李"一员，方始知文章之尺寸规矩、天地方圆，科研之缘木求"果"、饲蚕以丝。自此开始，每日勤恳耕读，徜徉书海无法自拔，每每啃下一个主义山头，自觉发现思想高峰，兴冲冲见恩师，常掩面回吾室，然后知主义思想无此疆彼界之殊，寒木春华各有千秋，登高远望，旷若发蒙。三秋之辛，苦甘自知，来日方长，博士论文终成书刊印，但求为恩师门楣增添一点物华。

　　万爱千恩百苦，疼我孰如父母，游子自以为求学苦，又如何不是"母瘦雏渐肥"。一次次远行前的依依不舍，是回忆里九月的离愁，是镜子前的思乡泪。走的再远，攀的再高，父母永是子女生命之根，力量之源，愿绽放此笔头之花，书写几分春晖之灿烂，感恩亲情之深重。

　　夜长总是不得眠，明月灼灼照君颜。江南海北千里间，别时依依在车站。十年君心似我心，不负雨雪相思意。蔬食缯絮贫与素，秉烛共游求知路。

　　终笔已是相月十八，笔头之花的绽放，凝聚诸位辽师先生爱心浇灌和辛劳耕耘，愿此花，我的花，四季常开，年年灿烂，不负春雨、不负诸师，一片馨香慰藉师恩，半分光华荣曜辽师。博士论文起笔到终，牵累了身边师兄、师弟、师姐、师妹不知凡几，又多少次求助于挚友、同学、同行。一千多个昼夜里，诸君亲身的陪伴，鼓励的寄语，问卷的发放，问题的激辩……忆起时已是双瞳朦胧，幸福之花浮现，颤抖的笔无法绘下那一幕幕温馨特写。有幸在生命旅程中与诸君同行，我愿面对着岁月摆下筵席，我们相互微笑殷勤地劝酒，所有的祝酒词，都收藏在语句的背后，手中这一杯醇香的美酒，用此生来醉。

　　"新竹高于旧竹枝，全凭老干来扶持"，笔花生发，根植春泥。多少前辈，不畏艰辛，上下求索，青山为伴，白鹤忘机，采撷下千斛沧琅明珠，照亮我前行之路，实果思树，饮流怀源。致敬前辈，我愿以勤奋为舟楫，持清明澄澈又矢志不渝的心，探藏知识之海，闯蕴明珠之渊。惜年华，追寻我的梦，一朝又一朝，无怨无悔。

白　玲

写于丁酉鸡年仲冬二十九

修于庚子鼠年孟夏二十三

图书在版编目（ＣＩＰ）数据

高职院校学生情境学习范式研究 / 白玲著.—南昌：
江西人民出版社，2020.9
ISBN 978-7-210-12481-8

Ⅰ.①高…　Ⅱ.①白…　Ⅲ.①高等职业教育－教学研
究　Ⅳ.①G718.5

中国版本图书馆CIP数据核字(2020)第199275号

高职院校学生情境学习范式研究

GAOZHI YUANXIAO XUESHENG QINGJING XUEXI FANSHI YANJIU

白　玲　著

责任编辑：饶　芬
出　　版：江西人民出版社
发　　行：各地新华书店
地　　址：江西省南昌市三经路47号附1号
编辑部电话：0791-88629871
发行部电话：0791-86898801
邮　　编：330006
网　　址：www.jxpph.com
E-mail：gjzx999@126.com
版　　次：2020年9月第1版
印　　次：2020年9月第1次印刷
开　　本：787毫米×1092毫米　1/16
印　　张：17.5
字　　数：260千字
ISBN　978-7-210-12481-8
赣版权登字—01—2020—613
定　　价：72.00元
承印厂：北京虎彩文化传播有限公司
赣人版图书凡属印刷、装订错误，请随时向承印厂调换